DUFTSPENDENDES, BLUMEN, SALBEN, DIAMANTEN, APHRODISIAKA, GENIESSER ÜPPIGER SPEISEN, BÄDER, LIEBENDE, SEIDE UND MUSKATNUSS … ALL DAS GEHÖRT ZUM REICH DER VENUS.

Varahamihira (aus dem Sanskrit des 16. Jahrhunderts übersetzt und gekürzt)

ZU WÄRMEREN WOGEN KAMEN WIR, UND WEIT ÜBER DEN GRENZENLOSEN OSTEN FUHREN WIR, WO DIE BRANDUNG IN LANGEN WELLEN ÜBER DIE MUSKATFELSEN UND DIE NELKENINSELN RAUSCHT.

Alfred Tennyson, *The Voyage*

Für Otto,
den Forscher

Eleanor Ford

MUSKAT, ZIMT UND KARDAMOM

EINE KULINARISCHE REISE ENTLANG DER ALTEN GEWÜRZROUTE

riva

INHALT

Wie Gewürze die Welt veränderten

Noch bevor sie Land erspähten, nahmen Seeleute im Wind schon den Duft von Gewürzen wahr. Einst war eine Kette smaragdgrüner Inseln – so entlegen, wie man es sich nur vorstellen kann – der einzige Ort auf der Erde, an dem Muskatnüsse gediehen. Die Bandasee erstreckt sich über die rund 2500 Kilometer östlich von Jakarta gelegene indonesische Provinz Maluku. Hier, gleich südlich des Äquators, liegen zehn vulkanische Inseln im türkisfarbenen Meer. Eine davon mit dem Namen Gunung Api oder »Feuerberg« ist gänzlich ein Vulkan, der dafür bekannt ist, dass er geschmolzene Lava spuckt und verströmt und das umgebende Meer zum Brodeln bringt. Ozeanwinde, salziger tropischer Regen und fruchtbarer vulkanischer Boden verbinden sich zum perfekten Lebensraum für die immergrünen Muskatnussbäume, die den Bandainseln ihren Namen gaben: Gewürzinseln.

Im Herzen der ockergelben Frucht des Muskatnussbaums steckt der kostbare Samen, Mittelpunkt des Gewürzhandels. Um ihn herum wächst eine klöppelspitzenähnliche rote Hülle: das Schwestergewürz Muskatblüte (Macis) mit einer blumigen Note. Mit der Gewürznelke, die auch aus Maluku stammt, und einer Gruppe anderer Gewürze aus dem Raum des Indischen Ozeans sind sie historisch verbunden.

Diese exotischen Güter – heute in der ganzen Welt gewöhnliche Waren – haben einst eine solch euphorische Begeisterung hervorgerufen, dass sich daraus ein Seehandel entwickelte, der den Lauf der Geschichte sowie das Essen unserer Zeit veränderte.

Was haben indisches Garam Masala, libanesisches Sieben-Gewürze-Pulver, französisches Quatre Épices, marokkanisches Ras el-Hanout und orientalisches Baharat gemein? Die Muskatnuss! Ihnen allen schenkt sie ihre bittersüße, duftende Wärme. Dieses runzlige Samenkorn hat, aus der Heimat auf seinen entlegenen Inseln kommend, seinen Platz im Zentrum der bekanntesten Gewürzmischungen der Welt gefunden. Man kann die Muskatnuss mit ihrer belebenden Wirkung im chinesischen Fünf-Gewürze-Pulver, im äthiopischen Berbere-Gewürz, in den jamaikanischen Würzen für Dörrfleisch und sogar im Geheimrezept von Coca-Cola aufspüren. Sie verwandelt Nationalgerichte: amerikanische Apfeltorte, deutsche Weihnachtsplätzchen, griechische Moussaka. Es ist eindeutig, dass dieser unscheinbare Samenkern uns alle in seinen Bann zieht.

Die Muskatnuss ist nicht allein. Aufgerollte süße Zimtrinde fand ihren Weg aus Sri Lanka in die duftenden Pilaws des Orients. Kreuzkümmel kam über das Mittelmeer und wurde die wichtigste Basisnote in so gut wie allen indischen Currys. Indische Pfefferkörner gesellten sich auf den westlichen Esstischen als getreue Begleiter zum Salz, und Sternanis reiste von China aus nach Süden, um Brühen in ganz Südostasien seinen Lakritzakzent zu verleihen.

Das Erbe der Gewürze ist süßer als ihre Geschichte. Sie handelt im Grunde von Gier, Monopolen, Imperien und Kolonisierung. Denn aus dem Verlangen nach Gewürzen heraus wurden Vermögen erworben, Blut vergossen, Landkarten neu gezeichnet und die Neue Welt entdeckt.

Seit unserer frühesten Geschichte waren Menschen auf den Gewürzrouten unterwegs. Diese Seehandelsrouten und die späteren Überlandrouten – bekannt als die Seidenstraße – waren so weitläufig, dass sie nicht greifbar zu sein schienen, und fungierten als zentrales Nervensystem der Welt, denn über sie konnte der Warentransfer verlaufen. Anfangs waren es kurze Entfernungen von den Heimathäfen aus, doch mit der Zeit verlockten die immensen Erträge die Seeleute dazu, längere Reisen zu wagen. Vor 4000 Jahren hatten asiatische Gewürze ihren Weg in den Orient gefunden. Es waren nicht nur Gewürze. Seidenstoffe, Elfenbein und Schildpatt, feines Porzellan, Metalle, Gold- und Silberbarren sowie Kisten voller Edelsteine wurden kreuz und quer durch die Welt transportiert und brachten denen große Gewinne ein, die bereit waren, es mit den tückischen Meeren aufzunehmen. Mit ihnen reisten Bildung und neue Ideen: in Wissenschaft, Religion, Sprache, Handwerkskunst, Fachwissen, Kochkunst. Händler unterbrachen lange Reisen und verweilten in Zwischenstationen, wo sie Gepflogenheiten annahmen, Wissen austauschten und einheimische Küchen beeinflussten.

Gewürze wurden immer teurer und attraktiver und ihre exotische Andersartigkeit verlieh ihnen mystische, heilende und spirituelle Werte.

Man rührte sie in Tränke, gab sie in Speisen, verwendete sie als Heil- und Liebestrunke und verbrannte sie als Räucherwerk, damit sie die Luft süßten und Gebete himmelwärts trugen.

Gewürzhändler spannen fantastische Märchen von Drachen, Phoenixen und furchterregenden Schlangen, um die Herkunft ihrer Waren mit einer geheimnisvollen Aura zu umgeben. Die Preise stiegen und stiegen, und es gab eine Zeit, in der eine Muskatnuss mehr wert war als ihr Gewicht in Gold.

Mit so stark nachgefragten Gütern konnten diejenigen, die Kontrolle über sie besaßen, großen Reichtum erwerben. Jahrtausendelang war der Handel zwischen Malaysiern, Chinesen, Phöniziern, Römern, Griechen, Persern, Arabern, Juden und Indern im Großen und Ganzen friedlich verlaufen, als aber die Europäer ab dem 15. Jahrhundert die Kontrolle übernahmen, kam es zu vernichtenden Schlachten. Begegnungen zwischen Portugiesen, Niederländern, Spaniern, Franzosen und Briten führten schlussendlich zur Bildung von Monopolen, zu Imperialismus und Krieg. Der Gewürzhandel legte die Fundamente für die moderne Welt. Er läutete die erste Ära der Globalisierung ein, ein Zeitalter der Entdeckungen, und war der Auslöser für den Kolonialismus.

Schwer lastet das im Namen der Gewürze erduldete Leid auf unserem kollektiven Gedächtnis. Ich möchte eingestehen, was dieser Handel menschlich gekostet hat; Kolonialismus führte zur Vernichtung von Kulturen, zur Ausbeutung von Ökonomien und zur Unterdrückung der Selbstbestimmung vieler Völker. Es ist wichtig, die Wunden der Vergangenheit und die hinterlassenen Narben anzuerkennen, denn Gewürze haben einen Preis, der auch heute noch gezahlt wird, sowohl buchstäblich bei der Gewinnung als auch im übertragenen Sinn durch weiterreichenden gesellschaftlichen Schaden.

Mit Gewürzen zu kochen, kann nicht neutral sein, nicht nur im wörtlichen Sinne, sondern weil das Gewicht von Geschichte, Zusammenarbeit, Herrschaft, Mystizismus, gesellschaftlichem Status und Begehren in jeder Kardamomkapsel und jeder Muskatblüte verwurzelt ist.

Gewürze haben den Menschen Genuss und Gesundheit beschert, aber auch große Gier und Barbarei hervorgerufen. Dieses Buch ist ein Streifzug durch den kulinarischen Imperialismus und die internationale Zusammenarbeit und erkundet, wie Jahrhunderte des Handels und der kulturellen Ausbreitung weltweit veränderten, wie wir sind, wie wir denken und wie wir essen. Durch den Gewürzhandel kamen Zutaten auf neue Art und Weise zusammen und die gleichen Zutaten ließen in Verbindung mit unterschiedlichen Techniken und Traditionen neue, faszinierende, aufregende, oft elektrisierende Aromen entstehen. In einem nicht endenden Prozess werden alle Küchen ständig assimiliert und umgewandelt, und so sind unser Essen und unsere Geschichte miteinander verwoben.

Es ist eine Geschichte so bittersüß wie Muskatnuss.

Kulturelle Verbreitung entlang der Gewürz-routen

Mit Rezepten als Landkarten machen wir uns auf eine kulinarische Reise durch die Geschichte und um die halbe Welt – auf den uralten Strecken des Seehandels, bekannt als Gewürzrouten.

Unsere Reise beginnt auf den indonesischen Gewürzinseln mit Muskatnüssen und Gewürznelken, führt uns dann nach China zum Ingwer, nach Sri Lanka zum Zimt und nach Indien zu Kardamom und schwarzem Pfeffer, dann über den Orient und Nordostafrika nach Europa, wo wir Kreuzkümmel, Koriander und Safran finden. Die antiken Häfen sind über das Band der Gewürze miteinander verknüpft und mit ihnen reisten Zutaten und Kochtechniken, die immer und immer wieder angepasst, verbessert und neu erfunden wurden. Wir werden erkunden, wie Jahrhunderte des Gewürzhandels und der kulturellen Verbreitung die Küche der Welt veränderten.

Die Gewürzrouten führten zu einer frühen und dauerhaften Vermischung von Asien und Europa, Ost und West.

Sie ließen eine gemeinsame Geschichte wachsen.

Oft wird nur eine kurze Zeitspanne in den Fokus genommen, denn das Zeitalter der Entdeckungen und das räuberische Erobern von Kolonien ab dem 15. Jahrhundert n. Chr. befeuern gern die historische Fantasie. Doch der friedliche Handel und die behutsame Verbreitung von Gedanken und Wissen in den vielen vorangegangenen Jahrtausenden sind eine leisere und ebenso fesselnde Geschichte.

Begehren und Gelegenheit waren der Nährboden, auf dem der Gewürzhandel wuchs. Die Seefahrt war schon immer ein gefährliches Unterfangen, trotzdem waren Menschen in der ganzen Antike in unbekannte Gewässer aufgebrochen, gelockt vom Reiz des Exotischen und des Geldes, das solche Raritäten einbringen konnte. Jahrtausendelang erstreckten sich Handelsverbindungen fächerartig von Indonesien aus über ganz Asien und trafen auf diejenigen, die vom Orient ausgingen. Gewürze reisten von einem Ende der Welt bis ans andere. Sie wurden sehr wertvoll; man nutzte sie in Speisen, in der Religion und der Heilkunde. Chinesische, malaysische, pharaonische, phönizische, griechisch-römische, arabische, jüdische, indische und europäische Seekaufleute durchzogen den Indischen Ozean, verbunden in einer alle erfassenden Verlockung.

Das weite Netz der Seerouten, das sich entwickelte und Ost und West verband, war neben der zu Lande verlaufenden Seidenstraße ein Teil des Handelssystems. Es wird zuweilen als Seidenstraße der Meere bezeichnet. Dieses durch Romantik und Klischees verschleierte Konzept ist ein europäischer Dünkel, mit dem die vermeintliche Überlegenheit Europas als Verbraucherregion einhergeht. In Wirklichkeit hat es nie eine direkte Passage aus den dunstigen Gewürzwäldern Asiens in die Küchen des Westens gegeben. Wir blicken stattdessen auf ein sich stetig wandelndes Handelsnetz mit Strömen in alle Richtungen; manche Gewürze überwinden große Entfernungen, manche sind fast gar nicht unterwegs und finden dennoch in lokalen Küchen ein Zuhause.

Einige Gewürze reisten ausschließlich auf dem Landweg – Moschus, Kassia und Süßholz wurden mit Kamelkarawanen quer durch Zentralasien befördert –, sind damit jedoch Ausnahmen. Da die begehrtesten Gewürze auf undurchdringlichen, bewaldeten Inseln wuchsen, wurde der Handel großenteils über das Meer abgewickelt. Dadurch wurden die Routen häufig neu konzipiert und Fahrten, die zunächst an den Rändern Asiens entlangführten und hier und da Passagen zu Land vorsahen, entfernten sich mit Verbesserung der Seefahrtstechnologie nach und nach von den Küsten.

Dass diese großen Gewürzrouten überhaupt existierten, kann nicht anhand archäologischer Beweise zurückverfolgt werden. Ihr Vermächtnis lebt in einer weniger greifbaren Form weiter: durch den Austausch und das Vermischen von Ideen. Mit jedem Schiff, das mit kostbarer Fracht beladen in See stach, wurde frisches Wissen über die Meere zum nächsten Hafen getragen.

Mit am deutlichsten zeigt sich dies in den Esskulturen, die sich im Laufe der Zeit miteinander entwickelt haben.

Hungrig habe ich mich als kulinarische Ermittlerin betätigt und fand Hinweise in Rezeptnamen, Methoden und Geschmacksrichtungen, mit denen ich ihre Geschichten und uralten Verbindungen nachzeichnete. Dieses Buch ist ein Projekt der gastronomischen Archäologie geworden.

Ganz am Anfang stand die Migration der Zutaten. Will man den frühen Wanderbewegungen der Pflanzen nachspüren, muss man mit Vermutungen arbeiten, wir können jedoch schlussfolgern, dass der gezielte Handel mit Gewürzen um 2000 v. Chr. begann. Pflanzenerzeugnisse reisten von Austronesien nach Indien, darunter Bananen, Kokosnüsse, Reis, Sandelholz, Betelnüsse und Ingwer, zusammen mit geernteten Gewürzen wie Muskatnuss, Muskatblüte und Gewürznelken. Im Gegenzug sandten Indien und Sri Lanka Pfefferkörner, Zimt, Auberginen und Kurkuma nach Malaysia und Indonesien. Von weiter westlich kamen die Mittelmeerprodukte Koriander, Kreuzkümmel, Safran, Weizen, Linsen und Kichererbsen; der Reis hingegen ist, so glaubt man, von zurückkehrenden Mitgliedern der Indien-Expedition Alexanders des Großen im 4. Jahrhundert v. Chr. nach Griechenland gebracht worden. Tamarinde wurde aus Afrika nach Asien eingeführt, wahrscheinlich von arabischen Händlern oder vielleicht von äthiopischen Kaufleuten, die zwischen 100 und 600 n. Chr. mit Indien und Sri Lanka Handel trieben. Viel später brachte die Ankunft portugiesischer und spanischer Entdecker im 17. Jahrhundert Pflanzen aus der Neuen Welt ins Spiel der Kulinarik: Tomaten, Kartoffeln, Piment, Cashewkerne, Mais und Papaya. Das größte Geschenk von allen war die Chilischote aus Mittelamerika; in Asien wurde sie begeistert aufgenommen und ersetzte als Schärfespenderin rasch die einheimischen Pfeffersorten.

Mit der Bewegung von Waren und Menschen kam der Austausch von Gedanken. Beispielsweise können wir gemeinsame Philosophien rund um eine gesunde Ernährung entlang der aromatischen Wege nachvollziehen. Ein Konzept des Gleichgewichts von »kalten und warmen Speisen« findet sich im chinesischen Yin und Yang, im indischen Ayurveda, in der traditionellen iranischen Medizin und dem Regimen Salernitanum aus dem italienischen Mittelalter. In der weitläufigen Region, in der die Gewürzrouten einst verliefen, finden sich solche gemeinsamen roten Fäden in Sprache, Dichtung, Religion und kulturellen Gepflogenheiten. Wir können insbesondere die dauerhaften Einflüsse von Sinisierung, Indisierung, Islamisierung und Kolonisierung sehen, die in diversen Epochen stattfanden.

Der chinesische Einfluss auf die südostasiatische Küche und ihre nachfolgende Sinisierung ist beträchtlich. Am deutlichsten ist der Einfluss in Vietnam, das unter chinesische Herrschaft fiel. Handeltreibende waren im 11. Jahrhundert auf den Philippinen, ließen sich bis zum 16. Jahrhundert in Java nieder und hinterließen Spuren in Gestalt von Hokkien-Rezepten. Der chinesische Sternanis, dessen Aromakomponenten ganz besonders gut zu fleischhaltigen Schmorgerichten passen, fand immer mehr Verwendung. Dass Reis im Mittelpunkt der Mahlzeiten stand, war eine chinesische Gewohnheit, ebenso die vielfach übernommene Technik des Pfannenrührens und die heute fast überall zu findende Liebe zu Nudeln. Oft ist es schwierig, einheimische von chinesischen Gerichten zu unterscheiden, denn viele Unternehmen der Nahrungsmittelproduktion in Südostasien gehörten Chinesen und die Heirat untereinander schuf Gruppen wie chinesischstämmige Thailänder und Laoten sowie Baba-Nyonya (chinesische Arbeiter, die malaysische Frauen heirateten), die wiederum eigene kulinarische Traditionen begründeten.

Die Indisierung bezieht sich auf den Einfluss südindischer Händler, Pilger und Künstler vor allem in Südostasien ab ca. 200 v. Chr. bis ins 15. Jahrhundert hinein. Tanz, Bildhauerei, Musik, Buddhismus und Hinduismus verbreiteten sich langsam von Indien aus. Damit einher gingen neue Arten der Verarbeitung von Zutaten, die einst in umgekehrter Richtung eingeführt worden waren: Die Kokosnuss kam in Gestalt von Kokosmilchcurrys wieder, Gewürze kehrten nun in komplexen Mischungen zurück; ein Beispiel ist die duftende Mischung, die im Curry mit Aubergine und geröstetem Kokos verwendet wird (Seite 214).

Mit dem Aufstieg des Islams zirkulierten neue Vorstellungen vom Essen über die Handelswege wie Blut in den Adern. Man erkannte im Essen ein Vergnügen, und eine großzügige Gastfreundschaft, auf der man bestand, wurde in die Religion integriert.

Kochtechniken gingen vom Orient aus auf die Reise und die indischen Menschen verliebten sich in besonderer Weise in die Aromen Persiens wie gebräunte Zwiebeln, Mandel- und Pistaziensoßen, mit Safran aromatisierten Reis und duftende Biryanis.

Im Lauf der Jahrhunderte haben muslimische Händler – sowohl arabische als auch indische – Gerichte wie Kebab und Korma über ihre Handelsrouten verbreitet.

Die europäische Kolonisation hinterließ weniger Kochtechniken; ihr Einfluss bestand mehr in den eingeführten Zutaten. Dennoch können wir so manches Vermächtnis sehen, zum Beispiel niederländische Backwaren in Indonesien, französische Baguettes in Vietnam, britische Tomatensuppe in Indien und portugiesische Schmorgerichte mit Essig in Macau.

Es gibt bestimmte Knotenpunkte entlang der Gewürzrouten mit verstärkter gegenseitiger Beeinflussung, zum Beispiel auf dem »großen Markt« in Bantam auf der Insel Java – hier kamen indonesische, indische, chinesische, europäische, arabische und türkische Händler zusammen, um exotische Vögel und Obst, Schmuck und Waffen, Honig und Reis, Drogen und Arzneimittel sowie Gewürze auszutauschen.

Im 17. Jahrhundert boten britische Kaufleute der Ostindien-Kompanie Wollkleidung, Spiegel und Silberbarren gegen Muskatnüsse an, die so frisch waren, dass sie duftendes Öl an den Fingerspitzen hinterließen. Sie wurden mit Pfefferkörnern, Seidengarn, Indigofarbstoff und chinesischem Tee in Ballen in die gen Westen fahrenden Schiffe geladen. Zu den anderen Häfen zählen in der frühen Zeit, als man neben- und miteinander existierte, Venedig, Alexandria, Istanbul, Cochin (das heutige Kochi, Indien/Kerala), Colombo, Hongkong, Macau und Singapur.

Geografische Nadelöhre dienten dazu, den Handel durch wichtige Knotenpunkte zu leiten. An der Strecke entstanden dadurch kosmopolitische Zentren, in denen Händler verweilten und auf den Wechsel der Jahreszeit warteten, wenn die Passatwinde drehten. Zwischen China und Indien liegt eine Inselkette, die für diese beiden mächtigen Regionen gleichermaßen als Barriere und als Brücke fungiert. Heute kennen wir die Inseln als Malaysia, Indonesien und die Philippinen; die Griechen der Antike bezeichneten die Malaiische Halbinsel mit Blick auf den Reichtum, den Einheimische und Händler aufgrund der strategischen Lage insbesondere dank der Straße von Malakka erwarben, als die »Goldene Halbinsel«. Die Route nach Europa hinein – entweder durch den Persischen Golf oder um das Horn von Afrika herum ins Rote Meer – ist ein weiterer Engpass. In beiden Fällen mussten die Gewürze für eine Strecke über Land die Boote verlassen. Der Abschnitt der afrikanischen Küste, an dem Schiffe auf der Überfahrt nach Indien anlegten, hieß lange Zeit das »Kap der Gewürze«.

Wenn umherziehende Händler und nach dem Geschmack der Heimat suchende Einwanderer das Konzept eines Gerichts in neue Länder bringen, fusioniert es schon bald und entwickelt sich weiter. Gemeinschaften haben immer Ideen entlehnt und dann auf lokale Traditionen aufgepfropft, sei es nun eine religiöse Vorstellung oder ein Kochrezept. Thailändische Currys mit ihren Regenbogen-Namen zum Beispiel – rot, gelb, grün – belegen eine Vereinigung von einheimischen aromatischen Kräutern mit Gewürzen, die indische Händler hineinbrachten.

Migration erzeugt eine Verschmelzung von »den anderen« und »uns«; aus der Notwendigkeit und innovativer, mit Heimweh verknüpfter Kraft heraus wird eine neue Küche geboren.

Wie die indische Autorin, Schauspielerin und Köchin Madhur Jaffrey sagt: »Ein neuer Fisch in einem neuen Land verlangt nach einer neuen Technik und vielleicht nach einer frischen Gewürzkombination.« Kulinarische Entwicklungen werden fortgesetzt und entfachen Kreativität, wenn Zutaten übernommen und Rezepte angepasst werden.

Die Geschichte des Essens kann manchmal die Geschichte der Menschheit sein, und nirgends scheint dies mehr zu stimmen als im Fall der Gewürzrouten. Es hat Zeiten mit Herrschaft und Konflikt gegeben, meistens aber Zeiten der Zusammenarbeit und des Austauschs. Vom jemenitischen Martabak in Indonesien bis zum portugiesisch inspirierten Vindaloo in Indien hat man uns ein großartiges Erbe übernommener Gerichte hinterlassen, die Bewunderung für andere Kulturen offenbaren. Sie reichen über ferne Meere hinweg und wirken als dauerhafte Bande.

Goldene Muskatnüsse: Entstehen und Vergehen der Masslosigkeit

Ein Hauch von Glamour, Romantik und Jenseitigkeit umgibt die Gewürze. Eine Gewürzmischung hat mehr als nur ein Herkunftsland und macht immer eine Reise notwendig. Bis in die jüngste Geschichte hinein war sie lang und abenteuerlich. Je weiter gereist die Gewürze waren, umso höher schnellten ihr exotischer Reiz und ihr Preis. Was in Asien etwas Besonderes war, wurde, bis es Europa erreichte, zur Sensation. Als Reaktion auf Veränderungen im Handel schwankten die Preise im Laufe der Epochen, doch hoch waren sie stets und zeitweise geradezu astronomisch; Gewürze galten als ebenso kostbar wie Gold oder Seide.

Sie besaßen einen so großen Wert, dass die Gewürze – ähnlich wie Schätze – in verschiedener Weise als Miete oder Pacht, Bestechung und Opfergabe dienten. In antiken Bestattungen wurden Leichname mit Zimtöl balsamiert, Seuchen wurden mit Halsketten aus Muskatnüssen abgewehrt, man verbrannte Kardamom, um die Götter gnädig zu stimmen, und entflammte fleischliche Gelüste mit feurigem Ingwer. Gewürze hatten einen prominenten Platz in Ernährung, Gesundheit und Götterverehrung, wobei alles von einer gehörigen Dosis Magie durchdrungen war.

Dichter aller Epochen schöpften aus der unumstößlichen Verbindung der Gewürze mit fantastischen Ländern.

Sie nutzten sie als Symbole für das Erhabene und als Kurzformel für erotische Sinnlichkeit.

Gewürze werden mit kraftvollen Assoziationen verbunden. In heidnischen Zeiten dufteten die Götter selbst nach Gewürzen und lange dachte man, sie seien aus dem Paradies auf die Erde gekommen. Die Bezeichnung »Paradieskörner« für diese pfeffrigen und dennoch blumigen westafrikanischen Samen war ein brillanter Marketingkniff im Mittelalter gewesen.

Wilde und Ungeheuer waren ein Element der üppigen, mit Gewürzdüften versehenen Traumwelten der mittelalterlichen Literatur. Arabische Gewürzhändler im 5. Jahrhundert v. Chr. spannen Erzählungen von furchterregenden Cinnamologus-Vögeln – auf steilen Klippen erbauten sie ihre Nester aus Zweigen des Zimtbaumes und die Kaufleute mussten sie daraus befreien. Das Geheimnis, dass Gewürze aus einer nicht fassbaren und gefährlichen Welt kamen, machte einen großen Teil ihrer Anziehungskraft aus.

Die Wahrheit war fast genauso erstaunlich. Nehmen wir unsere Heldin, die Muskatnuss. Ihre Reise begann an den östlichsten Rändern Indonesiens auf nur zehn unbekannten Inseln mitten in einem Meer aus Zigtausenden Inseln.

Goldene Früchte, die Aprikosen ähnelten, wurden aufgebrochen und gaben eine Muskatnuss als Kern frei, eingewickelt in ein Netz aus zinnoberroter Macis, Muskatblüte genannt.

Von hier aus gelangten sie auf Auslegerbooten der Einheimischen oder chinesischen Dschunken aufs Meer, durch den indonesischen Archipel und entweder nördlich nach China oder durch die Straße von Malakka und weiter nach Indien. Seit 300 v. Chr. wurde diese Reise gemacht und im 14. Jahrhundert brachte man die Kerne sogar bis nach England. Arabische Daus nahmen Muskatnüsse auf, die für eine Weiterreise bestimmt waren, und brachten sie über den Indischen Ozean zu den Gewürzhäfen des Orients. Dort wurden sie auf Karawanen gepackt und setzten ihren Weg durch die Wüsten fort. Die für Europa bestimmten Gewürze wurden entweder von Byzanz nach Osteuropa gebracht oder im Mittelmeer noch einmal auf Schiffe verladen; sie gelangten über Alexandria nach Italien. Von Venedig aus konnte man zum Beispiel die Iberische Halbinsel umrunden; in westeuropäischen Häfen wurden sie ausgeliefert und endlich in warmes Ale gerieben. In der langen Kette der Mittelsmänner kannten nur die ersten wenigen Händler die Herkunft ihrer Güter und nur die letzten ihr Ziel – und niemand konnte das System als Ganzes überblicken.

Als letztes Glied in der Kette bezahlten die Europäer immer den höchsten Preis für ihre Gewürze. Der maßlose Gebrauch von Gewürzen hatte im Westen zwei Hochphasen. Zur ersten kam es im alten Rom, als die Preise durch direkten Handel mit Indien weit genug sanken, sodass Gewürze in die Kochkunst Einzug halten konnten und nicht mehr nur zeremoniellem Gepränge vorbehalten waren.

Bankette waren aufwendig, boten Genüsse aller Art und strotzten nur so von Juwelen, Blattgold und Gewürzen in Hülle und Fülle. Im weltweit ersten bekannten Kochbuch *De Re Culinaria* aus dem 1. Jahrhundert n. Chr. erscheinen Pfeffer, Ingwer oder Kardamom in den meisten Rezepten und auf dem Speiseplan stand gekochter, gewürzter Flamingo.

Mit dem Untergang Roms kam auch der Gewürzhandel zum Erliegen. Die Gewürzländer zogen sich noch einmal hinter den Horizont zurück und die Kosten stiegen hoch. Ein dunkles Mittelalter-Jahrtausend lang war das Praktische wichtiger als der Genuss und die Gewürze fanden in Westeuropa keine kulinarische Verwendung mehr.

Im beginnenden Hochmittelalter, als Europa eine wirtschaftliche und kulturelle Blütezeit erlebte, kehrten die Gewürze mit allem Glamour zurück. Gewürzte Weine und Biere waren wieder beliebt und die Köche des Mittelalters ersannen zahllose herrliche, von Gewürzen erfüllte Gerichte. Beliebt war im Europa dieser Zeit die Kamelin-Soße, deren Name sich von ihrer Kamelfarbe ableitet. Sie hatte eine Basis aus süßem, in Weinessig getränktem Brot und enthielt viel Zimt, Ingwer, Nelken und Safran. Die Küche des Mittelalters in Europa war von der persischen Küche mit ihrer betörenden Kombination duftender süßer und saurer Komponenten beeinflusst. Die Küche der Moguln in Indien besaß eine ähnliche Bandbreite.

Englische Besucher, die an den Höfen der Moguln des 16. Jahrhunderts aßen, entdeckten eine gewisse Verwandtschaft mit den Speisen in ihrer Heimat.

In diesem Buch gibt es Rezepte, die diese sich gabelnden und wiederkehrenden kulinarischen Wurzeln aufzeigen, denn die Küchen wurden über mehrere Generationen des Reisens und der Tradition erweitert und tief verankert.

Dass nur sehr reiche Menschen Gewürze verwenden konnten, machte sie attraktiv. Pfeffer – einst das begehrteste Würzmittel – wurde im frühen 17. Jahrhundert so bezahlbar und normal, dass auf jedem Esstisch eine Pfefferdose stand. Entsprechend verlor der Adel das Interesse und wandte sich stattdessen den »feinen Gewürzen« Muskatnuss, Nelke und Kardamom zu. Sie wurden noch immer von Hand aus wilden Dschungeln gesammelt und waren so rar, dass sie ein Statussymbol blieben. Eine mitgeführte silberne Muskatnussreibe eignete sich als Merkmal für Ansehen und Vornehmheit.

Ein tiefer Fall aus diesen schwindelnden Höhen – das europäische Zeitalter der Entdeckungen begann schließlich durch die Gewürze – war unvermeidlich. Gewürze verloren ihren Glanz, zu einem großen Teil, weil das Geheimnis bröckelte, das sie umgab. Jack Turner schreibt in seinem faszinierenden Buch *Spice: The History of a Temptation*: »Die Entdecker haben die großen Bauten mittelalterlicher Unwissenheit und Fantasie demontiert und die Reiche von Gewürz und Gold ans nüchterne Tageslicht gezerrt, hinein in den romantikfreien Fokus des Profitjägers und des Risikofinanziers.«

Die geheimnisvollen Länder wurden nun untersucht und kartografiert. Gewürze wurden verpflanzt und verbreitet angebaut. Dadurch verloren sie ihren Seltenheitswert und auch ihren finanziellen Wert, ihre Symbolik und Bedeutung. Das Vermächtnis der Entdecker, die auf so brutale Weise Erfolg beim Erwerb von Gewürzen hatten, bestand darin, dass sie diese bekannt und – noch fataler – erreichbar gemacht hatten. Die Geschmäcker änderten sich und die dekadente Anziehungskraft, die einst den Gewürzen vorbehalten gewesen war, ging auf andere Produkte über: Zucker, Tabak, Kaffee und Schokolade.

Gewürze sind nicht mehr der Duft der königlichen Höfe, vielleicht noch nicht einmal des Paradieses. Durch ihre Verfügbarkeit schwand allmählich der elitäre Charakter und diese wunderbaren Aromen konnten an so gut wie alle Gaumen gelangen. Für unsere Esskultur weltweit ist dies ein Segen, trotzdem ist die Leidenschaft, unsere Gewürzregale immer mehr zu erweitern, nicht weniger geworden.

Weiterhin suchen wir nach neuem Geschmack und neuer Vielschichtigkeit, und gewürzte Speisen gehören nach wie vor zu den begehrtesten kulinarischen Schätzen. Erinnerungen an eine Zeit, in der eine unscheinbare, braune Muskatnuss teurer war als Gold, bestehen fort.

Im 21. Jahrhundert stieg der Gramm-Preis für Vanilleschoten höher als der für Silber, als Stürme auf Madagaskar die Ernten dezimierten. Und Safran ist noch vor Kaviar eine der glanzvollsten und teuersten Zutaten weltweit. Gewürze können uns noch immer fesseln und in ihren Bann ziehen.

Mit Gewürzen kochen

AUFBAU, AUSWAHL, AROMEN

Am einfachsten ausgedrückt sind Gewürze der Teil einer Pflanze mit dem intensivsten Geschmack, der Speisen beleben und aufwerten kann. Es sind getrocknete Samen, Borken, Wurzeln, Rhizome, Früchte, Samenmäntel, Blütenknospen und Harze von Pflanzen, die zumeist in tropischem Klima gedeihen.

Fragen Sie einen Koch, und er wird Ihnen von Aromen erzählen, die durch Kochen herausgekitzelt werden müssen, und dass Gewürze ausdrücklich keine Kräuter sind, denn bei Kräutern handelt es sich um die frischen und grünen Teile von eher lokal angebauten Pflanzen. Er wird wissen, dass Aroma und Geschmack von Gewürzen flüchtig und fettlöslich sind, die Gewürze am besten frisch gemahlen werden, ihre Aromen durch Braten in Öl extrahiert werden – und er beherrscht eines:

Aromaschichtungen für alle Sinne.

Fragen Sie einen Botaniker, und Sie werden von ätherischen Ölen, Oleoresinen, Terpenen und anderen Verbindungen hören, die jeweils spezifische Aromen und Geschmacksrichtungen beisteuern. Diese chemischen Speicher in Pflanzen haben Funktionen, die ihnen beim Überleben und bei der Reproduktion helfen. Oft ist gerade das, was den Menschen anzieht – das Reizende, Bittere, Scharfe oder Betäubende –, eigentlich ein Verteidigungsmechanismus der Pflanze, ihr Harnisch zur Abwehr von Fressfeinden. Im kuriosen Fall des Zimts, also der Borke des Zimtbaumes, wird der warme, holzige Duft gebildet, wenn die Pflanze angefressen wird, um den umstehenden Bäumen mitzuteilen, dass sie ihre chemischen Abwehrstoffe vorbereiten sollten.

Ein Historiker wird sich in seiner Definition auf die relative geografische Seltenheit von Gewürzen konzentrieren, was sie kostspielig, elitär und stark begehrt machte. Auf der Suche nach Gewürzen lernte der Mensch zuerst, die Geografie der Erde zu verstehen, und fand wenig später Gefallen daran, sie zu beherrschen. Für Anthropologen und Schriftsteller ist die Geschichte der Gewürze mit Mythologie, Symbolik, Ritualen, Romantik, Verführung, Versuchung, Blutvergießen, Ausbeutung und Gewinnung beladen.

Etymologisch geht das englische Wort für Gewürz, »spice«, auf das lateinische Wort »species« zurück, das »Handelsware« oder »Spezereien« (Gewürze) bedeutet. Einst waren damit auch andere seltene und wertvolle Gegenstände wie Elfenbein, Opium, Leopardenfelle, Parfüms, Lapislazuli und Edelsteine gemeint. Mit der Zeit wurden die Species klarer definiert und nur kulinarische Zusatzstoffe zählten dazu, obschon Tee und Zucker eine Weile als Gewürze betrachtet wurden. Andere, die einst wertvoll waren – wie Langpfeffer –, passen zwar noch in die Kategorie, sind aber in Ungnade gefallen. Heute dient die kleinere, verbreitet verwendete Schar noch immer dazu, unser Leben zu bereichern und unsere Küche zu verbessern.

Aufbau der Gewürze

Wurzeln und Rhizome

Ingwer
Galgant
Kurkuma
Süßholz

Blätter

Curryblätter
Limettenblätter

Blüten

Gewürznelke
Safran
Rose

Kapseln und Schoten

Kardamom
Sternanis
Vanille

Borken

Zimt
Kassia

Harze

Asant
Mastix

Früchte

Pfeffer
Sumach
Tamarinde
Amchur (Mangopulver)
Piment
Kümmel
Chilischote
Szechuanpfeffer

Samen

Muskatnuss
Kreuzkümmel
Koriander
Fenchel
Senf
Schwarzkümmel
Bockshornklee
Kakao

GEWÜRZBIBLIOTHEK FÜR DEN ANFANG

PIMENT

Die Beere stammt von den Westindischen Inseln und Mittelamerika; sie hat ihren Namen wegen der Eigenschaft, den Geschmack vieler Gewürze in sich zu vereinen. Warm, heilkräftig und pfeffrig. Vor dem Mahlen zerstoßen und rösten, um die Geschmacksnoten zu verstärken.

KÜMMEL

Die »Samen« sind im Grunde die getrockneten Früchte einer mitteleuropäischen Pflanze. Erdig, anisartig, holzig. Hitze bringt das Aroma hervor; zu viel Hitze jedoch kann den Kümmel bitter machen.

KARDAMOM

Samenkapseln einer Pflanze aus der Familie der Ingwergewächse. Grüner Kardamom stammt aus Südindien und schmeckt nach Eukalyptus; schwarzer Kardamom kommt aus dem Himalaja und ist rauchig und harziger. Ferner gibt es afrikanische »Kardamoms«, die auch eine heilkräftige Note besitzen. Ganze Kapseln vor der Verwendung etwas zerdrücken oder für intensiveren Geschmack die Samen mahlen. Vorgemahlener Kardamom ist schwächer und weniger heilkräftig, daher ist eine größere Menge nötig.

CHILISCHOTE

Amerikanische Frucht; sie hat sich nach ihrer »Entdeckung« durch Kolumbus in nur 50 Jahren weltweit verbreitet. Feurig und fruchtig. Jede Sorte hat ein eigenes Profil von mild und süß bis feurig. Die Samen und die sie umgebene Membran enthalten die meiste Schärfe und sind zu entfernen, wenn das Essen weniger reizend-scharf sein soll. Bekannte Chilipulver sind zum Beispiel Cayenne, Kashmiri, Pul Biber, Urfa und Paprika.

ZIMT UND KASSIA

Echter Zimt ist die zerbrechliche Borke des Zimtbaums aus Sri Lanka; bei Kassia hingegen handelt es sich um die gröbere Borke aus China mit entsprechend gröberem Geschmack. In den USA enthalten die meisten Gefäße, die großspurig mit »gemahlener Zimt« beschriftet sind, tatsächlich Kassia. Warm, süß und holzig. Öl hilft, beim Kochen das Aroma zu verteilen.

GEWÜRZNELKE

Getrocknete Blütenknospen des immergrünen Nelkenbaums stammen von fünf Inseln der indonesischen Provinz Maluku. Süß, warm und heilkräftig. Die Aromastoffe sind öllöslich, Fett hilft in einem Gericht also, sie herauszukitzeln.

KORIANDER

Samen der Korianderpflanze, im Mittelmeerraum heimisch. Blumig, holzig und zitrusartig. Ungeröstet ist er blumiger, geröstet werden die Samen nussiger und erdiger.

KREUZKÜMMEL

Samen von schirmförmigen Blumen aus Ägypten und dem östlichen Mittelmeerraum. Erdig, holzig und durchdringend. Er muss geröstet werden, damit sich das Aroma entfaltet. Kauft man Kreuzkümmel gemahlen, so ist er bereits geröstet.

CURRYBLÄTTER

Blätter eines Baumes der Familie der Zitrusgewächse, sie stammen aus dem Himalaja. Moschusartig, zitronig und schwefelig. Frisch am Stängel gekauft und eingefroren, haben sie ein besseres Aroma als getrocknet.

FENCHEL

Blassgrüne Samen des süßen oder bitteren Fenchels aus dem Mittelmeerraum. Anisartig, kräuterig und bittersüß. Durch behutsames Aufbrechen oder Mahlen werden die ätherischen Öle besser freigesetzt.

BOCKSHORNKLEE

Eckige Samen einer Pflanze aus dem östlichen Mittelmeerraum. Erdig und moderig mit Noten von braunem Zucker. Für kaffeeartige Aromen zum Entfernen der bitteren Note rösten. Zur Herstellung eines kosmetischen Gels zum Auftragen über Nacht einweichen.

BLÜTENESSENZEN

Schwer duftende Extrakte von essbaren Blüten, darunter Rose, Orangenblüte, Jasmin, Pandan (Kewra) und Ylang. Sie verleihen Desserts exquisiten Reiz und können auf Pilaws gestreut werden.

GALGANT

Faseriges, ingwerartiges Rhizom der Galgantpflanze aus Java. Pfeffrig, heilkräftig und scharf. Es unterstreicht andere Aromen und wird am besten frisch verwendet.

INGWER

Fleischiges, unterirdisches Rhizom aus dem tropischen Asien. Scharf, kräuterig und zitrusartig. Erst direkt vor der Verwendung schälen, damit die duftenden Öle erhalten bleiben. Ingwer ist getrocknet schärfer als frisch, doch die Schärfe wird durch das Kochen gebändigt.

WACHOLDER

Dunkle Beeren eines stachligen europäischen Strauchs. Kiefernartig, harzig, holzig. Die dominante Aromazutat in Gin; passt sehr gut zu geschmortem Fleisch.

ZITRONENGRAS

Stängel aus einer Familie von Gräsern, die in den asiatischen Tropen angebaut werden. Zitrusartig, duftend und kräuterähnlich. Die Stängel zerdrücken und – falls lang genug – zu einem Knoten schlingen, um die Öldrüsen im Innern freizulegen, erst dann in den Topf geben.

LIMETTENBLATT

Vom asiatischen Makrut- oder auch Kaffirlimettenbaum. Zitrusartig, blumig und duftend. Frische oder gefrorene Blätter sind getrockneten vorzuziehen; fein zerkleinern – zuerst die mittlere Blattrippe herausreißen – oder einfach zerknüllen, um die Aromen freizusetzen und das Kochgut zu aromatisieren.

MUSKATBLÜTE

Rubinroter Samenmantel um die indonesische Muskatnuss, getrocknet rotbraune Späne. Süß, warm und blumiger als Muskatnuss. Als Ganzes früh und gemahlen später im Kochvorgang hinzugeben, damit das Gewürz süß und duftend bleibt.

SENF

Samen einer Pflanze der Kohlfamilie. Weißer oder gelber Senf stammt aus dem Mittelmeerraum, brauner aus dem Himalaja und schwarzer aus dem Orient. Die beiden Letztgenannten sind austauschbar. Feurig, scharf und pfeffrig. Die Samen müssen zerkleinert werden, entweder durch Hitze, damit sie nussig schmecken, oder durch Zerstoßen, sodass sie scharf statt fad schmecken.

SAFRAN

Kostbare Narben von Krokusblüten aus dem Mittelmeerraum. Honigsüß, bitter und blumig. Mahlen und in warmem Wasser einweichen, um alle enthaltenen edlen Aromen freizusetzen.

SZECHUANPFEFFER

Frucht eines chinesischen Strauchs. Betäubend, prickelnd und blumig. Die schwarzen glänzenden Samen im Innern kann man entsorgen, denn die stacheligen Schalen enthalten die ganze Kraft.

STERNANIS

Hübsche Fruchtkapseln eines chinesischen, eng mit der Magnolie verwandten Baums. Süß, lakritzartig und heilkräftig. Durch Niedertemperaturgaren die Aromen herauslösen; für ein nussiges Aroma rösten.

SUMACH

Rostrote Beeren, im Spätsommer reif, aus dem Mittelmeerraum. Herb, fruchtig und zusammenziehend. Vor dem Servieren aufgestreut, bringt er das Essen zum Strahlen.

TAMARINDE

Fruchtfleisch der Schoten des ostafrikanischen Tamarindenbaums. Sauer, süß und fruchtig. Anders als bei Zitrusfrüchten bleibt die saure Note beim Kochen gut erhalten.

KURKUMA

Gelbes Rhizom, vermutlich aus Indien stammend. Frische Kurkuma schmeckt erdig, bitter und scharf. Braucht die große Hitze von Fett, um die Aromen zu verströmen.

VANILLE

Dunkle, pralle Schoten der Kletterpflanze Gewürzvanille; stammt aus Mittelamerika. Süß, blumig und moschusartig. Mit mäßiger Hitze arbeiten, damit die Nuancen nicht verloren gehen.

MUSKATNUSS

Samen des immergrünen Baumes von den vulkanischen indonesischen Bandainseln. Bittersüß, pfeffrig und warm. Aus sehr frischen Nüssen kann man das ätherische Öl mit den Fingern herausquetschen. Am Ende des Kochvorgangs hinzugeben, denn der Geschmack ist stark, vergeht aber rasch.

PFEFFER

Beeren der indischen Pfefferrebe. Unreife Beeren können als grüne Pfefferkörner eingelegt oder zu schwarzen Körnern getrocknet werden. Wird die äußere Schicht entfernt, erhält man die weniger aromatischen weißen Pfefferkörner. Scharf, reizend und zitrusartig. Direkt vor der Verwendung gemahlen, haben sie den meisten Geschmack.

ROSE

Knospen und Blütenblätter des Rosenstrauchs, wahrscheinlich aus China stammend; die außergewöhnlich stark duftende Damaszenerrose hingegen kommt aus dem Orient. Blumig, süß und moschusartig. Das feine Aroma kann schnell beherrschend werden, daher wohlüberlegt verwenden.

DIE SAMMLUNG ERWEITERN

In den nachstehenden Rezepten habe ich weitgehend Gewürze verwendet, die in den meisten Gewürzsammlungen zu finden sind. Im Folgenden ein paar weniger bekannte Schätze, die Wissbegierige ausfindig machen möchten.

AJOWAN/KÖNIGSKÜMMEL

Ovale Samen einer orientalischen Pflanze; verwandt mit Kreuzkümmel und Kümmel. Kräuterig, scharf, bitter. Wichtig in der Küche Afghanistans, Pakistans und der ethnischen Gruppe der Gujarati.

AMCHUR

Getrocknete Mango, oft pulverisiert. Säuerlich, zitrusartig, leicht bitter. Hauptzutat im indischen Chaat Masala.

ANARDANA

Getrocknete Samen und der umgebende rubinrote Samenmantel von Granatäpfeln. Fruchtig, sauer und süß. Gemahlen; wird als Säuerungsmittel für indische Currys und persische Eintöpfe verwendet.

ANDALIMANPFEFFER

Frucht eines Strauchs auf Sumatra, wie Szechuanpfeffer. Aromatisch, betäubend, zitrusartig. Gemahlen in Padang-Sambal und Würzpasten.

ANIS

Samen der im Sommer blühenden, im Orient beheimateten Anispflanze. Mit Lakritznote, holzig, süß. Reizt die Süßrezeptoren der Zunge, dadurch wird er als 13-mal so süß wie Zucker empfunden; wird in Likören vom französischen Pastis bis zum türkischen Raki verwendet.

ANNATTO

Eckige Samen aus der Karibik von einer Pflanze der Familie der Annattogewächse (Achiote); als Lippenstiftbaum bekannt. Pfeffrig, zitrusartig, erdig. Die frühen Azteken nutzten sie als Farbstoff für Orange; diese Anwendung reiste bis zu den Philippinen.

ASANT

Das gemahlene Harz einer stark riechenden Pflanze, die in den zentralasiatischen Gebirgen gedeiht, wird auch »Speise der Götter« oder »Teufelsdreck« genannt. Zwiebelartig, schwefelig, sauer. Verleiht indischen veganen Gerichten Tiefe.

BERBERITZE

Aus Westafrika und Südeuropa stammende, wie ein Edelstein aussehende Beere. Säuerlich, prickelnd, fruchtig. Lässt in der Küche von Kaukasus und Orient Gerichte erstrahlen.

SCHWARZER KREUZKÜMMEL

Samen einer Pflanze aus der Familie der Kümmelgewächse. Rauchig, erdig, süß. Wird in Nordindien, Pakistan, Afghanistan und Tadschikistan verwendet; gut in Biryanis. Achtung – es handelt sich hierbei nicht um den Echten Schwarzkümmel.

SCHABZIGERKLEE

Samen aus der Bergregion des Kaukasus. Erdig, nussig, mild. Grundkomponente in georgischer Küche und der nationalen Gewürzmischung Khmeli Suneli.

KAKAONIBS

Kakaobohnensplitter aus den amerikanischen Tropen. Erdig, bittersüß, sauer. Sie schmelzen nicht wie Schokolade (aus derselben Bohne hergestellt) und geben süßem Gebäck eine nussige Note.

JOHANNISBROT

Schoten eines Baums aus dem östlichen Mittelmeerraum. Zusammenziehend, süß, schokoladig. In Hungerzeiten eine Nahrungsquelle, denn der Baum trägt auf kargem Boden Früchte. Leicht zu transportieren und durch den Gewürzhandel weitverbreitet.

DILL

Die »Samen« sind eigentlich die reifen, am Stängel der mediterranen Pflanze getrockneten Früchte. Kräuterig, holzig, bitter. Wird in Mitteleuropa, Russland und im Kaukasus zum Aromatisieren von Essiggurken, Essig sowie in Salaten und Fischgerichten verwendet.

GETROCKNETE LIMETTE

Aus Südostasien stammende Frucht, durch arabische Händler in den Orient gelangt; aus dem Oman kommt die Praxis des Trocknens. Säuerlich, moschusartig, zitrusartig. Wird zum Aromatisieren von Brühen und persischen Kichererbseneintöpfen verwendet.

WEIHRAUCH

Harz des Boswelliabaums der arabischen Halbinsel und Nordafrikas. Duftend, kiefernartig, moschusartig. Wird verwendet, um omanischen Linsen und Eis Duft zu verleihen.

PARADIESKÖRNER

Warzige Samen einer westafrikanischen Pflanze aus der Familie der Ingwergewächse. Pfeffrig, blumig, kräuterig. Einst in Europa in Mode, heute hauptsächlich in afrikanischen Fleischsuppen und Eintöpfen verwendet.

SELIMSKÖRNER

Pfefferartige Samenschoten eines afrikanischen Baums. Bitter, moschusartig, süß. In afrikanischen Gewürzmischungen geschätzt, hat in Europa aber nach dem Mittelalter seine Beliebtheit verloren.

ZITRONENMYRTE

Blätter eines australischen immergrünen Baums, verwandt mit Piment und Nelke. Zitrusartig, kräuterartig, pfeffrig. Zu dieser Pflanzengruppe zählen auch Anismyrte und Zimtmyrte, deren Namen ihr Aroma verraten. Die australischen Ureinwohner schätzen sie alle in der Küche und als Arzneien.

SÜSSHOLZ

Getrocknete Wurzel einer Pflanze aus dem Mittelmeerraum und Westasien, die zur Familie der Hülsenfrüchtler gehört. Intensiv, anisartig, süß. In Skandinavien ganz besonders beliebt, aber auch in Indien und China verwendet.

LANGPFEFFER

Längliche Frucht aus der Familie der Pfeffergewächse. Scharf, duftend, reizend. Wird in der indonesischen und der malaysischen Küche verwendet sowie in manchen nordafrikanischen Gewürzmischungen und in nepalesischem eingelegtem Gemüse.

MAHLEB

Kern der säuerlichen Mahleb-Kirsche aus dem Mittelmeerraum. Fruchtig, bittersüß, blumig. Parfümeure schätzen ihn ebenso wie Bäcker in Griechenland, der Türkei und im Orient.

MASTIX

Harz-»Tränen« des Mastixbaums aus der Familie der Sumachgewächse. Blumig, kiefernartig, holzig. Bewirkt bei Eiscreme, die in Griechenland, der Türkei und dem Libanon gegessen wird, eine recht zähe Textur.

SCHWARZKÜMMEL

Schwarze tränenförmige Samen einer Pflanze, die in Europa, der Türkei und dem Orient heimisch ist. Zwiebelartig, bitter, kräuterig. Wird heute in Indien in großem Stil angebaut und dort in eingelegte Speisen gegeben und auf Brote gestreut.

PANDAN

Diese langen, schilfartigen Blätter – auch Pandanus oder Schraubenpalme genannt – sind quasi die Vanille Asiens. Duftend, blumig, grasig. Sie können zerknüllt, geknotet und in Cremes oder Reis genossen werden. In Sri Lanka gibt man sie in Currys.

ROSA PFEFFERKÖRNER

Kein Pfeffer, sondern die getrocknete Beere der südamerikanischen Pflanze Baies rosé. Süß, pfeffrig, fruchtig. Der feine Geschmack passt zu Süßspeisen.

SANSHOPFEFFER

Japanische Beeren; nicht mit Pfeffer verwandt. Zitrusartig, betäubend, warm. In Japan ein klassischer Geschmack für Yakitori.

KALMUS

Rhizom einer langblättrigen Pflanze aus den Gebirgssümpfen Indiens. Bittersüß, scharf, ingwerartig. Im Mittelalter so beliebt, dass es fast bis zur Ausrottung geerntet wurde, heute in indischen und arabischen Süßigkeiten, Absinth und manchen Cola-Getränken verwendet.

TASMANISCHE PFEFFERBEERE

Auch als Tasmanischer Bergpfeffer bekannte australische Pflanze; es werden Blätter als auch Beeren geerntet. Scharf, pfeffrig, kräuterig. Einst von den Kolonisten als Pfefferersatz genutzt und heute zum Aromatisieren von Wasabi nach Japan exportiert.

TEPPAL

Indischer Verwandter des Szechuanpfeffers. Holzig, betäubend, prickelnd. Wird in südindischen Fischgerichten und vegetarischen Rezepten verwendet.

WATTLESEED

Kleine braune Samen der australischen Akazie. Nussig, geröstet, holzig. Wird in süßen und herzhaften Gerichten verwendet, ist außerhalb von Australien jedoch nicht sehr verbreitet.

VERLORENE GEWÜRZE

Manche Gewürze, die einst weltweit Bedeutung besaßen, sind jenseits ihrer Ursprungsgebiete mehr oder weniger in Vergessenheit geraten, vor allem die afrikanischen »Pfefferarten«. Es gibt harzige Selimskörner, die blumigen und dennoch scharfen Paradieskörner und den Beninpfeffer mit stärkerer Kräuternote. Eng verwandt ist der eindringlich und kiefernartig bittere Kubeben- oder Stielpfeffer aus Indonesien. Sie alle wurden im Mittelalter praktisch überall in Europa und im Orient gehandelt, doch schließlich setzte sich der indische Pfeffer durch und ist noch immer das am meisten angebaute und verwendete Würzmittel.

Ein Gewürz verschwand ganz und gar. Silphium, gewonnen aus dem köstlich duftenden Harz einer nordafrikanischen Pflanze, war ein Favorit der Griechen der Antike. Sie kombinierten es mit Gemüse, Linsen und Innereien in Essigsoßen. Es war so beliebt, dass die herzförmigen Samen auf Geld abgebildet wurden und womöglich sogar die dauerhafte Assoziation des Symbols mit Romantik inspirierten. Die Römer des 1. Jahrhunderts waren die letzten Menschen, die Silphium je kosteten, denn es verschwand, vielleicht bedingt durch Übernutzung der Böden oder aufgrund der immer stärkeren Dürre in der Sahara. Die Vermutung, es habe Asant sehr geähnelt, mag am ehesten stimmen; auch Asant ist ein Gewürz aus Harz, obgleich Silphium wohl nicht dieses scharfe Aroma besaß, das manche Köche abschreckt. Es hieß, Silphium bringe eine zwiebelartige Tiefe ein, aber seine anderen wundersamen Aromen können wir uns nur ausmalen.

RICHTIG WÜRZEN

GANZE GEWÜRZE

AUSWAHL UND AUFBEWAHRUNG

Bei den Gewürzen gibt es unterschiedliche Güteklassen. Die Qualität hängt von Größe, Form und dem Gehalt an ätherischen Ölen ab. Je öliger, umso frischer. Lassen Sie sich von Ihrer Nase leiten – Gewürze sollten angenehm und intensiv duften und nicht muffig riechen.

Bei alten Gewürzen sind die Aromen verflogen, vor allem in gemahlenem Zustand. Kaufen Sie also wenn möglich ganze Gewürze in kleinen Mengen und mahlen Sie sie nach Bedarf. Bewahren Sie sie in luftdichten Behältern vor Licht geschützt auf und ersetzen Sie eventuell alte Vorräte. Ihre Kochergebnisse werden sich dadurch sehr verändern!

RÖSTEN

Beim Erhitzen werden ätherische Öle an die Oberfläche gebracht. Dies intensiviert den Geschmack und wirkt wiederbelebend auf alte Gewürze. Man röstet besser die ganzen Gewürze, nicht die gemahlenen, und entweder immer je eine Sorte oder Stücke ähnlicher Größe zusammen. Verwenden Sie eine trockene Pfanne auf niedriger Stufe und halten Sie alles in Bewegung, bis um Sie herum Röstaroma aufzieht.

TARKA (TEMPERIEREN VON GEWÜRZEN)

Bei dieser Technik werden Gewürze bei mäßiger Hitze in Öl angebraten. In Südasien und Ländern, die von diesen Küchen beeinflusst sind, wird sie verbreitet angewendet. Viele der flüchtigen Verbindungen in Gewürzen sind öllöslich und daher werden die Aromen intensiver, gehen ins Fett über und werden so leichter in der gesamten Speise verteilt. Leichtes Anbraten macht das Aroma milder, durch längeres Anbraten entsteht eine fast verbrannt schmeckende Schärfe. Führen Sie dies zu Beginn des Kochprozesses durch (Sie legen damit ein Gewürzfundament, auf dem Sie aufbauen können) oder runden Sie ein Gericht ab, indem Sie ein auf diese Weise temperiertes Gewürz einrühren; dies ist in Gerichten wie Dal üblich. Manchmal wird es zweimal hinzugegeben, um ein Rezept so zu beschließen, wie es begonnen wurde.

AROMATISIEREN

Mit den kombinierten Kräften von Wärme und Zeit können würzige Aromen in Flüssigkeiten übergehen. Das kann geschehen, indem man ganz einfach einen Sternanis oder einen Zitronengrasknoten zu einem Schmorgericht oder einem Topf Reis dazugibt, damit das ganze Gericht danach duftet. Bei der chinesischen Art des Aromatisierens namens Flavour Potting wird eine Brühe, in der Zutaten garen und die immer wieder aus ihrem Rest neu angesetzt wird, mit ganzen Gewürzen aromatisiert; in Syrien hingegen verwendet man Bündel aus Zimt, Lorbeer, Nelken und Kardamom wie ein Kräutersträußchen. Man kann auch Öl aromatisieren, zum Beispiel zu Chiliöl, und auf Nudeln träufeln, Alkohol wie bei Safran-Wodka oder auch Zucker, beispielsweise in einem Zimtsirup, den man in kreisender Bewegung auf Orangenscheiben gibt.

RÄUCHERN

Robuste Gewürze wie Sternanis oder Nelken können beim Heißräuchern weitgehend so verbrannt werden wie Holzspäne, um das Aroma herauszulösen (siehe »Mit Jasmintee geräuchertes Hähnchen« auf Seite 228).

MAHLEN UND MISCHEN

GRINDING UND BLENDING

Gemahlene trockene Gewürze geben ihr Aroma schneller ins Essen ab und können in Mischungen miteinander kombiniert subtile geschmackliche Schichtungen aufbauen. Rösten Sie Gewürze ganz, um den Geschmack zu betonen und damit sie leichter zerkleinert werden können, und arbeiten Sie dann mit einer Gewürzmühle für einen feinen Mahlgrad oder mit Mörser und Stößel, dann haben Sie mehr Kontrolle über die Textur; dies am besten bei frischen Gewürzen. Falls Sie lieber gemahlene Gewürze kaufen, so wählen Sie kleine Mengen und verarbeiten Sie sie, bevor das Aroma schwindet. Gewürze sollten grundsätzlich nicht gemahlen geröstet werden, denn dann brennen sie leicht an und die flüchtigen Öle sind schnell verschwunden.

FRISCHE GEWÜRZPASTEN

Frische Gewürze wie Ingwer, Knoblauch, Schalotten, Chilischoten, Kurkuma und Zitronengras werden oft zusammen zu einer Paste verarbeitet. In Südostasien ist das besonders verbreitet, denn dort bilden Gewürzpasten die Grundlage vieler Rezepte. In Südasien wird typischerweise eine Ingwer-Knoblauch-Paste neben getrockneten Gewürzen verwendet. Normalerweise brät man Gewürzpasten in den ersten Phasen des Kochvorgangs in Öl an, damit sie sich entfalten und vermischen. Hierbei gilt: nur die Ruhe! Wird so lange gebraten, bis das Öl sich von der Paste trennt, hat man mit Sicherheit alle enttäuschend harschen oder dünnen Geschmacksnoten gegen wundervolle Tiefe eingetauscht. Lesen Sie dazu mehr auf Seite 155.

TROCKENE UND NASSE MARINADEN

Um Fleisch, Fisch oder Gemüse vor dem Kochen zu marinieren, kann man einzelne Gewürze, Pasten oder trockene Mischungen (Rubs) verwenden. Der Geschmack wird in die Hauptzutat eindringen und sich dann während des Kochvorgangs entwickeln und verändern.

GEWÜRZE FÜR DAS FINISH

Mit Gewürzen kann man Gerichten den letzten Schliff geben. Denken Sie an schwarzen Pfeffer oder gemahlenen Sumach auf dem Tisch oder an Mischungen wie das orientalische Za'atar, das ägyptische Dukkah, das indische Chaat Masala beziehungsweise Gunpowder und die japanischen Mischungen Gomashio oder Shichimi Togarashi, die alle vor dem Servieren auf die Speisen gestreut werden. Wie bei frischen Kräutern zahlt es sich oft aus, mehr zu nehmen, als man denkt, streuen Sie also beherzt und reichlich.

Es gibt auch Gewürzmischungen, die für die letzte Phase des Kochens entwickelt wurden, zum Beispiel Garam Masala. Im Gegensatz zu Currypulvern, die man frühzeitig einsetzt, verleiht diese geröstete Mischung Wärme und eine leichte Bitterkeit und sollte nicht vor dem Ende des Kochprozesses hinzugegeben werden, denn sonst wird die bittere Note stärker. Bei sparsamem Gebrauch harmonisieren ihre starken Gewürze andere Aromen.

GEWÜRZE KOMBINIEREN

Gewürze mit ähnlichen Aromaprofilen haben eine natürliche Affinität – stellen Sie sich die süße, warme Muskatnuss mit Zimt vor oder das zitrusartige Zitronengras mit Limettenblättern. Andere konkurrieren miteinander, zum Beispiel der heilkräftige Kardamom und die duftende Rose oder der erdige Kreuzkümmel und die hübschen, blumigen Noten von Koriandersamen – zwei Gewürze, die man eher im Duo als solistisch findet.

Mischungen aus mehreren Gewürzen könnten einen Missklang riskieren, sofern die Spieler der einzelnen Bereiche miteinander konkurrieren, während sie wohlausgewogen zu Harmonie finden und etwas Schönes und Komplexes erschaffen. Denken Sie an indisches Garam Masala, afrikanisches Berbere oder orientalisches Baharat; sie alle verwandeln, aber übertönen nicht.

AROMASCHICHTUNGEN

Jedes Gewürz wird einem Gericht etwas anderes geben – manche spenden Süße, andere Duft, verschiedene Arten Schärfe, eine saure Note oder Erdigkeit. Durch Kombinieren erschafft man Komplexität. Sie können dieselben oder verschiedene Gewürze schichten, um die Wirkung zu verstärken, indem Sie in ein und demselben Gericht mehrere Techniken verwenden. So können Sie Basisnoten, Mittelnoten und Kopfnoten erschaffen. Fangen Sie zum Beispiel damit an, ganze Gewürze in Öl anzubraten (um ihre Aromen herauszulocken), fügen Sie dann kurz vor den Hauptzutaten geröstete gemahlene Gewürze hinzu – Vorsicht, sie brennen gern an, wenn man sie zu früh hineingibt – und runden Sie alles mit einer Gewürzmischung ab. Gewürze, die man zu Beginn hinzugibt, neigen dazu, alles zu durchdringen, sich zu vermischen und milder zu werden; am Ende hinzugegebene Gewürze bleiben klarer scharf. Vergessen Sie nicht, im Verlauf zu kosten und zu prüfen, ob das Gericht ausgewogen salzig, süß und sauer ist.

AROMAPROFILE

Die Komplexität der Gewürze macht sie für Köche und Köchinnen so wertvoll: die unterschiedlichen Aspekte ihrer Aromaprofile, die mit anderen Zutaten zusammenspielen, um den Geschmack zu verbessern. Auf der nächsten Seite habe ich Gewürze nach ihren wichtigsten Charaktereigenschaften gruppiert, es gibt aber auch Nuancen in ihren Aromazusammensetzungen.

Die Muskatnuss kann zum Beispiel ein herzhaftes Schmorgericht süßen und andererseits ihre leichtere, pfeffrige Adstringenz auch dafür genutzt werden, die Süße eines Desserts zu lindern. In einem anderen Beispiel rundet Pfeffer die offensichtliche Schärfe vieler Gerichte ab, seine floralen oder zitrusartigen Hintergrundnoten werden hingegen in den Vordergrund gerückt, wenn man ihn mit anderen Zutaten derselben Eigenschaften zusammenbringt.

Die Aromakreise auf der nächsten Doppelseite sind ein Leitfaden für die Nuancen der wichtigsten Gewürze, die ihnen durch die Art und Weise, wie man sie verwendet und kombiniert, entlockt werden können. Gewürze mit vielen Überschneidungen – wie Pfeffer und Ingwer – harmonieren gut miteinander. Dies werden Sie oft in Gewürzmischungen umgesetzt sehen, die genügend Überschneidungen für ein Zusammenspiel aufweisen; jedes Gewürz bringt jedoch etwas Einzigartiges ein.

SÜSS UND WÄRMEND

Muskatnuss
Zimt
Kassia
Nelke
Piment

SCHARF

Chili
Ingwer
Pfeffer
Szechuanpfeffer
Senf

ERDIG

Kreuzkümmel
Schwarzkümmel
Bockshornklee
Kurkuma
Kümmel

HEILKRÄFTIG

Kardamom
Sternanis
Fenchel
Süßholz
Muskatblüte
Wacholder
Galgant

DUFTEND UND BLUMIG

Safran
Rose
Vanille
Koriander
Zitronengras
Limettenblatt
Curryblatt

SAUER

Sumach
Tamarinde
Berberitze
Kakao
Amchur

MUSKATNUSS

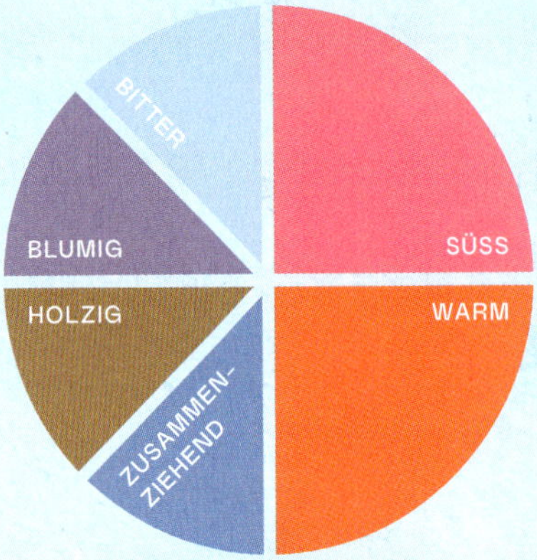

ZIMT

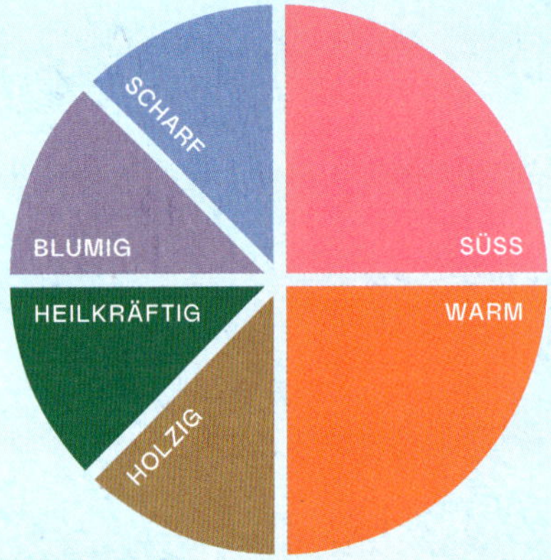

NELKE

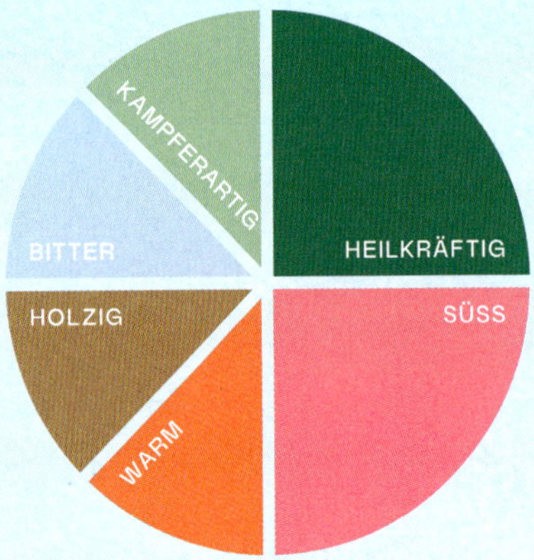

STERNANIS

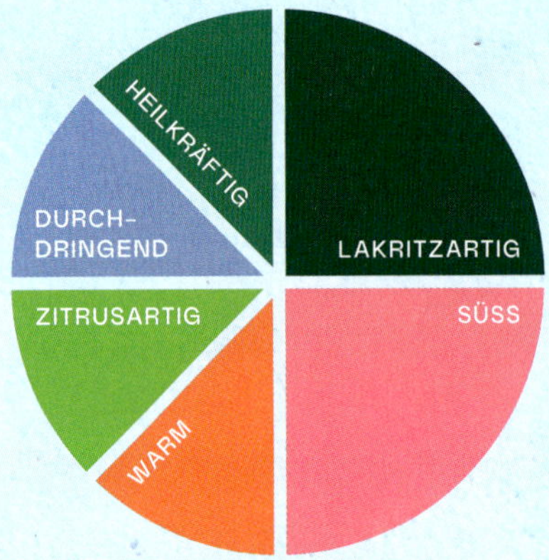

PFEFFER

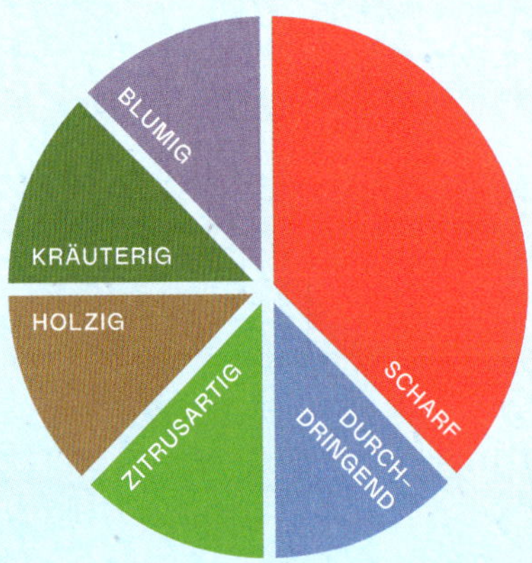

INGWER

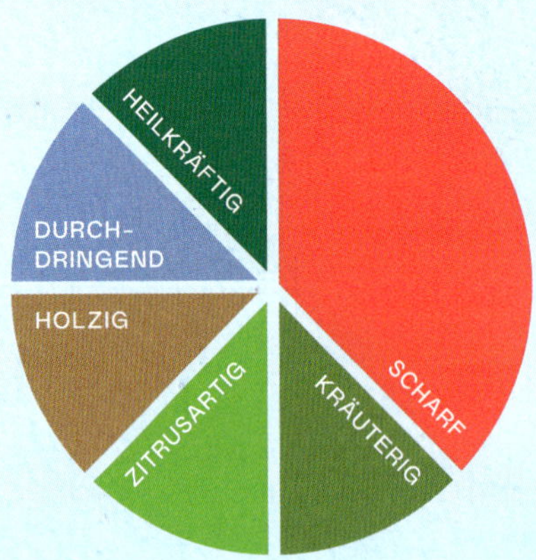

GRÜNER KARDAMOM

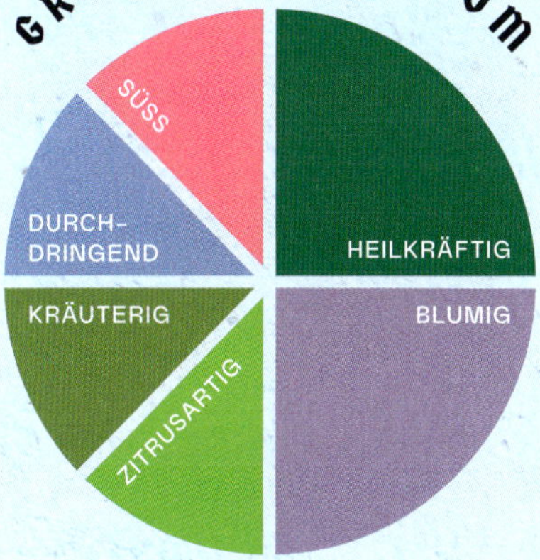

SAFRAN

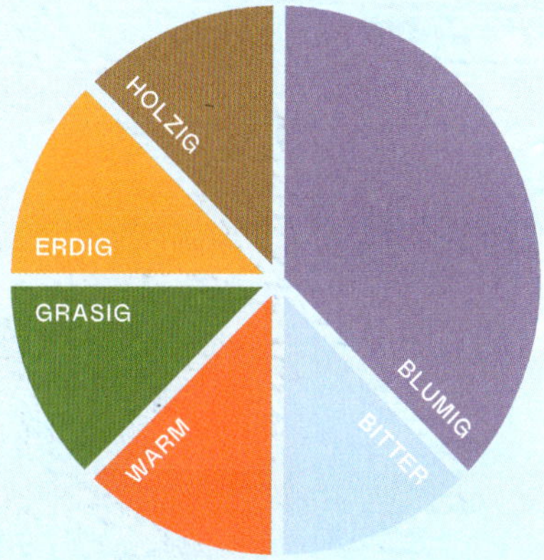

ZITRONENGRAS

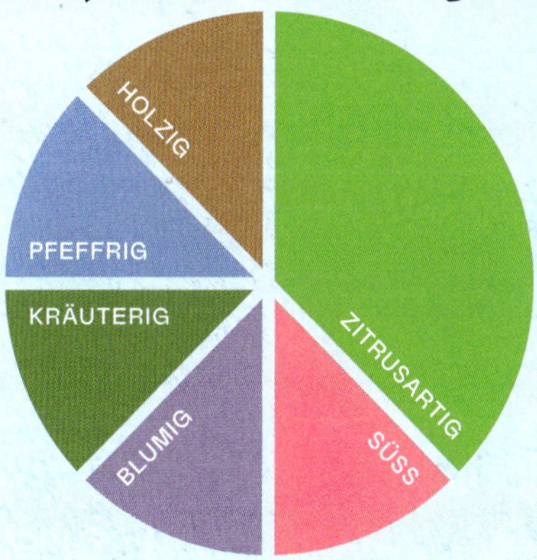

KORIANDER

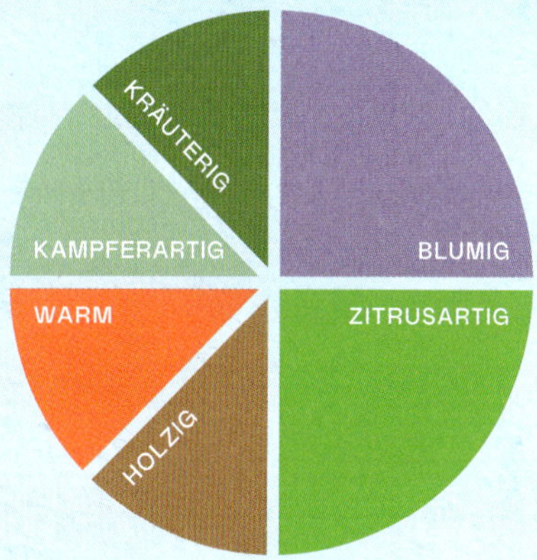

KREUZKÜMMEL

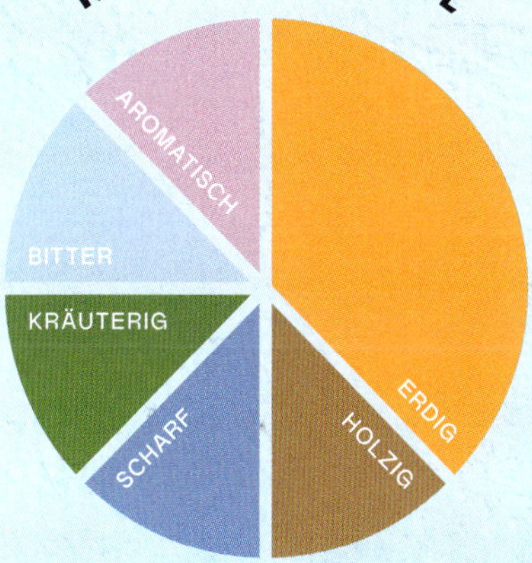

KURKUMA

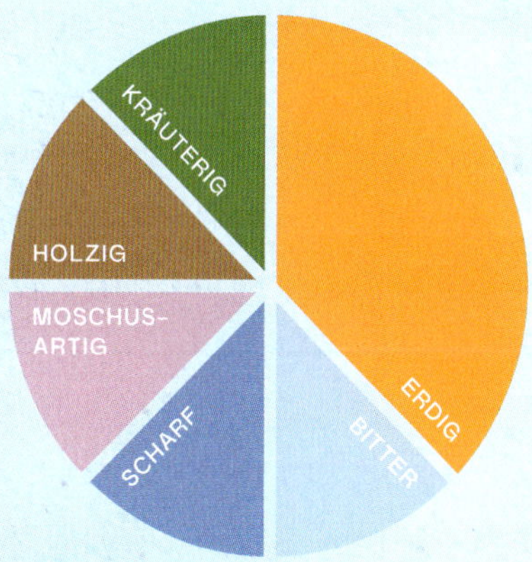

GEWÜRZE AUS ALLER WELT: EINE AROMATISCHE REISE

Ein einziges Gewürz kann ein Gericht aufwerten – denken Sie nur an mit Zitrone, Salz und Kreuzkümmelsamen gegrillten Fisch. Sie können dies in Ländern des gesamten Indischen Ozeans essen und es wäre Ihnen nicht möglich, diese bescheidene, aber brillante Kombination auf eine einzige Heimat zurückzuführen. Nehmen Sie im Gegensatz dazu das Gericht Rasam, in dem ein Füllhorn voller Gewürze in einer sauren Tamarindenbrühe zusammenwirkt – ein einzigartiges Aromaprofil, das es auf Südindien festlegt.

Länder haben verschiedene charakteristische Gewürze, die ihre Küchen bestimmen. Interessant ist die Beobachtung, wie oft nicht die vor Ort angebauten Gewürze die Schlüsselaromen sind, sondern vielmehr solche, die Ost und West durchreist haben und in entfernten Ländern nur allzu gern aufgenommen wurden.

INDONESIEN

Lebhaft, komplex, scharf
Charakteristische Gewürze: Chili, Ingwer, Kurkuma, Galgant, Indonesisches Lorbeerblatt, Limettenblatt
Mischungen: Bumbu

MALAYSIA

Komplex, mit Substanz
Charakteristische Gewürze: getrockneter Chili, Ingwer, Galgant, Zitronengras, Curryblatt
Mischungen: Rempah

CHINA

Aromatisch, salzig, leicht, süß, sauer (Szechuan: scharf)
Charakteristische Gewürze: Ingwer, Sternanis, Szechuanpfeffer, Sesam
Mischungen: Fünf-Gewürze-Pulver, Uigurisches Sieben-Gewürze-Pulver, Chiliöl

JAPAN

Charakteristische Gewürze: Sesam, Ingwer, Sansho, weißer Pfeffer
Mischungen: Shichimi Togarashi, Gomashio, Furikake

VIETNAM

Frisch, fein, lebendig
Charakteristische Gewürze: Chili, Ingwer, Zitronengras, Korianderwurzel, Sternanis
Mischungen: Nuoc Cham, Fünf-Gewürze-Pulver

THAILAND

Scharf, sauer, frisch
Charakteristische Gewürze: Zitronengras, Chili, Korianderwurzel, Pfeffer, Pandanblatt
Mischungen: Currypasten, Khao Kua

MYANMAR

Duftend, herzhaft, bestimmt
Charakteristische Gewürze: Ingwer, Chili, Zitronengras, Kreuzkümmel, Kurkuma, Sternanis
Mischungen: Currypulver, Garam Masala

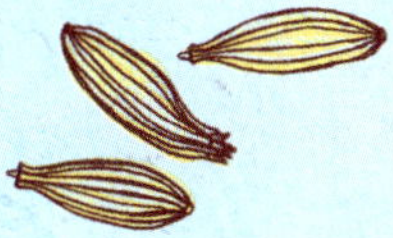

GEBIRGSKETTE HIMALAJA

Scharf, zusammenziehend, wärmend
Charakteristische Gewürze: Ingwer, Bockshornklee, Chili, Koriander, Kreuzkümmel, Kurkuma, schwarzer Kardamom, Senf
Mischungen: Panch Phoron, Timur Ko Chhop

NORDINDIEN UND PAKISTAN

Komplex, scharf, erdig
Charakteristische Gewürze: Ingwer, Kreuzkümmel, Koriander, Kurkuma, Chili, Zimt, Fenchel, Nelke
Mischungen: Garam Masala

ZENTRAL- UND SÜDINDIEN

Scharf, säuerlich-herb, frisch
Charakteristische Gewürze: Tamarinde, Chili, Senf, Curryblatt, Ingwer, Kreuzkümmel, Koriander, Schwarzkümmel
Mischungen: Chaat Masala, Gunpowder

SRI LANKA

Frisch, scharf, pikant
Charakteristische Gewürze: Curryblatt, Koriander, Zimt, Tamarinde, Chili
Mischungen: Geröstete und nicht geröstete Currypulver

IRAN

Blumig, moschusartig
Charakteristische Gewürze: Safran, Rosenblätter, Sumach
Mischungen: Advieh

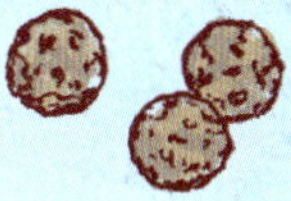

ÖSTLICHE MITTELMEERLÄNDER

Warm, duftend
Charakteristische Gewürze: Piment, Zimt, Pfeffer
Mischungen: Za'atar, Baharat, Taklia

PERSISCHER GOLF

Duftend, intensiv, moschusartig
Charakteristische Gewürze: Kardamom, getrocknete Limette, Safran, Nelke
Mischungen: Baharat, Hawaij

HORN VON AFRIKA

Feurig, aromatisch, rauchig
Charakteristische Gewürze: Bockshornklee, Chili, Äthiopischer Kardamom, Kreuzkümmel, Koriander
Mischungen: Berbere, Mitmita, Xawaash

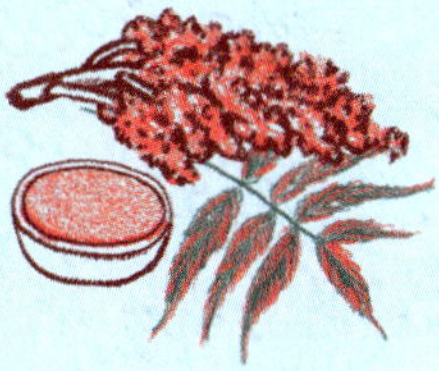

TÜRKEI

Mild, rauchig, erdig
Charakteristische Gewürze: Pul Biber, Kreuzkümmel, Sumach, Pfeffer
Mischungen: Türkisches Baharat

Die Welt der Gewürzmischungen

Dukkah
Koriander
Geröstete Nüsse
Sesam
Salz
(Thymian)
(Minze)

Baharat
Paprika
Pfeffer
Koriander
Kreuzkümmel
Nelken
Zimt
Kardamom
Muskatnuss
(Piment)

Advieh
Zimt
Kardamom
Muskatnuss
Rosenblatt
Pfeffer
Kreuzkümmel
(Koriander)
(Kurkuma)
(Nelke)
(Getrocknete Limette)

Garam Masala
Kreuzkümmel
Koriander
Pfeffer
Zimt
Kardamom
Nelke
(Muskatnuss oder Muskatblüte)
(Fenchel)
(Sternanis)

Berbere
Chili
Knoblauch
Ingwer
Bockshornklee
Äthiopischer Kardamom
(Koriander)
(Kreuzkümmel)
(Ajowan)
(Schwarzkümmel)
(Pfeffer)
(Zimt)
(Muskatnuss)
(Piment)
(Nelke)

Xawaash
Kreuzkümmel
Koriander
Pfeffer oder Langpfeffer
Muskatnuss
Nelke
Zimt
Kardamom
(Kurkuma)
(Bockshornklee)

Chaat Masala
Grüne Mango
Schwarzes Salz
Kreuzkümmel
Koriander
Pfeffer
Ingwer
(Asant)
(Fenchel)
(Ajowan)
(Minze)

UIGURISCHE SIEBEN-GEWÜRZE-MISCHUNG
Kreuzkümmel
Sternanis
Szechuanpfeffer
Pfeffer
Nelke
Kassia
Kardamom
PANCH PHORON
Bockshornklee
Kreuzkümmel
Schwarzkümmel
Schwarzer Senf/ Radhuni
Fenchel
GRÜNE CURRYPASTE
Koriander
Kreuzkümmel
Pfeffer
Galgant
Zitronengras
Knoblauch
Schalotte
Ingwer
Chili
Kurkuma
Limettenblatt
Garnelenpaste
FÜNF-GEWÜRZE-PULVER
Sternanis
Fenchel
Szechuanpfeffer
Nelke
Kassia
(Muskatnuss)
(Orangenschale)
SHICHIMI TOGARASHI
Chili
Sanshopfeffer
Schwarzer/weißer Sesam
Mohn
Orangenschale
Gemahlener Ingwer
Nori
CURRYPULVER AUS SRI LANKA
Koriander
Kreuzkümmel
Fenchel
Bockshornklee
Curryblätter
Kurkuma
REMPAH
Getrocknete Chilischoten
Schalotte
Knoblauch
Galgant
Kurkuma
Belachan (Garnelenpaste)
Lichtnuss
BUMBU
Schalotte
Knoblauch
Chili
Kurkuma
Kencur
Galgant
Ingwer
Koriander
Zitronengras
Lichtnuss

ANMERKUNG ZU DEN REZEPTEN

Zwei Dinge sind mir in diesem Buch ein Anliegen: Erstens ganz elementar verschiedene Techniken zur Verwendung von Gewürzen zu zeigen und wie man mit ihnen gut ausgewogene, lebendige Mahlzeiten kreiert. Zweitens möchte ich – in einem Projekt, das mich vollauf fasziniert und eingenommen hat – die kulinarische Geschichte hinter den Gewürzen erforschen und wie sie die Speisen, die wir essen, durchdringen.

Eine Sammlung von Gewürzrezepten könnte grenzenlos sein, genau wie der Handel zu seiner Zeit nach und nach den Erdball umfasste und Menschen auf der ganzen Welt in seinen Bann zog. Ich habe das Ziel dieser Sammlung zunächst geografisch eingeschränkt. Wir werden innerhalb der Grenzen der ursprünglichen Gewürzrouten bleiben, also der alten Seehandelspassagen, die Asien und den Orient durchzogen. Wir konzentrieren uns auf die Reise und verlassen die nach Muskatnuss duftenden Cremes, Safranpaellas und Zimtbrötchen Europas. Auch Rezepte, die aus dem Gewürzhandel zu Lande hervorgingen, werden weitgehend beiseitegelassen – dies war eine weitere Reise der kulturellen Verbreitung, die sich entlang der Wege, die man als Seidenstraße kennt, durch China und Zentralasien wand –, obgleich Crossover in diesem verworrenen Netz unvermeidlich ist. An die späteren Handelsrouten nach Amerika und Afrika werden wir uns nur wenig wagen.

Stattdessen erkunden wir essend den Indischen Ozean, die ursprüngliche Wiege der Gewürze. Wir werden Speisen von Handelszentren und Umschlagstationen erforschen, wo sich neue Aromakombinationen entwickelten und die gegenseitige kulinarische Befruchtung am ausgeprägtesten ist.

Unterschiedliche Küchen bevorzugen bestimmte Gewürzkombinationen und haben individuelle Methoden, sich ihre Aromen zunutze zu machen. Kleine Verbesserungen im Würzen bewirken, dass Speisen mit ähnlichen Zutaten sich ganz und gar voneinander unterscheiden. Sie werden sowohl ganz spezielle Gerichte kennenlernen als auch solche, die an weit entfernte andere Speisen aus Übersee erinnern. Manche Rezepte sind modern, manche uralt, die meisten haben weit zurückreichende Wurzeln.

Die Auswahl spiegelt auch meine persönlichen Vorlieben in der Küche wider: Für das Kochen zu Hause, für einfache Zubereitungsarten, die groß sind im Geschmack. In früheren Zeiten assoziierte man seltene und teure Gewürze mit Höfen, Palästen und Festen und in den Gerichten wurde viel Fleisch verwendet. Der Ausgewogenheit zuliebe habe ich versucht, wo vorhanden, einige vegetarische Varianten herauszusuchen. Es sind im Verhältnis weniger Fischgerichte, denn bei diesen schätzt man es im Allgemeinen, wenn mit leichter Hand gewürzt wird. Am wichtigsten: Es gibt eine solche Fülle an infrage kommenden Rezepten, dass ich mir erlauben konnte, nur die aufzunehmen, die begeistern und Freude bereiten.

Ich versuche, die Rezepte nicht anzupassen, denn ich möchte die Authentizität oder zumindest den Geist eines jeden Gerichts bewahren. Ihre Erzählungen, ihre Geschichte und ihr Erbe sind wichtig. Dennoch – hier riskiere ich einen Widerspruch – ist Essen stets eine lebende, sich bewegende Tradition gewesen und kein Gericht bleibt über die Zeit immer gleich. Dafür sorgen neue Zutaten, sich ändernde Gegebenheiten und erfindungsreiche Köchinnen und Köche. Naturgemäß spiegeln diese Rezepte wider, wie ich in meiner Londoner Küche koche, mit den Zutaten, die mir zur Verfügung stehen, und sobald sie in Ihrer Küche Einzug halten, werden sie sich mit Ihren Zutaten und persönlichen Vorlieben weiterentwickeln. Ein weiterer Schritt der Reise, zu der uns das Kochen mitnimmt.

DAS

ERSTE

GEWÜRZ

Ingwer

Feuer und Donner

Ingwer ist mit seiner kratzigen Schärfe und den Holznoten vielleicht das wichtigste asiatische Gewürz, mit Sicherheit aber eines der ältesten. Seine frühen Reisen unternahm der Ingwer noch vor Beginn der Aufzeichnungen, deswegen wissen wir nicht, von wo auf dem Kontinent er letztlich stammt. Südchina ist wohl kein schlechter Tipp. Aus der Sprachwissenschaft gibt es Hinweise darauf, dass Austronesier Ingwer mitnahmen, als sie sich vor 6000 Jahren im Malaiischen Archipel ausbreiteten. Das verzweigte Rhizom ist ein unverbesserlicher Kolonist, wächst schnell und breitet sich rasch aus, sogar in Tonnen auf den sonnigen Handelsschiffdecks. Für längere Transporte später in der Geschichte wurde Ingwer getrocknet oder konserviert, manchmal in dekorativen blau-weißen Ingwer-Gefäßen aus China.

Der Name leitet sich vom Sanskritwort *singabera* ab. Es bedeutet »geweihförmig«. Ingwer gehört zu derselben Familie wie Kardamom und Kurkuma.

Frischer Ingwer verursacht ein kribbelndes Feuer im Mund.

Man kann ihn jedoch durch Hitze zähmen – die Wirkung verändert sich also je nachdem, ob man Ingwer zu Beginn oder gegen Ende des Kochvorgangs hinzugibt. Getrocknet wird er süßer und pfeffriger. Im modernen Japan sind junge Ingwerstängel (wie im alten Rom) eine Delikatesse und in Indonesien und Malaysia werden die fleischigen, lippenstift-rosa Blüten des Fackel-Ingwers in Salate und Sambals geschnitten.

Spürt man den alten Gewürzrouten nach, so fällt es schwer, sich irgendeine Küche ohne Ingwer vorzustellen. In Currypasten von Thailand bis Sri Lanka bildet Ingwer Basisnoten, Kopfnoten in japanischen eingelegten Produkten und im Dim Sum aus Hongkong. In dem pakistanischen fettfrei gebratenen Gericht Karahi hat er beide Parts inne: Am Anfang und zum Schluss steht Ingwer, er schlägt zweimal zu und bringt alle Aromen zum Klingen. Ingwer zählt ferner zu den ersten Gewürzen, die Europa erreichten. Hier gleicht man die scharfe Wärme zumeist mit Süße aus, wie in Ingwerkonfekt und Honigkuchen.

Kraft und Symbolik des Ingwers gehen weit über die Küche hinaus. Überall auf der Welt ist er als Mittel gegen Erbrechen anerkannt und wird bei Reisekrankheit und Morgenübelkeit eingesetzt. In Myanmar schützt man sich mit Ingwer gegen Grippe, in Japan stärkt man damit das Herz. Dem griechischen Arzt Dioskurides galt er als Abführmittel, den Römern hingegen war er ein Symbol für Wohlstand und Fruchtbarkeit. Bereits 500 v. Chr. integrierte Konfuzius ihn in die chinesische Ernährungsweise, die ansonsten so streng war wie seine Philosophie des Seins, und der Koran garantiert denen, die das Paradies erreichen, als Willkommen einen silbernen Kelch mit wärmendem Ingwer.

Zudem spricht man dem Ingwer seit Jahrhunderten und in vielen Kulturen eine aphrodisierende Kraft zu.

So wie die Impotenz kalt ist, so heiß die Lust; muss das Begehren angefeuert werden, darf es gern ein Hitze spendendes Gewürz sein.

Tatsächlich hat das Wort »scharf« bis heute einen erotischen Beiklang. Es bedeutet duftend, pfeffrig und pikant, zugleich aber auch rassig, temperamentvoll, lüstern, provokant und schlüpfrig. »Gewürz« ist mit Sicherheit ein Gegenbegriff zu »rein« oder »harmlos«.

TAIFUN-SCHUTZHÜTTEN-MAIS

Bei Fung Tong Sukmai ~~~ Hongkong

Für 4 Portionen als Beilage

Der Name *Hongkong* geht auf das kantonesische Wort für »duftender Hafen« oder »Gewürzhafen« zurück. Dieser Beiname offenbart die bedeutende Lage des Hafens auf der Seehandelsroute. Hongkong war ein Ort, an dem die Handelsschiffe aufgefüllt wurden, vor allem mit dem aromatischen Räucherholz des Agarbaums; es wurde mit Dschunken in den asiatischen Raum gebracht und dann weiter, um den Duft nach Arabien zu bringen.

Wie viele Handelszentren ist Hongkong für sein kulinarisches Erbe bekannt. Die Tanka – eine einheimische Gemeinschaft, die auf Booten lebt – leisteten mit dem Gericht Taifun-Schutzhütten-Garnelen einen der großen Beiträge zur lokalen Gastronomie. Der Name ist an sich schon faszinierend genug, der Geschmack aber noch besser, denn die Meeresfrüchte sind unter einem knusprigen Berg aus Knoblauch-, Ingwer- und Salzkrümeln verborgen. Suchen Sie in einem schwimmenden Restaurant danach. Hier habe ich die Anregung des Kochs Jowett Yu zu einer vegetarischen Interpretation übernommen, die sich für die Küche zu Hause besser eignet. Eines der am meisten süchtig machenden Gerichte, die ich kenne.

300 g frischer Mais (2 Kolben) oder Tiefkühlmais
4 EL neutrales Öl
10 Knoblauchzehen, sehr fein gehackt
3 cm Ingwer, geschält, fein geraspelt (1 EL)
1 EL schwarze fermentierte Sojabohnen, abgetropft, fein gehackt
1 TL Chiliflocken
1 EL helle Sojasoße
1 TL Shaoxing-Reiswein oder trockener Sherry
1 EL Zucker
70 g Panko-Paniermehl
3 Frühlingszwiebeln (Schalotten), längs halbiert, in kurze Streifen geschnitten
1 rote Chilischote, klein geschnitten (optional)
1 kleine Handvoll Korianderblätter (optional)

Wenn frischer Mais verwendet wird, die Kerne von den Kolben schneiden. Tiefkühlmais auftauen; falls nötig, mit kochendem Wasser übergießen.

Einen Wok auf hoher Stufe aufsetzen. Nun ½ EL Öl hineingeben, dann den Mais. 2–4 Minuten unter Umrühren anbraten, bis er süß und weich ist. In eine Schüssel geben und beiseitestellen.

Den Wok mit dem restlichen Öl auf mittlerer bis niedriger Stufe wieder aufsetzen. Knoblauch, Ingwer, schwarze Bohnen und Chiliflocken hinzugeben und unter Umrühren anbraten, bis alles weich ist und duftet. Mit Sojasoße, Shaoxing-Wein und Zucker würzen und weiterkochen, bis alles trocken ist.

Paniermehl und Frühlingszwiebeln hinzugeben und unter Umrühren anbraten, damit die Brotkrümel knusprig werden und eine goldene Farbe bekommen. Den Mais hineingeben und nur einen Moment lang durcherhitzen. Falls gewünscht, mit rotem Chili und Korianderblättern bestreuen und sofort servieren.

BURMESISCHER INGWERSALAT

Gin Thoke ~ Myanmar

Für 2–4 Portionen

Die Burmesen sind wahre Meister der Salatzubereitung. Kühn kombinieren sie Aromen und Texturen auf einzigartige und unvergessliche Art und Weise. Bereiten Sie diesen Salat einmal zu, und Sie werden merken, dass Ihre Erinnerung immer wieder zu ihm zurückkehrt.

Fermentierte Teeblätter bilden die Basis für den berühmtesten Salat des Landes, den Laphet Thoke. Die erdige Adstringenz des Tees wird mit knackigen, umami-reichen Aromazutaten ausgeglichen, in einem Gericht, das einem einen fast betäubenden Rausch beschert. Dieses Gin Thoke ist ähnlich, jedoch ist hier Ingwer der Star. Viele knackige, nussige Elemente kommen als Backgroundchor für den scharf eingelegten Ingwer zusammen. Man kann dieses Gericht auch reduzieren auf bloßen eingelegten Ingwer mit frittiertem Knoblauch und Sesam.

40 g Ingwer, geschält
Saft von 2 großen Limetten
Salz
100 g getrocknete Kichererbsen
100 g getrocknete gelbe Spalterbsen
2 EL Kichererbsenmehl
1 EL Sesam
120 ml neutrales Öl zum Frittieren
6 Knoblauchzehen, in Scheiben geschnitten
80 g rohe Erdnüsse mit roter Haut
½ Chinakohl, fein geraspelt
1–2 grüne Chilischoten, mit oder ohne Kerne, in Streifen geschnitten
1 grüne Tomate, in Scheiben geschnitten (optional)

FÜR DAS DRESSING
Aufbewahrter Limettensaft aus Schritt 1
2 EL Zucker
1 EL Fischsoße

Den Ingwer am Tag vor dem Verzehr mit Limettensaft bedecken, mit 1 Prise Salz würzen und im Kühlschrank ziehen lassen. Die Säure kann den Ingwer rosa färben.

Kichererbsen und Spalterbsen in getrennten Schüsseln über Nacht in Wasser einweichen.

Am nächsten Tag den Ingwer ausdrücken und den Saft für das Dressing aufbewahren. Kichererbsen und Spalterbsen abgießen und auf einem Geschirrtuch trocknen.

Das Kichererbsenmehl in einem trockenen Wok oder einer trockenen Bratpfanne einige Minuten rösten, bis es nussig schmeckt und duftet. Beiseitestellen. Sesam ebenso anbraten, bis er etwas golden ist. Die Pfanne ausspülen.

Die Pfanne wieder aufsetzen, Öl hineingeben und erhitzen, bis die Oberfläche sich leicht kräuselt. Mehrere Zutaten goldfarben und knusprig frittieren; diese jeweils mit einem Schöpflöffel aus dem Öl nehmen und auf Küchenpapier abtropfen lassen, während die nächste Zutat frittiert wird. Zuerst den Knoblauch frittieren (1–2 Minuten), dann die Erdnüsse (1–3 Minuten), die Kichererbsen (5–8 Minuten) und die Spalterbsen (3–6 Minuten). Aufpassen – sollten die Kichererbsen spritzen, mit einem Spritzschutz arbeiten, falls vorhanden.

Für das Dressing den Ingwer-Limettensaft mit Zucker und Fischsoße vermischen. Bei Bedarf etwas Salz hinzugeben und zum Auflösen gründlich umrühren.

Den Salat direkt vor dem Servieren fertigstellen. Eine Schüssel mit geraspeltem Kohl füllen und mit dem Dressing vermengen. Das geröstete Mehl und alle übrigen frischen und knusprigen Komponenten hinzugeben und erneut vermengen.

SALZHÄHNCHEN MIT GRÜNER INGWER- UND ROTER CHILISOSSE

Hainan Ji Fan — Singapur

Für 4 Portionen

Dieses Gericht ist elegant in seiner Schlichtheit und stellt die guten Zutaten ins Rampenlicht. Ich greife oft darauf zurück, wenn Familien mit kleinen Kindern zum Essen kommen – ohne Ausnahme mögen sie das zarte Hähnchen und den Reis, während die Erwachsenen auf ihren Tellern mit den Soßen für Prickeln und Feuer sorgen können.

Das Gericht taucht in unterschiedlichen Versionen in Vietnam, Hongkong, Malaysia und Thailand auf und bildet ab, dass Chinesen jahrhundertelang von der Insel Hainan dort einwanderten. In Singapur gilt Hähnchenreis als ein Nationalgericht.

Hierbei gibt es ein paar interessante Kochmethoden. Eine ist die grüne Ingwersoße. Dafür werden fein gehackter Ingwer und Frühlingszwiebeln mit heißem Öl übergossen. Mit einem Zischen macht es die Zutaten sofort weich und verschmilzt die Aromen miteinander zu etwas ganz Besonderem (kosten Sie es einmal unter Nudeln mit heller Sojasoße).

Eine andere Methode betrifft das Hähnchen. Wird es am Tag vor dem Verzehr gesalzen, erhält man das zarteste Geflügel aller Zeiten, und im Ganzen gedämpft ist es eine Offenbarung. Pochieren ist traditioneller und lässt sich an den Ständen der Hawker Centers in Singapur gut praktizieren, wo die Brühe mit jedem der Hähnchen, das hineinkommt, intensiver wird. Hier jedoch wird es in nur 35 Minuten perfekt gedämpft. Aus der Flüssigkeit zum Dämpfen wird eine leichte Brühe, genau die richtige Menge, um den Reis darin zu kochen, sodass nichts vom Aroma verschwendet wird.

1 mittelgroßes Hähnchen
1 Handvoll grobes Salz
4 Scheiben Ingwer
1 Handvoll Frühlingszwiebelspitzen
400 g Jasminreis
1 Spritzer dunkles Sesamöl

FÜR DIE GRÜNE INGWERSOSSE
100 g Frühlingszwiebeln, weiße und hellgrüne Teile
80 g Ingwer, geschält
6 EL neutrales Öl
Salz

FÜR DIE ROTE CHILISOSSE
4 rote Chilischoten, mit oder ohne Kerne
2 Knoblauchzehen
1½ EL Reisessig
Salz

Das Hähnchen am Tag vor dem Verzehr überall einstechen. Großzügig innen und außen salzen; dabei die groben Salzkörner in die Haut reiben. In einer Schüssel abdecken und über Nacht in den Kühlschrank stellen.

Das Hähnchen einige Stunden vor dem Verzehr aus dem Kühlschrank nehmen, damit es etwas warm werden kann. Nach 40 Minuten innen und außen abspülen, um das Salz zu entfernen.

Den Topf eines großen Dampfgarers mit 625 ml Wasser füllen. Ingwerscheiben und Frühlingszwiebelspitzen im Dämpfeinsatz verteilen. Das Hähnchen mit der Brust nach unten daraufgeben und den Deckel auflegen. Zum Kochen bringen, dann 35 Minuten dämpfen oder bis das Hähnchen gar ist. Ein Fleischthermometer sollte 74 °C anzeigen oder der Saft vom Hähnchenschenkel klar sein.

Während das Hähnchen gart, die Soßen vorbereiten. Für die grüne Ingwersoße Frühlingszwiebeln und Ingwer fein hacken und in einer feuerfesten Schüssel miteinander vermischen. Das Öl erhitzen, bis es raucht, dann darübergießen und alles vermischen. Mit Salz würzen.

Für die rote Chilisoße alle Zutaten miteinander zu einer groben Paste vermischen.

Das gegarte Hähnchen mit der Brust nach oben unter einer Folienabdeckung zum Ruhen beiseitestellen. Es wird Saft ins Dämpfwasser durchgetropft sein, sodass dies nun eine leckere Brühe mit Ingwernote ist; darin wird der Reis gekocht.

Den Reis gründlich waschen. Die Körner dabei in kaltem Wasser (viermal wechseln) umherbewegen, bis das Trübe größtenteils weg ist. Dadurch wird die Oberflächenstärke abgelöst, die den Reis ansonsten klebrig machen könnte. Gut abtropfen lassen und in einen Topf geben. 625 ml der Brühe hinzugeben; falls nötig, mit Wasser ergänzen. Auf hoher Stufe aufsetzen, bis das Wasser lebhaft kocht. 15 Sekunden sprudeln lassen, dann die Hitze auf niedrigste Stufe verringern und einen Deckel darauf geben. 15 Minuten ungestört dämpfen lassen. Vom Herd nehmen (aber nicht hineinschauen!) und den Reis unter dem Deckel 10 Minuten weiterdämpfen. Vor dem Servieren die Reiskörner behutsam mit einer Gabel auflockern.

Das Hähnchen mit Sesamöl beträufeln und mit Reis und Soße servieren.

DAZU PASST

Gurkensalat ist eine gute Ergänzung. Für das Dressing Ingwer sehr fein hacken und mit Reisessig, sowie großzügig mit Zucker und Salz mischen. Gurken fein schneiden und mit dem Dressing vermengen. Im Kühlschrank mindestens 30 Minuten oder über Nacht ziehen lassen.

Salzhähnchen mit grüner
Ingwer- und roter Chilisoße

Gehacktes Hähnchenfleisch mit Mirin und rosa eingelegtem Ingwer

Kashiwa meshi — Japan

Für 4 Portionen

Ingwer steht am Anfang und am Ende dieses Gerichts. Bei seinem ersten Erscheinen verleiht er dem Hähnchen behutsame Wärme, die von einer salzig-süßen, etwas nach Wein schmeckenden Glasur ausgeglichen wird. Die zweite Verwendung in Gestalt von Beni Shoga (eingelegter Ingwer) kommt lauter daher, sowohl in der Farbe als auch im Geschmack. Ich empfehle, ein Glas der knallrosa Ingwerraspel in Pflaumenessig zu kaufen. Man kann dieses Gericht zwar auch ohne Beni Shoga zubereiten, mir würde sein süß-saurer Schärfekick allerdings fehlen. Man kann es auch hervorragend in pfannengerührte Gerichte oder Nudelgerichte geben.

Servieren Sie das Hähnchen auf einem Bett aus Sushireis, warm aus dem Topf oder in einer Lunchbox angerichtet für den Genuss unterwegs.

500 g Hähnchenoberkeule ohne Knochen
3 cm Ingwer, grob gehackt (1 TL)
2 Eier
1 Prise Salz
1 EL neutrales Öl
2 Knoblauchzehen, grob gehackt
4 EL japanische Sojasoße
2 EL Mirin
2 EL Sake
2 TL Zucker
1 Prise Dashipulver (optional)
2 Noriblätter, in Streifen geschnitten
Rosa eingelegter Ingwer (Beni Shoga), zum Servieren

Die Haut von den Hähnchenoberkeulen entfernen, das Fett aber darauf lassen. Mit dem Ingwer in einen Topf geben und mit Wasser bedecken. Zum Kochen bringen, den Schaum abschöpfen, dann den Deckel auflegen, die Hitze verringern und 10 Minuten leise köcheln lassen. Vom Herd nehmen und 15–20 Minuten stehen lassen, bis das Hähnchen gar ist und keine Spur von Rosa mehr zu sehen ist.

Für die Omlettstreifen die Eier mit Salz und einigen TL Wasser zu einer dünnflüssigen Masse aufschlagen. Eine antihaftbeschichtete Pfanne leicht einfetten. Ein wenig Ei hineingießen und die Pfanne schwenken, um es zu verteilen; es sollte so dünn sein, dass es ohne Wenden gar wird. Das fest gewordene Omelett auf ein Schneidebrett geben und mit dem restlichen Ei wiederholen. Aufeinanderschichten und in dünne Streifen schneiden.

Das Hähnchen abtropfen lassen. Fleisch und Ingwer in eine Küchenmaschine geben und zu einer fein gekörnten Masse verarbeiten. Öl in einer Bratpfanne erhitzen, Knoblauch hinzugeben und brutzeln lassen. Das gehackte Hähnchenfleisch hinzugeben und umrühren. Mit Sojasoße, Mirin, Sake, Zucker und Dashipulver würzen. Die Flüssigkeit einkochen und das Fleisch überziehen lassen.

Traditionell wird dieses Gericht auf einem Reisbett serviert, auf dem sich 3 Streifen befinden: das Hähnchenfleisch, die Omelettstreifen und das grüne Nest aus Algenbändern. Ein Häufchen eingelegten Ingwer daraufgeben. Warm servieren.

APHRODISIERENDES GRÜN

Für 2 Personen als Beilage

Ingwer spielt im antiken Sanskrit-Text *Kamasutra* eine Rolle. Von seiner scharfen Wärme heißt es, sie befeuere das Begehren, die Fruchtbarkeit und den Kreislauf. Doch warum auf nur ein Stimulans vertrauen, wenn wir den erdigen Kreuzkümmel – ein bevorzugtes Aphrodisiakum der frühen Araber – und etwas bittersüßen Bockshornklee hinzugeben können, den die moderne Wissenschaft als Libido-Booster anerkennt? Noch eine stärkende Dosis eisenhaltigen Spinat ergänzen – und fertig ist eine potente Mischung. Und eine wirklich herrliche Gemüsebeilage (Foto auf Seite 230), die zu jedem Gericht passt.

20 g Pistazien, ohne Schale
1 EL Olivenöl
½ TL Kreuzkümmelsamen
1 kleine Prise Bockshornkleesamen
1 große Zwiebel, fein geschnitten
Salz
3 cm Ingwer, geschält und sehr fein gehackt (1 EL)
200 g junger Blattspinat, gewaschen
Pfeffer
1 Spritzer Zitronensaft

Die Pistazien einige Minuten in einer trockenen Pfanne rösten, bis sie duften. Grob hacken.

Einen großen Topf oder Wok erhitzen, Olivenöl hineingeben und warten, bis sich die Oberfläche ganz leicht kräuselt. Kreuzkümmel und Bockshornklee hineingeben und zum Rösten brutzeln lassen (das macht den Bockshornklee weniger bitter), dann die Zwiebel und 1 Prise Salz hinzufügen. Die Hitze auf mittlere bis niedrige Stufe verringern und unter häufigem Umrühren braten, bis die Zwiebel ein weiches, goldfarben gebräuntes Gewirr ist. Ingwer hinzugeben und 1 weitere Minute braten.

Einige Handvoll Spinatblätter hinzugeben und unter die gewürzte Zwiebel mischen. Wenn die Blätter allmählich in der Hitze zusammenfallen, mehr Spinat dazugeben. Weiterhin Blätter hinzufügen und vermengen, bis der gesamte Spinat zusammengefallen ist. Mit Salz und Pfeffer würzen.

Vom Herd nehmen, Zitronensaft unterrühren und mit den gerösteten Pistazien bestreuen.

DAZU PASST

Ein Verehrer oder eine Verehrerin

RAITA MIT KNUSPER-INGWER

Adarak Raita ～～ Indien

Für 4 Portionen als Beilage

Ein Joghurt-Raita vervollständigt eine südasiatische Mahlzeit; es ist ein cremiger und saurer Kontrast zu schlichten Dals oder üppigen Biryanis. Bei diesem Raita (Foto auf Seite 199) wird die gewürzverstärkende Technik Tarka verwendet, die Gewürze ziehen also in heißem Öl, damit die Aromen intensiver werden, und so ist dieses Raita auch allein unvergesslich. Kühler Joghurt umhüllt karamellisierte Ingwerraspel, Kreuzkümmelsamen und Curryblätter mit ihrer Moschusnote.

400 g Joghurt
½ TL gemahlener Kreuzkümmel
Knapp ½ TL feines Meersalz
1 Prise Zucker
30 g Ingwer, geschält
1 EL neutrales Öl
10 Curryblätter
½ TL Kreuzkümmelsamen

Den Joghurt mit gemahlenem Kreuzkümmel, Meersalz und Zucker vermischen.

¼ des Ingwers fein reiben und in den Joghurt rühren. Den Rest in dünne Scheiben und diese in feine, gleichmäßige Stifte schneiden (Julienne).

Das Öl in einer kleinen Bratpfanne auf hoher Stufe erhitzen. Ingwer, Curryblätter und Kreuzkümmelsamen hinzugeben und in der Hitze brutzeln lassen. Ein paar Minuten lang stetig umrühren. Wenn der Ingwer eine tiefe karamellisiert-goldene Farbe angenommen hat, den Inhalt der Pfanne über den gewürzten Joghurt gießen.

Umrühren und beiseitestellen, damit sich die Aromen vermischen oder die Ingwerstifte zum Servieren als dekoratives Topping auf dem Dip belassen.

DAZU PASST

Raita lässt sich gut mit jedem der folgenden Rezepte kombinieren:
Hähnchen mit schwarzem Pfeffer im Kerala-Stil (Seite 81)
Kebabs für Babur (Seite 92)
Mit Holzkohle geräuchertes Biryani (Seite 118f.)
Langsam gebratenes Lammfleisch mit Advieh und Duftreis (Seite 120)
Blumenkohl-Granatapfel-Pilaw (Seite 196)
Tomatenlinsen für jede Woche (Seite 198)
Tandoori-Brathähnchen (Seite 231)

DAZU PASST
Jasminreis, grüne Bohnen, Garnelencracker

Gegrillte Makrelen mit Ingwer-Chili-Sambal

Ikan Sambal Jahe ~~~ Indonesia

Für 2 Portionen

In der indonesischen Ernährung gibt es zwei Ecksteine. Lockerer gedämpfter Reis ist die Leinwand, auf die man die Aromen aufbringt. Das würzige i-Tüpfelchen ist Chili-Sambal (eine Soße oder Salsa mit unendlichen Variationen) und keine Mahlzeit wäre vollständig ohne eine solche Soße.

Dieses Sambal besitzt einen doppelten Schärfekick: Chilischoten und frischer Ingwer, gezähmt und dennoch intensiviert durch zweimaliges Kochen. Ingwer-Sambals sind in frühen indonesischen Texten zur Kulinarik dokumentiert, lange bevor Chilischoten in Asien eingeführt wurden.

2 Makrelenfilets
2 TL Sojasoße
1 TL neutrales Öl zum Bepinseln

FÜR DAS SAMBAL
4 EL neutrales Öl
4 kleine Schalotten, grob gehackt
4 ganze Knoblauchzehen, geschält
5 cm Ingwer, geschält und klein geschnitten
2 große Tomaten, grob gehackt
2 große rote Chilischoten, mit oder ohne Kerne, grob gehackt
1 Bird's-Eye-Chilischote, mit Kernen
½ TL Garnelenpaste (optional)
1 EL Palmzucker oder brauner Zucker
1 Prise Salz
1 TL schwarzer Chinkiang-Essig oder Reisessig

Bereitet man das Sambal im Voraus zu – und sei es nur ungefähr 1 Stunde –, wird es ausgereifter und rund. Es sollte gut zimmerwarm serviert werden.

Das Öl in einer Bratpfanne erhitzen; großzügig abmessen, denn es hilft, aromatische Tiefe aufzubauen. Schalotten und Knoblauch einige Minuten im Öl weich braten, dann Ingwer, Tomaten, Chilischoten und Garnelenpaste hinzugeben. Auf mittlerer Stufe braten, bis alles zergangen und weich ist.

In einen Mixer umfüllen und pürieren. Mit Palmzucker und Salz wieder in die Pfanne geben. Unter Umrühren braten, bis das Sambal eine Nuance dunkler wird und das Öl anfängt, sich etwas abzuscheiden, wenn das Püree eine Weile in Ruhe gelassen wird. Die Aromen mit dem Essig in Balance bringen; abkühlen lassen.

Die Makrelenfilets komplett mit Sojasoße einpinseln. Grillfunktion im Ofen auf hoher Stufe vorheizen und den Rost mit etwas Öl einstreichen. Den Fisch mit der Haut nach oben 3–4 Minuten grillen, bis die Haut etwas geschwärzt ist, dann wenden und weitere 1–2 Minuten grillen, bis die Makrele durchgegart ist.

Die Makrele nach Belieben mit gedämpftem Reis und Sambal servieren, das man nach Geschmack hinzugibt.

Rougaille mit Eiern und Speckstreifen

Rougaille dizef ~ Mauritius

Für 2 Portionen

Mauritius ist ein Land, in das die Gewürzrouten regelrecht eingewebt sind. Die Insel war unbewohnt, bevor europäische Siedler zur Zeit des Rennens um die Gewürze eintrafen; Niederländer, Franzosen und schließlich Briten wollten alle die strategische Lage im Indischen Ozean ausnutzen. Ein Wendepunkt in der Geschichte trat ein, als im 18. Jahrhundert ein französischer Gewürzhändler – er hieß mehr als passenderweise Pierre Poivre (französisch für »Pfeffer«) – Muskatnusspflanzen aus der indonesischen Provinz Maluku schmuggelte und auf Mauritius und La Réunion pflanzte. So durchbrach er das niederländische Handelsmonopol und ermöglichte der Welt größeren Zugang zu Gewürzen denn je (vielleicht ist Poivre auch derjenige, der im englischen Zungenbrecher »Peter Piper picked a peck of pickled pepper« unsterblich gemacht wurde).

Der abgedroschene Begriff »Schmelztiegel« beschreibt die Kultur von Mauritius gut. Eine auf dem Handel basierende Vergangenheit aus vielen Bruchstücken bildete eine Bevölkerung, die sich aus Menschen aus Indien, Afrika, China und Europa zusammensetzt, und brachte eine der großartigsten kreolischen Küchen der Welt hervor.

Eine Ingwer-Tomaten-Soße namens Rougaille gehört zu den Ecksteinen der häuslichen Küche. Sie kann Meeresfrüchte, gesalzenen Fisch und Würstchen aufpeppen oder wie hier als Grundlage für behutsam pochierte Eier verwendet werden. In dieser ungewöhnlichen Begegnung prallen westliche und östliche Akzente aufeinander – Thymian trifft Koriander –, typisch für die verspielte Küche von Mauritius. Das Ergebnis ist elektrisierend.

100 g Speckstreifen
1 Zwiebel, fein gehackt
3 cm Ingwer, geschält und sehr fein gehackt (1 EL)
4 Knoblauchzehen, sehr fein gehackt
1 Bird's-Eye-Chilischote, mit Kernen, fein gehackt
1 TL Kreuzkümmelsamen
1 kleines Bund Thymian, Blätter gezupft
400 g reife Tomaten, gehackt, oder gute Dosentomaten
Salz
Zucker (optional)
2–4 Eier
1 Handvoll Korianderblätter
Fladenbrot und scharfe Soße zum Servieren

Die Speckstreifen in eine Bratpfanne geben und auf mittlerer Stufe aufsetzen. Braten, bis das Fett austritt, dann wird der Speck knusprig. Zwiebel hinzugeben und schön weich braten. Ingwer, Knoblauch, Chili, Kreuzkümmel und Thymianblätter hinzufügen und noch einige Minuten weiterbraten.

Tomaten hinzufügen und etwa 20 Minuten köcheln; dabei mit einem Löffelrücken ab und zu zum Zerkleinern zusammenpressen. Das Rot sollte eine Nuance dunkler werden. Kosten und die Aromen mit Salz und, falls nötig, etwas Zucker ausbalancieren.

Mit dem Löffel Vertiefungen in die Soße drücken und in jede Vertiefung ein Ei aufschlagen. Die Eier je mit etwas Salz bestreuen und einen Deckel auf die Pfanne legen. Die Eier 4–5 Minuten dämpfen, bis Eiweiß und Eigelb noch flüssig sind.

Mit Koriander bestreuen und mit Fladenbrot und scharfer Soße servieren, falls gewünscht.

SEIDENTOFU MIT INGWER-SOJA-SOSSE

Liang Ban Dou Fu — China

Für 2 Portionen

Roher Ingwer bringt seine ganze kratzige Schärfe ein, hier gemischt mit Säure, umami, tief und komplex. Dieses Gericht gehört zu den praktischen Mahlzeiten aus dem Vorratsschrank, die innerhalb von Minuten fertig sind. Vielleicht ist es auch das Rezept, mit dem man Tofu-Skeptiker überzeugen kann – die ihn womöglich für fade oder gummiartig halten –, während seine Fans die weiche Textur schon kennen, die sich im Bauch so wohlig anfühlt und den Seidentofu unwiderstehlich macht.

Eines der Aromen hier ist Chinkiang-Essig, ein chinesischer schwarzer, aus Klebereis hergestellter Essig. Er ist dunkler, süßer und interessanter als andere Reisessige und ich empfehle wirklich, sich diese Zutat zuzulegen – ich verwende ihn viel. Wird er durch einen anderen Essig wie Reis- oder Apfelessig ersetzt, sollte man etwas weniger nehmen, denn sie haben mehr Säure.

300 g weicher Seidentofu
3 cm Ingwer, geschält (1 EL)
2 EL helle Sojasoße
1½ EL schwarzer Chinkiang-Essig
1 TL dunkles Sesamöl
2 Frühlingszwiebeln (Schalotten), klein geschnitten

Den Seidentofu abtropfen lassen und der Breite nach in ca. 0,5 cm dicke Scheiben schneiden. Auf einen Servierteller legen und die Scheiben behutsam auffächern wie die Lamellen einer Jalousie.

Den Ingwer in feine Juliennestreifen schneiden: erst in Scheiben, dann in Stifte.

In einer kleinen Schüssel Ingwer, Sojasoße, Essig und Sesamöl vermischen. Mit einem Löffel über den Tofu geben und mit Frühlingszwiebeln bestreuen.

DAZU PASST

Servieren Sie die Soße mit weißem Reis oder einer Reismischung und pfannengerührtem Blattgemüse. Ich esse den Tofu auch gern in Salatbowls mit Avocado-Scheiben und Erbsensprossen.

Pfannengerührtes Ingwer-Blattgemüse: Blätter und Stiele von 1 Kopf Pak Choi trennen. Einen Wok auf hoher Stufe erhitzen. Das Öl in kreisender Bewegung hineingeben und den Wok benetzen. Ingwer und Knoblauch fein hacken. In den Wok geben und anbraten, bis es duftet. Die Stiele hinzufügen und einige Minuten unter Umrühren anbraten, bis sie hellgrün und zart sind. Blätter unterheben, damit sie in der Hitze zusammenfallen. 1 EL Wasser mit je 1 Prise Salz und Zucker hineinrühren.

CHAI MIT ROSENKNOSPEN, KARDAMOM UND INGWER

Karak Chai ~~~ Arabische Emirate

Für 4 Portionen

Karak Chai ist die Variante der Arabischen Emirate von milchig-süßem Masala Chai, allerdings mit weniger Gewürzen. So können die einzelnen Aromen klarer durchkommen. Kardamom singt am lautesten, vor frischem Ingwer und Rosenblättern als Background. Dieses Rezept wurde von indischen und pakistanischen Arbeitern in den 1950er-Jahren in die Arabischen Emirate gebracht und eroberte die lokale Esskultur.

Zwar wird in China seit dem 4. Jahrhundert Tee getrunken, doch auf den indischen Subkontinent gelangte er mit Ausnahme der nördlichen und östlichen Randgebiete erst vor relativ kurzer Zeit. Er breitete sich über den Tibet in den Himalajaregionen aus. Dort mischt man ihn nach wie vor mit Yakbutter zu einem Getränk, das den Menschen in schneereichen Breiten die nötige Energie liefert. In Assam, Myanmar und Thailand kaute man fermentierte Teeblätter lange als Snack. Aber britische Kolonialherren waren es, die das Aufgießen von Tee nach Indien brachten, und zwar in einer langen und gründlichen Marketingkampagne der Indischen Teegesellschaft (die in britischem Besitz war). Die Briten zogen von Dorf zu Dorf und sponserten Chai-Verkäufer auf dem neuen Eisenbahnnetz. Zum Missfallen der Teeinspektoren verwandelten diese ihn fröhlich auf ihre eigene Art und Weise, indem sie Milch, Zucker und Gewürze hinzufügten.

Durch das Hin und Her von Ideen gelangte gewürzter indischer Tee in den Orient, genauso wie Kaffee über arabische und persische Händler in Indien einführt worden war.

10 grüne Kardamomkapseln, angedrückt
3 cm Ingwer, geschält und sehr fein gehackt (1 EL)
2 getrocknete Rosenknospen (optional)
1 EL Schwarztee, lose
2 EL Zucker
250 ml Milch

Kardamom, Ingwer und Rosenknospen in einen mittelgroßen Topf mit 500 ml Wasser geben. Zum Kochen bringen und 5 Minuten simmern lassen. Tee und Zucker hinzugeben und weitere 2 Minuten simmern lassen.

Die Milch zugießen und die Hitze erhöhen, sodass es sprudelnd kocht. Die Flüssigkeit wird hochsteigen wie eine Wolke. Sobald sie überzukochen droht, den Topf kurz vom Herd nehmen, damit die Flüssigkeit sich beruhigt, dann wieder aufkochen. Wiederholen und insgesamt dreimal aufkochen. Der Tee sollte eine schöne blass-karamellige Farbe haben. Den Tee in Gläser abseihen; aus einer gewissen Höhe gießen, um Sauerstoff zuzuführen. Heiß servieren.

SCHWARZES GOLD

Familie der

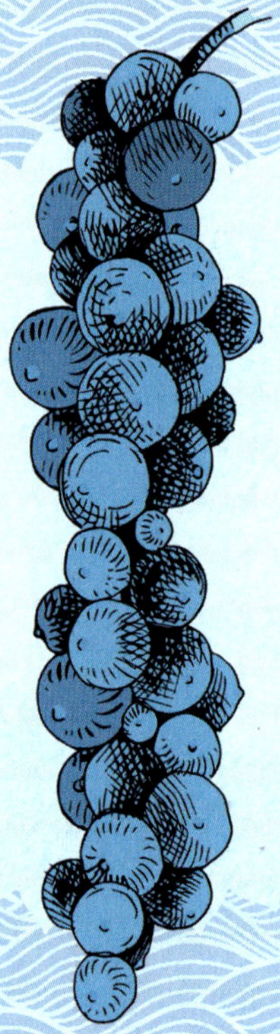

Pfefferkörner

Schwarzer Pfeffer ist schon immer das gefragteste Gewürz der Welt gewesen. Heute ist er allgegenwärtig, und weil er so alltäglich und gewöhnlich ist, nimmt man ihn als Selbstverständlichkeit hin. In früheren Zeiten hingegen waren Pfefferkörner so heiß begehrt und wertvoll, dass sie als schwarzes Gold bekannt waren.

Die Beeren der Kletterpflanze Pfeffer – lauter glänzende grüne Blätter und wächserne weiße Blüten – beschenken uns mit vier Gewürzen in einem.

Zu Beginn sind es pralle, jadegrüne Kugeln, die in dichten Rispen wachsen. Pflückt man sie unreif, erhält man grüne Pfefferkörner. Ihre ätherischen Öle sind noch nicht voll entwickelt und sie ergeben ein Gewürz, das grasig schmeckt und nur eine milde Schärfe besitzt. Lässt man sie im Schatten des Gestrüpps hängen, werden sie dicker und die Farbe wandelt sich flammenartig über Gelb und Orange zu einem tiefen, glühenden Pink. Schwarze Pfefferkörner wurden geerntet, als sie noch grün waren, die ersten wenigen Beeren der Rispe jedoch anfingen, Farbe anzunehmen und so zeigten, dass sie kurz vor der Reife standen. Sie werden ein paar Tage lang aufgehäuft fermentiert und anschließend in die Sonne gelegt, damit sie trocknen und das bekannte runzlig-schwarze Aussehen bekommen. Weiße Pfefferkörner lässt man an der Pflanze ausreifen und behandelt sie dann mit Wasser, um die raue Oberfläche abzureiben; der Duft geht dabei zugunsten der reineren weißen Schärfe im Kern verloren. Rote Pfefferkörner – sogar in den Anbauländern selten – sind voll ausgereifte Beeren, welche die reizende Schärfe von Pfeffer mit einer feinen, karamellartigen Fruchtigkeit vereinen.

Die Familie der Piperaceae ist sehr weit verzweigt und hat über 2000 Arten, die in den dunstigen Tropen auf der ganzen Welt gedeihen. Man nutzt sowohl ihre Beeren als auch ihre aromatischen Blätter. Zwei bemerkenswerte Varietäten sind Langpfeffer und Kubebenpfeffer. Langpfeffer ist in Indien und Indonesien heimisch und wächst in steifen, granitgrauen Kätzchen. In den frühen Tagen des Gewürzhandels war er besonders geschätzt und war viermal so viel wert wie schwarzer Pfeffer. Seine süße, nach Veilchen duftende Schärfe ist herrlich und es ist zu schade, dass er in den Küchen außerhalb der Länder, in denen er wächst, mehr oder weniger vergessen ist. Kubebenpfeffer kennt man wegen der dünnen, spröden Stiele auch als Stielpfeffer. Der kampferartige und durchdringende Kubebenpfeffer wird in seinem Heimatland Indonesien und in der nordafrikanischen Küche verwendet, was die Verbindung zu frühen arabischen Gewürzhändlern aufzeigt.

Und dann sind da noch die Möchtegerns – Gewürze, die gar keine richtigen Pfeffersorten sind, doch aufgrund ihres Namens oder ihres Rufs in die Familie hineingerutscht sind. Szechuanpfeffer ist die bekannteste unter den Beeren der Stachelesche aus China, Tibet, Japan, Sumatra und Indien. Der Geschmack steckt nicht in den glänzenden schwarzen Samen, die man entsorgen sollte, sondern in den rauen, rosa-braunen Schalen. Sie enthalten nicht nur eine duftende Holzigkeit, sondern auch eine Schärfe, die den Mund betäubt und in der chinesischen Küche so wichtig ist.

Im China zu Zeiten der Han-Dynastie errichtete man »Pfefferhäuser« für die Konkubinen der Kaiser. In den Putz kam gemahlener Szechuanpfeffer, damit es in den Räumlichkeiten warm und lasziv nach Gewürz duftete.

Rosa Pfefferkörner sind gar kein Pfeffer, sondern Beeren mit spröder Schale und einem süßen, kiefernartigen Aroma, das bestens zu süßen Gerichten passt (und nicht mit roten Pfefferkörnern zu verwechseln ist). Piment, zuweilen als jamaikanischer Pfeffer bezeichnet, gehört ebenfalls nicht zur Pfeffer-Familie. Sein wenig pfeffriger Biss kommt einer Mischung aus Gewürznelken, Muskatnuss und Zimt näher. Die Namensverwechslung geht auf Christoph Kolumbus zurück, der auf der Suche nach lukrativen Pfefferkörnern nach Westen segelte. Stattdessen wiesen die Einheimischen ihn auf Chilischote und Piment hin, die er beide optimistisch als Pfeffer bezeichnete, den er ja suchte. Ein weiteres Gewürz, das im Handel als eine billigere Alternative zu Pfeffer eingeführt wurde und infolge eines klugen Marketingkniffs einen himmlischen Namen trug, waren die Paradieskörner. Diese getrocknete afrikanische Frucht gehört tatsächlich zur Familie der Ingwergewächse und besitzt eine kräuterige Schärfe. Das Europa der Renaissance wandte sich von den Paradieskörnern ab, als der Preis für schwarzen Pfeffer sank und dieser das Gewürz wurde, das auf allen Tischen stand.

Der schwarze Pfeffer *(Piper nigrum)* stammt aus den dichten Dschungeln der südindischen Ghats, wo er im jahreszeitlichen Rhythmus des Monsuns gedeiht. Seit der Antike wurde Pfeffer als Ware gehandelt und für so kostbar wie Gold- und Silberbarren gehalten. Griechen der Antike reisten nach Indien und erwarben Pfeffer in solchen Mengen, dass ein Name für das Gewürz im Sanskrit *yavanesta* lautete, »Leidenschaft der Griechen«. Die Pharaonen wurden damit balsamiert, so gut wie alle aufgezeichneten römischen Rezepte strotzen vor schwarzem Pfeffer und die Cäsaren horteten Pfefferkörner in ihren Schatzkammern. Bereits 100 v. Chr. begaben sich Inder auf der Suche nach der mystischen, aus Gold und Silber bestehenden Halbinsel Suvarnadvipa nach Indonesien und mit ihnen reisten Pfefferkörner, die in den neuen tropischen Ländern wunderbar wuchsen. Indonesische Händler brachten ihrerseits Pfeffer nach China, wo er zum Lieblingsgewürz der Reichen wurde. Im Mittelalter machte Pfeffer 90 Prozent der Gewürze aus, die über die Meere nach Europa kamen, und wenn man Marco Polo glauben kann, fuhren für jedes mit Pfeffer beladene Schiff, das den Weg nach Westen nahm, zehn Schiffe nach China.

Vor der Ankunft der Chilischote in Asien war Pfeffer die Hauptquelle für Schärfe im Essen und wurde vom Orient bis nach Malaysia mit vollen Händen in die Gerichte gegeben.

Die Aufmerksamen können nach Pfeffersorten suchen, die nach ihrer Herkunft benannt sind. Indonesischer und malaysischer Pfeffer haben tendenziell einen hohen Piperingehalt und sind dadurch schärfer und reiner. Sarawakpfeffer aus Borneo findet ganz besondere Wertschätzung wegen seines runden, durchdringenden Geschmacks. Indische Pfeffersorten vom komplexen Malabarpfeffer bis zum feinen Tellicherrypfeffer mit seinen großen, dunklen Beeren und dem blumigen Aroma glänzen mit der Menge an ätherischen Ölen, die sie enthalten.

Die Schärfe des Piperins ist nicht flüchtig, daher wird sie durch das Kochen nicht gedämpft. Der Duft ist hingegen von kurzer Dauer, deswegen gibt man Pfeffer am besten zweimal hinzu. Mit der indischen Tarka-Technik (in Fett braten) und hinzugefügt am Ende des Kochprozesses oder mit der westlichen Gewohnheit, ihn am Tisch zu mahlen, bekommt man den berauschenden Kick des pfeffrigen Dufts, der seit jeher begehrt war und ist.

SCHARF-SAURE TOMATEN-RASAM

Milagu Rasam ~~~ Indien

Für 2–4 Personen als Beilage

Diese komplexe Brühe – wörtlich gepfeffertes Wasser – ist zugleich aufregend und beruhigend, genau das Richtige, um eine Sommererkältung zu vertreiben. Das Gericht wurde während der Herrschaft der britischen Krone in die Mulligatawny-Suppe umgewandelt, wobei sie um eine Auswahl an Fleisch und Gemüse ergänzt wurde, aber meiner Meinung nach ist dieses Original besser.

Die Schärfe kommt von Pfefferkörnern. Auch ein wenig vom Kashmiri-Chili, doch dieser ist mehr wegen des herrlichen Rottons da, den er beisteuert.

1½ TL schwarze Pfefferkörner
1 TL Kreuzkümmelsamen
6 Knoblauchzehen
1 EL neutrales Öl
½ TL schwarze Senfsaat
8 frische Curryblätter
4 reife mittelgroße Tomaten, gehackt
½ TL Kashmiri-Chilipulver
¼ TL gemahlene Kurkuma
1 Prise Asant (optional)
½ TL feines Meersalz
2 TL Tamarindenpaste
2 EL Koriandergrün, gehackt

Mit Stößel und Mörser die Pfefferkörner, Kreuzkümmelsamen, Knoblauch und Öl zusammen zu einer Gewürzpaste mit Textur zerstoßen.

Einen Topf auf mittlerer bis hoher Stufe erhitzen. Senfsaat einstreuen und warten, bis sie anfängt zu tanzen und aufzuplatzen. Gewürzpaste und Curryblätter hinzugeben und 1 Minute anbraten, um den Knoblauch zu garen, die Gewürze zu rösten und die Curryblätter knusprig zu machen. Tomaten, Chilipulver, Kurkuma und Asant hinzugeben und braten, bis die Tomaten zu einer Soße zerfallen; dabei das Ganze zerdrücken und zerquetschen.

400 ml Wasser zusammen mit Salz und Tamarinde aufgießen. Zum Kochen bringen und 5 Minuten köcheln lassen. Zum Abschmecken kosten und die Würzmittel nach Bedarf anpassen, sodass die Brühe sauer, süß und scharf ist. Bis zu diesem Stadium kann man die Suppe im Voraus zubereiten.

Koriandergrün einrühren und mit Wasser verdünnen, falls es mehr eine Brühe sein soll. Noch eine letzte Minute kochen zum Durcherhitzen, dann servieren.

DAZU PASST

Entweder als Suppe trinken oder als Brühe begleitend zu Basmatireis und einem anderen indischen Gemüsegericht reichen.

GRÜNER SPARGEL MIT GRÜNEN PFEFFERKÖRNERN

Prik Thai Orn Kab Nor Mai Farang ～～～ Thailand

Für 2 Portionen als Beilage

Grüne Pfefferkörner werden vor der Reife gepflückt und besitzen eine sattgrün-grasige Note. Das scharfe Piperin in den Beeren ist noch nicht voll entwickelt, sodass man sie in einer größeren Menge verwenden kann als die getrockneten, schwarzen Beeren. Dennoch ist die Schärfe klar, ausgeprägt und interessant. Hier ist sie mit einem salzig-süßen Dressing als Glasur für den pfannengerührten Spargel kombiniert.

Der thailändische Name für die frischen Pfefferkörner, Prik Thai, bedeutet wörtlich »thailändischer Chili« und offenbart damit seine Position in den Jahrtausenden, bevor das aus Amerika eingewanderte Gewürz kam und alle mit seinem kecken Selbstbewusstsein verführte.

250 g grüner Spargel
1 Rispe frische grüne Pfefferkörner (2 TL)
2 kleine Knoblauchzehen, fein gehackt
1 Bird's-Eye-Chilischote, ohne Kerne, klein geschnitten
1 EL Fischsoße
2 TL Zucker
1 EL neutrales Öl

Beim Spargel die harten Enden entfernen und die Stangen schräg in kurze Stücke schneiden.

Die Pfefferkörner von der Rispe zupfen und mit Stößel und Mörser zerstoßen oder grob hacken.

Für das Dressing Pfefferkörner, Knoblauch, Chili, Fischsoße und Zucker miteinander vermischen.

Einen Wok sehr heiß erhitzen und das Öl hineingeben. Den Spargel unter Umrühren anbraten, bis sein Grün intensiver wird, dann einen Spritzer Wasser dazugeben, um Dampf zu erzeugen. Einige Minuten weiter unter Umrühren braten, bis die Spargelstücke beim Einstechen mit dem Messer weich sind. Das Dressing hinzugeben, 20–30 Sekunden sprudelnd kochen, dann auf einen Servierteller purzeln lassen.

BALINESISCHES URAP MIT GRÜNEN BOHNEN

Sayur Urap ～～～ Indonesien

Für 4 Portionen (als Beilage für mehr als 4 Portionen)

Die indonesische Küche hat durch die Jahrtausende im Mittelpunkt eines Handelszentrums wohl ihre ureigene Ausprägung ein wenig verloren. Sogar Nationalgerichte weisen äußere Einflüsse auf, vom chinesisch inspirierten Nasi Goreng bis zum indischen Einschlag in den berühmten Currys von Sumatra. Urap ist hingegen ein Gericht, das es nur in seiner Heimat gibt. In der simpelsten Umsetzung wird gekochtes grünes Gemüse mit gebratenen Schalotten, Knoblauch und Kokos vermengt, hinzu kommt ein Spritzer herber Limettensaft, der die Aromen zum Strahlen bringt. Nachstehend folgt eine komplexer gewürzte Version, gestützt auf die, die mir der wundervolle Koch und Mentor Dayu Putu in Bali beigebracht hat. Auf dem Archipel sind vom gestielten Kubeben- bis zum rauchigen Lampongpfeffer viele Pfefferarten beheimatet. Sie waren ein wichtiges Merkmal der frühen indonesischen Küche, wurden jedoch durch die Verwendung von Chilischoten weitgehend verdrängt. Dieses Gericht besinnt sich wieder darauf. Der Salat enthält den blumigen Langpfeffer in der Gewürzpaste und ist gespickt mit grasgrünen Pfefferkörnern, geradezu ein Fest der pflanzlichen Kost, und passt besonders gut zu Hähnchenspießen.

400 g grüne Bohnen
Salz
200 g junger Blattspinat
4 EL neutrales Öl
6 kleine Schalotten, klein geschnitten
4 Knoblauchzehen, klein geschnitten
100 g frische oder eingeweichte getrocknete Kokosraspel
1 Rispe grüne Pfefferkörner, frisch (2 TL)
1 Limettenblatt, Blattrippe entfernt, fein geschnitten
Saft und Zesten von ½ Limette

FÜR DIE GEWÜRZPASTE

6 Knoblauchzehen, geschält
6 Schalotten, geschält
2 cm Ingwer, geschält
2 cm Galgant, Schale geschrubbt (2 TL gerieben)
2 cm frische Kurkuma, geschält, oder ½ TL gemahlene Kurkuma
2 Bird's-Eye-Chilischoten
1 TL Koriandersamen
1 Langpfeffer oder ½ TL schwarze Pfefferkörner, zerstoßen
Etwas geriebene Muskatnuss

Die Bohnen 2–3 Minuten in Salzwasser knackig-weich garen. Spinatblätter ins Sieb geben und die Bohnen mit ihrem Kochwasser zum Abtropfen über den Spinat gießen; dadurch fallen die Blätter zusammen. Mit einem Löffel vermengen und so viel Flüssigkeit wie möglich ausdrücken.

Einen Wok oder eine kleine Bratpfanne erhitzen, 2 EL des Öls hineingeben und Schalotten und Knoblauch hellgolden anbraten. Auf Küchenpapier abtropfen lassen.

Die Gewürzpaste zubereiten. Alle entsprechenden Zutaten grob hacken und mit einem beherzten Spritzer Wasser in der Küchenmaschine zu einer Paste verarbeiten. Die restlichen 2 EL Öl im Wok oder in der Pfanne erhitzen und die Paste unter häufigem Umrühren 5–10 Minuten braten, bis sie süßlich duftet, das Wasser verkocht ist und das Öl beginnt, sich abzuscheiden.

In einer großen Schüssel die geriebene Kokosnuss mit der Gewürzpaste zu einer sonnengelben, stückigen Masse verrühren. Mit Salz abschmecken. Die anderen Elemente hinzufügen: grüne Bohnen, Spinat, gebratenen Knoblauch und gebratene Schalotten, grüne Pfefferkörner und Limettenblatt, Limettenzesten und -saft hinzugeben, mit den Händen vermengen und alles miteinander verreiben. Bei Zimmertemperatur servieren.

DAZU PASST

Karotten-Thoran, ein kokosnussbetontes pfannengerührtes Gericht irgendwo zwischen Salat und Relish: 3 Karotten reiben, 1 große Handvoll Weißkohl hobeln, 1 Zwiebel fein schneiden, 1–2 grüne Chilischoten längs halbieren und mit 1 Handvoll Kokosraspel, ½ TL gemahlener Kurkuma und 1 gute Prise Salz vermischen. Etwas Öl erhitzen, ½ TL schwarze Senfsaat hineingeben und aufplatzen lassen, dann 6 frische Curryblätter hinzufügen. Unter das Karottengemisch rühren, die Hitze herunterstellen und einen Deckel auflegen. Etwa 10 Minuten braten (ein- oder zweimal umrühren), bis das Gemüse weich ist. Den Deckel entfernen und noch einige Minuten unter Umrühren braten.

HÄHNCHEN MIT SCHWARZEM PFEFFER IM KERALA-STIL

Kozhi Kurumulagu — Indien

Für 4 Portionen

Pfefferkörner spielen zu oft die Nebenrolle – hier glänzen sie als Star der Performance. Man nimmt eine große Menge und so verleiht er eine kräftig-pikante Schärfe. Sie verweist auf die frühe asiatische Schärfe, bevor Chilischoten auf den Kontinent gebracht wurden.

Ausgeglichen wird dies durch ihren Duft und ein Gewirr aus süßen, karamellisierten Zwiebeln. Verwenden Sie, falls möglich, Tellicherrypfeffer, er ist geschmacklich besonders grasig und strahlend.

Pfeffer ist in den dunstigen, verschlungenen Dschungeln der indischen Ghats beheimatet und gedeiht im Kreislauf heftiger Monsunregen und schwüler Hitze. Auf Fußmärschen in ländlichen Gebieten zur Erntezeit muss man sich um Flächen herumschlängeln, an denen man Pfefferkörner in der heißen Sonne trocknen lässt.

8 Hähnchenoberkeulen, ohne Haut, mit Knochen
Saft von ½ Zitrone
½ TL gemahlene Kurkuma
feines Meersalz
schwarzer Pfeffer (aus der Mühle)
2 EL schwarze Pfefferkörner
1 TL Fenchelsamen
2 EL Kokosöl oder neutrales Öl
3 große Zwiebeln, fein längs geschnitten
5 Knoblauchzehen, sehr fein gehackt
6 cm Ingwer, geschält, sehr fein gehackt (2 EL)
1–2 grüne Chilischoten, längs halbiert (optional)
1 TL Garam Masala
1 EL Kokosessig oder anderer Essig
Gebutterter Basmatireis, ganz kurz blanchiertes Blattgemüse und ein süß-säuerliches indisches Chutney zum Servieren (optional)

Die Hähnchenoberkeule in Zitronensaft, Kurkuma, 1 TL Salz und etwas schwarzem Pfeffer aus der Mühle wenden (das Pfefferaroma wird schichtweise eingebaut; der ganze Kick kommt später). Zum Marinieren beiseitestellen und währenddessen weiterarbeiten.

Fenchelsamen und Pfefferkörner in eine trockene Pfanne geben und erhitzen, bis sie geröstet und aromatisch sind. Mit Stößel und Mörser grob zerstoßen.

Eine große Bratpfanne auf mittlerer Stufe erhitzen, Öl hineingeben und die Zwiebeln mit 1 Prise Salz braten, bis sie weich werden und schließlich eine goldene Farbe bekommen. Knoblauch, Ingwer und grüne Chilischote hinzugeben und ein paar weitere Minuten unter Umrühren anbraten. Garam Masala einrühren.

Hähnchenfleisch mit Marinade und Essig in die Pfanne geben. Einen Deckel auflegen, die Hitze herunterstellen und 15 Minuten köcheln lassen. Das Fleisch gibt beim Kochen Flüssigkeit ab.

Den Deckel abnehmen und die Hitze hochstellen. Geröstete Pfefferkörner und Fenchelsamen hinzugeben. Unter Umrühren braten, bis das Hähnchenfleisch gar und die Soße trocken und karamellisiert ist. Kosten und abschmecken. Vor dem Servieren 10 Minuten ruhen lassen.

Mit gebuttertem Basmatireis, Blattgemüse und einem Chutney servieren, falls gewünscht.

PRICKELND SCHARFE HANDGEZOGENE NUDELN

Biang Biang Mien ~~~ China

Für 2 Portionen

Zwar konzentrieren wir uns ausgiebig auf die maritimen Gewürzrouten, doch hier nehme ich uns mit auf eine Reise zurück nach Xi'an. Atmen Sie den duftenden Dampf von Teigtaschen ein, die in hoch aufgetürmten Bambusdämpfern garen, und schauen Sie den muslimischen Händlern zu, wie sie Kebabs, Nüsse und kandierte Früchte verkaufen, die wie Juwelen leuchten. Wir befinden uns genau in der Mitte von China und an der Endstation der Landhandelsrouten, die als Seidenstraße bekannt sind. Hier prallen chinesische und islamische Arten des Kochens aufeinander.

»Nudelschwinger« gehören zur Basisbesetzung des Streetfood-Theaters. Sie sind unglaublich geschickt darin, Teig in lange, glatte Streifen zu »schlenkern«. Diese etwas dicken, riemenartigen Nudeln sind unter dem lautmalerischen Namen *biang biang* bekannt und erfreulich einfach in der Herstellung. Ja, wirklich! Sie könnten auch immer stattdessen eine andere feste Nudel nehmen, zum Beispiel Udon oder breite italienische Bandnudeln, aber nichts toppt den Genuss von handgeschwungenen Nudeln.

Die Würze ist eine einzigartige Mischung der Uiguren und belegt deutlich die Verschmelzung von China und Zentralasien. Das Rezept ergibt mehr, als Sie für diese Nudeln benötigen, lässt sich aber schwer auf kleinere Mengen umrechnen und es ist auch gut für die nächste Portion. Man kann mit dieser Mischung auch Grillfleisch oder Gemüse einreiben. Die kreativen Köche im Londoner Restaurant Honey & Co. nahmen meine Mischung eines Sommers für Lammbraten und versetzten die Gäste in Erstaunen, denn es verleiht ein betörendes Aroma, das sich nur schwer zuordnen lässt.

FÜR DIE UIGURISCHE SIEBEN-GEWÜRZE-MISCHUNG

2 EL Kreuzkümmelsamen
1½ EL schwarze Pfefferkörner
1½ TL Szechuanpfefferkörner
1½ TL gemahlener Zimt
3 grüne Kardamomkapseln, nur die Samen
2 Gewürznelken
2 Sternanis

FÜR DIE NUDELN

200 g chinesisches Mehl für Teigtaschen oder Mehl Type 812 oder 550
½ TL feines Meersalz
Öl

FÜR DIE WÜRZSOßE

3 EL neutrales Öl
4 Knoblauchzehen, fein gehackt
1 TL Szechuan-Chiliflocken
2 TL Uigurische Sieben-Gewürze-Mischung (siehe Rezept)
2 EL helle Sojasoße
1 EL schwarzer Chinkiang-Essig
4 Frühlingszwiebeln, klein geschnitten
1 Handvoll Korianderblätter

Für die uigurische Sieben-Gewürze-Mischung die Gewürze einzeln in einer trockenen Pfanne rösten, bis sie duften (der Zimt muss nicht geröstet werden). Miteinander in einer Gewürzmühle mahlen oder mit Stößel und Mörser zerstoßen. In einem Gefäß aufbewahren.

Für den Nudelteig Mehl, Salz und 115 ml Wasser in einen Standmixer mit eingesetztem Knethaken geben. Auf langsamer Stufe beginnen und die Geschwindigkeit erhöhen, sobald sich die Zutaten verbinden. 6 Minuten lang kneten. Der Teig sollte geschmeidig und sehr elastisch sein – er sollte sich etwa 30 cm lang hochziehen lassen, ohne zu reißen. Falls er reißt, noch 2–3 Minuten weiterkneten. Reißt er noch immer, noch 1 EL Wasser hinzugeben und erneut kneten, bis die richtige Konsistenz geschaffen ist. Den Teig mit etwas Öl bepinseln, die Schüssel mit Frischhaltefolie abdecken und 2 Stunden ruhen lassen, damit sich die Glutenbindungen entspannen.

Für die Würzsoße das Öl in einer großen Bratpfanne auf mittlerer Stufe erhitzen. Knoblauch hineingeben und brutzeln lassen, bis er weich und duftend, aber nicht gebräunt ist. Vom Herd nehmen und Chiliflocken sowie 2 TL des Sieben-Gewürze-Pulvers hinzugeben. Beiseitestellen.

Die Arbeitsfläche ölen und eine kleine Schüssel mit Öl bereitstellen. Mit geölten Händen den Teig auf die Arbeitsfläche geben und zu einem ca. 1 cm dicken Rechteck ausrollen. In 10 Streifen schneiden die Streifen voneinander trennen; dafür jeden zwischen öligen Fingern hindurchlaufen lassen. Die Streifen einzeln bearbeiten: Einen Streifen auf die Arbeitsfläche legen und mit dem Handballen zu einer langen, flachen Nudel platt drücken. An den Enden aufnehmen und einmal ordentlich ziehen, dann auf und ab bewegen und falls gewünscht gegen die Arbeitsfläche klatschen lassen, um die Nudel zu dehnen. Es sollte ein dickes, elastisches Band sein. Soll die Nudel schmaler sein und einen »ausgefransten« Rand haben, mit dem man perfekt die Soße aufnehmen kann, können Sie jede Nudel der Länge nach in der Mitte durchreißen; beginnen Sie in der Mitte, indem Sie eine Schlaufe machen. Mit dem restlichen Teig wiederholen und direkt kochen.

Einen großen Topf Wasser zum Kochen bringen und Salz hinzugeben. Die Nudeln einzeln ins Wasser fallen lassen – immer nur ein paar Nudeln zugleich – und kochen, bis sie an die Oberfläche aufsteigen. Das sollte keine 30 Sekunden dauern. Mit einer Nudelzange in die ölige Pfanne geben und gut vermengen. Sojasoße, schwarzen Essig und Frühlingszwiebeln hinzugeben und erneut vermengen.

Mit Koriandergrün bestreuen und servieren.

Prickelnd scharfe handgezogene Nudeln

KLEBRIG-SÜẞES PFEFFERFLEISCH

Bak Kwa ~ Singapur

Ergibt 1 Dose Snacks

Bak Kwa ist ein halb gepökelter, getrockneter Fleischsnack, irgendwo zwischen Dörrfleisch und glasiertem Speck und mit mehr Suchtpotenzial als beide zusammen. Ursprünglich kam es aus dem alten China. Die zur See fahrenden Hokkien brachten es nach Singapur und dort nahm man es nur allzu gern als einheimische Delikatesse auf. Es wird für gewöhnlich mit den Feierlichkeiten zum chinesischen Neujahr assoziiert.

Hier ist eine pfeffrige Version aus dem heimischen Backofen. Sie können das Rezept als Vorlage betrachten und mit Gewürzen und anderen Würzmitteln experimentieren. Ein paar Tipps: Achten Sie unbedingt auf die Ausgewogenheit von salzigen und süßen Aromen, verarbeiten Sie Schweinehack mit hohem Fettanteil, damit das Bak Kwa saftig bleibt, und rollen Sie es aus demselben Grund nicht zu dünn aus. Es sollte elastisch sein und Biss haben, das passt perfekt zur klebrig-angerösteten Außenseite.

500 g Schweinehack mit 15 % Fett
70 g Zucker
1 EL dunkle Sojasoße
1 EL Shaoxing Reiswein oder trockener Sherry
1 TL Fischsoße
1 TL schwarzer Pfeffer aus der Mühle
½ TL chinesisches Fünf-Gewürze-Pulver
½ TL feines Meersalz
½ TL Sesamöl
1 EL flüssiger Honig

Alle Zutaten außer dem Honig in eine Schüssel geben und schwungvoll miteinander verrühren. Es soll eine klebrige Paste mit gleichmäßiger Textur entstehen. Abdecken und einige Stunden oder über Nacht zum Marinieren in den Kühlschrank stellen.

Benötigt werden 2 große Backbleche und 5 rechteckige, ungefähr gleich große Bögen Backpapier. Eine Hälfte der Hackmischung auf ein Stück Backpapier kippen, mit einem zweiten Bogen zudecken und mit einer Teigrolle gleichmäßig 2,5 bis 3 mm dick ausrollen. Auf ein Backblech befördern und den oberen Bogen Backpapier entfernen (kann zum Ausrollen des zweiten Stücks verwendet werden). Mit dem restlichen Hackfleisch wiederholen.

Den Ofen auf 140 °C Ober-/Unterhitze (Umluft: 120 °C) vorheizen. Die Backbleche einschieben und 20 Minuten backen.

Bleche aus dem Ofen nehmen und die Temperatur auf 240 °C Ober-/Unterhitze (Umluft: 220 °C) erhöhen. Ausgetretene Flüssigkeit abgießen, mit Küchentüchern trocken tupfen, das Fleisch mit Backpapier von den Blechen heben und beiseitestellen. Bleche mit 2 frischen Bögen Backpapier auslegen. Die Fleischplatten mit einer Schere in große Quadrate schneiden und mit der hellen Seite nach oben auf die Bleche legen.

Honig mit 1 TL Wasser verdünnen und die Oberflächen der Hackfleischquadrate damit bestreichen. Wieder in den Ofen schieben und 5–10 Minuten backen, bis die Oberfläche schön karamellisiert ist. Bak Kwa wenden, die Oberflächen wieder mit Honig-Wasser-Gemisch bestreichen und ein letztes Mal für 5 Minuten in den Ofen schieben. Abkühlen lassen. Hält sich in einem luftdichten Behälter 2 Tage oder im Kühlschrank 5 Tage.

PRICKELND SCHARFE KARTOFFELN

Tepla Ambat ~ Indien

Für 4 Portionen als Beilage

Ein Feuerwerk im Mund, das jede Geschmacksknospe erreicht! Chili wird ausgeglichen mit cremiger Kokosmilch, süßer Zwiebel und einem Hauch herber Tamarinde.

Weltweit ziehen die Szechuanpfefferkörner mit ihrer betäubenden Wirkung gern die Aufmerksamkeit auf sich. Es gibt jedoch noch andere Sorten aus ganz Asien, die eine solche Extradimension ins Essen bringen. Im Grunde sind keine von ihnen echte Pfefferkörner, sondern getrocknete Beeren der Stachelesche. Der japanische Sanshopfeffer ist säuerlich und zitrusartig, Andalimanpfeffer aus Sumatra besitzt ein sanft betäubendes, mandarinenartiges Aroma und die Früchte des Teppal aus Indien sind größer und haben eine holzige Note. Dieses Rezept stammt von der Konkanküste Indiens, wo Teppal wächst.

2 EL Kokosöl oder neutrales Öl
1 große rote Zwiebel, gehackt
500 g festkochende Kartoffeln, in 4 cm große Stücke geschnitten
185 ml Kokosmilch
1 TL gemahlene Kurkuma
Knapp 1 TL feines Meersalz
100 g junger Blattspinat
½–1 EL Tamarindenpaste
Saft von ½ Limette

FÜR DIE GEWÜRZPASTE
7 getrocknete Kashmiri-Chilischoten
1 TL Teppal- oder Szechuanpfefferkörner
1½ TL Koriandersamen
5 Knoblauchzehen
60 ml Kokosmilch

Die Chilischoten für die Gewürzpaste 30 Minuten in heißes Wasser legen, damit sie weich werden. In einer trockenen Pfanne Teppal- oder Szechuanpfefferkörner und Koriandersamen erhitzen, bis sie geröstet duften, dann mit Stößel und Mörser zu Pulver mahlen.

Chilischote abtropfen lassen und mit den gemahlenen Gewürzen und Knoblauch in einen Mixer geben. Kokosmilch hinzugeben und zu einer Paste pürieren.

Das Öl in einer großen Pfanne erhitzen. Zwiebel hineingeben und im heißen Öl weich braten. Gewürzpaste hineingeben und kochen, bis sie duftet und nicht mehr roh ist.

Kartoffeln, Kokosmilch, Kurkuma und Salz hinzufügen. Falls nötig, so viel Wasser hinzugeben, dass die Kartoffeln bedeckt sind. Zum Köcheln bringen und ohne Deckel unter gelegentlichem Umrühren kochen, bis die Kartoffeln weich sind und die Soße zu einer guten Konsistenz reduziert ist (ca. 20–30 Minuten).

Spinat unterziehen und die Blätter in der Hitze zusammenfallen lassen. Hinzugeben und zum Abschmecken kosten. Mit Tamarindenpaste würzen, dann die Aromen mit einem Spritzer Limettensaft zum Strahlen bringen.

DAZU PASST

Reis oder Roti; auch eine gute Beilage zu gegrilltem Fisch.

SCHWEINEFLEISCH MIT MUSKATNUSS UND PFEFFER

Semur Babi ~~~ Indonesien

Für 2–4 Portionen

Die Bandainseln in Ostindonesien sind die ursprüngliche Heimat der Muskatnuss und 75 Prozent des weltweiten Angebots werden bis heute in Indonesien angebaut. Die herbe gelbe Frucht wird in den Küchen der Inseln, auf denen sie wachsen, vielleicht noch mehr geschätzt als der Samen. Man kandiert das würzige Fleisch oder verarbeitet es in Marmeladen.

Dieses Rezept stellt all das auf den Kopf – beide Myristica-Gewürze verleihen dem klebrigen, süßen Schweinefleisch eine feine Wärme. Es ähnelt dem bei der indochinesischen Bevölkerung Javas sehr beliebten Gericht Babi Kecap, doch dieses Schmorgericht ist stärker gewürzt.

650 g Schweineschulter ohne Knochen
1 gute Prise Salz
2 EL neutrales Öl
8 kleine Schalotten oder 2 kleine Zwiebeln, klein geschnitten
1 TL Muskatnuss, frisch gerieben, sowie geriebene Muskatnuss als Finish
¾ TL schwarzer Pfeffer, grob gemahlen
¼ TL gemahlene Muskatblüte
1 Gewürznelke
1 EL helle Sojasoße
3 EL Kecap Manis (süße Sojasoße)

Das Schweinefleisch in 3 cm große Würfel schneiden; das Fett nicht entfernen, denn beim Kochen wird es ausgelassen und macht das Fleisch saftig. Mit 1 guten Prise Salz würzen und beiseitestellen.

Das Öl in einem Schmortopf auf mittlerer Stufe erhitzen. Schalotten hineingeben und braten, bis sie hellgolden sind. Schweinefleisch hinzugeben und unter Umrühren 4–5 Minuten braten.

Die Gewürze, Sojasoße und Kecap Manis hinzugeben und 1 weitere Minute braten. So viel Wasser aufgießen, dass das Ganze bedeckt ist. Zum Köcheln bringen und den aufgestiegenen Schaum abschöpfen. Deckel auflegen und 1½–2 Stunden leise köcheln lassen, bis das Schweinefleisch sehr zart ist. Den Deckel in der letzten halben Stunde abnehmen, damit die Soße besser einkochen kann.

Fett von der Oberfläche abschöpfen. Die Soße sollte glänzend sein und das Fleisch überziehen. Falls sie zu dünn ist, das Fleisch mit einem Schöpflöffel herausnehmen und die Soße ohne Deckel zum weiteren Reduzieren sprudelnd aufkochen. Das Fleisch wieder in den Topf geben und zum Abschmecken kosten. Die Süße des Kecap Macis sollte von Salz und Vollmundigkeit ausgeglichen werden. Etwas geriebene Muskatnuss extra unterstreicht den flüchtigen Duft.

DAZU PASST

Jasminreis, bitteres Blattgemüse, Garnelencracker

DAS KEBABREICH

Was kann man in nahezu jedem Hafen der Gewürzroute zwischen Istanbul und Singapur erschnuppern?

Ein süßlich-rauchiges Aroma im leichten Wind, das zu einem Kebabstand lockt.

Wenige Gerichte sind so allgegenwärtig und so vielfältig wie die Kebabs. Sie haben die Welt in vielerlei Gestalt erobert, doch alle lassen sich zu denselben Wurzeln zurückverfolgen.

Die aus der Türkei stammenden Kebabs waren in ihrer frühesten Gestalt Fleischwürfel, auf Schwerter gespießt und über offenen Feuern gebraten – ideal als Mahlzeit für Soldaten auf dem Weg in neue Länder. Das Osmanische Reich verbreitete Kebab von Athen bis Bagdad, Afghanen brachten es nach Indien. Dort machten die Moguln es populär. Arabische Händler trugen den Traum von diesen rauchigen Bissen über Seerouten nach Indonesien, Malaysia, Thailand, sogar bis nach Japan. In jeder neuen Heimat hüllte man das Konzept in die lokalen Einflüsse und schuf etwas Besonderes, das an die eigene Geografie erinnerte.

Die Kebabs Zentralasiens bleiben ihren einfachen Ursprüngen am treusten: große Fleischstücke, in Öl mariniert und gegrillt. Im Land der Uiguren bekommen sie einen Schuss Chili und einen knusprigen Überzug aus Ei und Kartoffelstärke. Richtung Südasien kommen erdige Gewürze und Joghurtmarinaden hinzu. Tatsächlich gibt es in Indien – neben der Türkei – einige der großartigsten Kebabvarianten der Welt: gegrillt, gebraten, geräuchert, in Tandoors geschmort oder auf heißen Steinen gebraten, zubereitet mit Hackfleisch, Fleischstreifen, Hähnchenkeulen, Fisch oder als vegetarische Versionen mit Panir oder Kartoffeln. Islamische und hinduistische Essenstraditionen verschmelzen seit den Jahrhunderten der muslimischen Herrschaft in Indien miteinander, deswegen finden Sie Fleischkebabs bestreut mit Chaat Masala (das einem den Mund zusammenzieht). Getrocknetes Mangopulver säuert diese Gewürzmischung, die einst ein Konservierungsmittel hinduistischer Vegetarier war. In Afghanistan, Syrien und im Iran stammt eine andere saure Note vom Sumach; man gibt es an den Kebabständen nach eigenem Gusto hinzu.

Es gibt einen roten Faden, der viele Kebabs im Orient durchzieht.

Es werden komplexe Mischungen verwendet, die viele süße und wärmende Gewürze enthalten: Zimt, Muskatnuss, Kardamom, Gewürznelken und schwarzen Pfeffer. Man findet auch zarte grüne Kräuter und Safran sowie Kebabs, die mit Knoblauch und Tomaten fein gehackt und in Fladenbrote gefüllt oder aber mit gebuttertem Reis gegessen werden.

Oft werden Kebabs unter einem Gewirr aus papierdünn geschnittenen Zwiebeln serviert, damit das Fleisch nicht austrocknet, mit einem säuerlichen Joghurtgetränk dazu.

Reist man weiter nach Osten, ändert Kebab seinen Charakter und seinen Namen ganz und gar. Beim Saté oder Satay verwendet man Meeresfrüchte oder viele recht kleine Fleischstückchen, die auf Holz gespießt und häufig mit einer süßen Sojamarinade zubereitet werden. Dies ist das ultimative Streetfood.

Lebhaft fachen die Verkäufer die Glut aus Kokosnussschalen an und lassen sie auflodern. Wenn Fett vom Saté tropft, lecken knisternde Flammen am Fleisch und schwärzen es außen, während es innen saftig bleibt.

Saté stammt aus Java und breitete sich im gesamten Archipel und nach Thailand aus, wo sich Currypulver und Zitronengras zusammentun. In beiden Ländern bevorzugt man zu den Spießchen salzig-süße Erdnusssoße. Auf den Philippinen wird Isaw (Innereien auf Spießchen) mit Essig serviert und Yakitori in Japan hat eine süße Mirin-Glasur.

Wir dürfen die Kebabs ohne Spieß nicht vergessen. Es gibt den türkischen Döner und das arabische Shawarma – Fleisch wird mit Gewürzen aufgeschichtet und von einem senkrechten Drehspieß geschnitten. Bei Köfte handelt es sich um Fleischbällchen und ihre vegetarischen Verwandten, die von Osteuropa bis nach Indien gegessen werden. In Karatschi und Dushanbe kann man Fleisch gehackt, gewürzt und um hart gekochte Eier gelegt finden, im Libanon füllt man es in Brot und grillt das Ganze und in Afghanistan spickt man es mit Granatapfelkernen und klopft es so flach wie eine Schuhsohle. In Usbekistan und der Türkei habe ich gedämpfte Kebabs gegessen, in Tontöpfen gekochte Eintöpfe. Gefühlt sind sie am weitesten vom Original entfernt, tragen jedoch noch immer diese Bezeichnung. Das vielleicht kurioseste Kebabgericht, das ich gegessen habe, ist das Shami aus Lucknow. Der Nawab Asaf-ud-Daula (18. Jahrhundert) schlemmte bekanntermaßen gern und viel, liebte Kebabs, hatte aber keine Zähne. Seine Köche ersannen eine Lösung: Sie hackten das Lammfleisch so fein mit Ingwer, Gewürzen und Mohn, dass es eine Textur wie Seidensamt hatte. Die Würze ist unglaublich und intensiv, aber für diejenigen unter uns, die Zähne haben, fühlt sich das Gericht beim Essen sehr ungewöhnlich an.

KEBABS FÜR BABUR

Für 4 Personen

Zwei Ereignisse, die nur 28 Jahre auseinanderliegen, erschütterten die Essgewohnheiten in Indien nachhaltig. 1498 traf Vasco da Gama an der Malabarküste ein und eröffnete eine neue Seeroute nach Europa. 1526 fiel der »Tiger« Babur von Norden aus in Indien ein und gründete das große Mogulreich, das Südasien über 300 Jahre lang beherrschte.

Babur stammte aus Zentralasien, wo Essen als großer Genuss galt. Er brachte die Liebe zu den Pilaws mit (Reis geschichtet mit mild gewürztem Fleisch und gehaltvollem Fett aus Lämmerschwänzen) sowie über Lagerfeuern gebratene Kebabs, die er in den Steppen gegessen hatte. Am neu gegründeten Mogulhof stellte Babur Köche aus Hindustan ein, damit sie mit Köchen aus Persien und Zentralasien Seite an Seite arbeiteten, und brachte diese sehr unterschiedlichen kulinarischen Traditionen in einer glorreichen Verschmelzung zusammen. Und doch sehnte er sich immer nach dem Obst seiner Heimat, dem feinen Duft von Melonen und der Süße eines Apfels aus Samarkand.

Hier habe ich mir ein einfaches Kebab vorgestellt, das Babur gegessen haben könnte. Chilischoten kamen zwar schon über da Gamas neuen Seeweg nach Indien, wurden aber noch nicht zum Würzen von Speisen verwendet, daher kommt die Schärfe stattdessen von Ingwer und schwarzem Pfeffer. Die Joghurtmarinade ist eine typische Technik der Moguln, um Lammfleisch zartweich zuzubereiten.

800 g Lammsteaks
50 g Joghurt griechische Art, durchgeseiht
3 EL neutrales Öl
Saft von ½ Zitrone
1 cm Ingwer, geschält, sehr fein gehackt (1 TL)
2 Knoblauchzehen, sehr fein gehackt
1 TL schwarzer Pfeffer aus der Mühle
1 TL gemahlener Koriander
1 TL gemahlener Kreuzkümmel
1 TL feines Meersalz
1 kleine Zwiebel, in kleine Stücke geschnitten

An den Lammsteaks das überschüssige Fett entfernen; Fleisch in 2,5 cm große Würfel schneiden.

In einer großen Schüssel alle Zutaten außer der Zwiebel miteinander mischen und abdecken. Lammfleisch 4–8 Stunden im Kühlschrank marinieren. 30 Minuten vor dem Kochen wieder zimmerwarm werden lassen.

Überschüssige Marinade vom Fleisch entfernen und die Stücke im Wechsel mit kleinen Zwiebelstücken auf 8 Metallspieße stecken.

Einen Grill oder eine große Grillpfanne mittelstark bis stark vorerhitzen. Das Fleisch 7–8 Minuten grillen oder bis es nach Geschmack zubereitet ist; dabei gelegentlich wenden. Es sollte leicht geschwärzt und innen etwas rosa sein, die Zwiebelstücke weich und etwas angeschwärzt. 5 Minuten ruhen lassen.

Mit gebuttertem Basmatireis servieren und danach Melonenscheiben reichen, wenn Sie mögen.

DAZU PASST

Granatapfel-Raita: Eine gute Menge Granatapfelkerne mit 1TL Zucker, je 1 Prise gemahlenem Kreuzkümmel und gemahlenem Chili mischen. Korianderblätter grob hacken und alles in eine Schale Joghurt rühren.

DAZU PASST

Glasnudeln, Knoblauch-Blattgemüse

JAKOBSMUSCHELN MIT INGWER UND SCHWARZEM PFEFFER

Ching Jing Dai Zi ～～～ Hongkong

Für 2 Portionen

Pfeffer wird seit Anbeginn der Aufzeichnungen erwähnt. Der von der griechischen Insel Sifnos stammende Arzt Diphilus (3. Jahrhundert v. Chr.) notierte eine frühe kulinarische Verwendung, er empfahl ihn nämlich zu Jakobsmuscheln. In der Tat eine althergebrachte, bewährte Kombination, Scharfes plus Süßes. Hier wird sie Jahrtausende später und Ozeane entfernt angewendet.

In China konsumierte man importierte Pfefferkörner wie im antiken Griechenland früh und mit Begeisterung. In diesem Rezept erzeugen Ingwer und Pfeffer zusammen einen doppelten Schärfekick, gerade so viel, dass sie einander ergänzen und nicht überdecken, denn die Kantonesen sind Meister der schlichten, aber eleganten Zubereitung von Meeresfrüchten.

Eine Anmerkung: Falls Sie keine Jakobsmuscheln in Schalen auftreiben können, garen Sie sie 4–6 Minuten direkt im Dämpfer zusammen mit dem Ingwer.

6–8 Jakobsmuscheln in der Schale
Salz
2 Frühlingszwiebeln
3 cm Ingwer
1½ EL helle Sojasoße
2 TL Shaoxing-Reiswein oder trockener Sherry
Knapp 1 TL schwarzer Pfeffer, grob gemahlen
1½ TL Sesamöl

Die Jakobsmuscheln vorbereiten: Mit einem Besteckmesser in Wellenbewegung an der Innenseite der flachen Muschel entlangfahren, um den Muskel zu lösen und das »Scharnier« zu öffnen. Die flachen Schalen entsorgen. Das Muschelfleisch herausschneiden und die gewölbten Schalen aufheben. Bart und dunkleren Magensack vorsichtig wegziehen und entsorgen. Das kleine weiße Gelenkband abziehen – übrig bleiben das weiße Muschelfleisch und die orangefarbene Corail. Mit etwas Salz würzen und 10 Minuten stehen lassen, damit es etwas ziehen kann und der Geschmack des Muschelfleischs verstärkt wird. In der Zwischenzeit die gewölbten Schalen mit der Bürste reinigen und 15 Minuten in einem Topf mit kochendem Wasser sterilisieren. Das Salz von den Muscheln mit kaltem Wasser abspülen und die Muscheln trocken tupfen.

Frühlingszwiebeln putzen und in dünne Ringe schneiden, dann in eiskaltes Wasser geben, damit sie sich kräuseln. Ingwer schälen und stifteln; dazu erst in dünne Scheiben und dann in dünne Stifte schneiden. Mit dem Muschelfleisch auf die Schalen verteilen.

Die Muscheln entweder im Dampfgarer oder direkt in einer flachen Pfanne mit kochendem Wasser (einige Zentimeter hoch) garen. Deckel auflegen und 6–8 Minuten dämpfen oder bis das Muschelfleisch nicht mehr glasig ist.

In einem kleinen Topf Sojasoße, Shaoxing-Reiswein, Pfeffer und Sesamöl vermischen und durcherwärmen. Mit dem Löffel auf die gedämpften Muscheln geben und mit einem Häufchen gekräuselter Frühlingszwiebelringe garnieren. Sofort servieren.

FEURIGER LANGPFEFFER-TEE

Pippali Chai ~ Indien

Für 4 Portionen

Fünf Jahrtausende lang hat die indische Heilwissenschaft Ayurveda Chai und Aufgüsse zur Förderung der Gesundheit und zum Ausgleichen der Doshas propagiert. Dieser Tee bringt das Schärfe-Duo Pfeffer und Ingwer zusammen, wärmt den Hals und regt das Verdauungsfeuer an. Es heißt, er fördere nicht nur die Verdauung, sondern helfe auch, Erlebtes zu verarbeiten, und wer wünscht sich das nicht?

Langpfeffer besitzt eine ingwerartige Wärme und komplexe blumige Noten. Für eine reinere Schärfe könnte an seiner Stelle ein knapper TL zerstoßener schwarzer Pfeffer verwendet werden.

2–3 Langpfeffer, leicht zerstoßen
1 Scheibe Ingwer
Saft von 1 Zitrone
2 TL Honig

600 ml Wasser mit Langpfeffer und Ingwer in einen Topf geben. Deckel auflegen und zum Kochen bringen, dann vom Herd nehmen und 5 Minuten ziehen lassen.

Zitronensaft und Honig einrühren und kosten, um die Süße zu prüfen. Durch ein Sieb in Teetassen abgießen (ich brühe die Gewürze gern nochmals auf; der zweite Aufguss – ohne erneute Zugabe von Honig und Zitrone – ist milder).

DUFTEND

UND

BLUMIG

Blütenblätter, Borken

und andere Genüsse

Fein duftende Blütenblätter und -samen sowie andere aromatische Substanzen wie Balsam, Sandelholz und Weihrauch gingen im beginnenden Handel kreuz und quer durch die Welt und wurden in den Küchen und den Parfüms der Wahlheimatländer von ganzem Herzen willkommen geheißen.

Rosenknospen kamen aus China in den Orient und brachten Romantik in Pilaws und Dichtkunst gleichermaßen. Im 12. Jahrhundert kehrte destilliertes Damaszenerrosenwasser aus Persien an die chinesischen Höfe zurück, stärker und sinnlicher als einst. Um ca. 400 v. Chr. gelangte tibetischer Moschus nach Rom und veranlasste Hieronymus zu der Missbilligung, es »passe gut zu Liebenden und Hedonisten«. Koriandersamen wurden wegen ihres zitrusartigen, holzigen Aromas aus dem Mittelmeerraum exportiert und fanden in orientalischen Schmorgerichten, südasiatischen Currypulvern und indonesischen Bumbus eine Heimat.

Die Narbenfäden des Safran-Krokus, aufgrund der mühseligen Erntearbeit mehr wert als ihr Gewicht in Gold, reisten von Persien aus sowohl nach Osten als auch nach Westen. Kleopatra badete einst in mit Safran gefärbter Milch, die Römer mischten ihn mit süßem Wein, chinesische buddhistische Mönche färbten ihre Roben mit Safran, Maharadschas der Moguln schätzten ihn in rauchigen Biryanis und dem anregenden Joghurtgetränk Lassi, das nach Safran, Rosenwasser und Kardamom duftete. Im Gegenzug zog der süße, blumige, sich lange haltende grüne Kardamom aus den Regenwäldern Südindiens und Sri Lankas aus, wurde nur allzu gern in arabischen Kaffee und skandinavisches Gebäck aufgenommen und erscheint sogar als nektarartiges Aphrodisiakum in den Märchen aus *1001 Nacht*. Die verwandte Art mit schwarzen Kapseln und rauchigerer, harzigerer Kante fand ihren Weg vom Himalaja in szechuanische Schmorgerichte und vietnamesische Brühen.

Beide Sorten könnten auch ein süßholziger Kuss des chinesischen Sternanis sein.

Um den Zimt drehten sich uralte Märchen, die sich arabische Händler ausdachten, um seine Herkunft zu verschleiern und den Gewürzhandel fest im Griff zu behalten. Es hieß, ein furchtsamer Zimtvogel baue sein Nest auf dem Gipfel der Berge mit Zimtstangen, und nur, wenn man ihn mit großen Fleischbrocken herauslockte, konnten beherzte Händler die süße Borke an sich bringen. Dies reichte aus, um Griechen und Römer an der Nase herumzuführen und ihnen die Neugier auf die wahre Quelle in Sri Lanka auszutreiben. Im Westen ist die gekringelte Borke des Zimtbaums ein Bäckergewürz geworden, in vielen Teilen der Welt wird sie in der herzhaften Küche verwendet: in Sri Lanka in Currys, in Thailand aromatisiert sie Brühen und gemahlen ist sie in den orientalischen Gewürzmischungen Baharat und Advieh zu finden. Zuweilen gibt man der gleichermaßen verwendeten, gröberen Borke des chinesischen Kassiabaums den Vorzug; deren kräftige, schwere Wärme ist eine Komponente im Fünf-Gewürze-Pulver.

Wir dürfen nicht vergessen, dass Gewürze hinsichtlich des Nährwerts im Grunde überflüssig sind. Die süßlich duftenden zeigen uns am deutlichsten, dass Gewürze weniger für das Gelingen als vielmehr für den Genuss eine Rolle spielen. Vieles, was wir in ihnen erschmecken, ist eigentlich gar kein Geschmack, sondern ein Duft, und wird mit der Nase wahrgenommen, nicht mit der Zunge. Außerhalb der Küche macht man sich dies zunutze, zum Beispiel in der Kirche mit dem betörenden Weihrauch, mit süß duftenden und mit Nelken gespickten Zitrusfrüchten oder Duftkugeln und mit den Gewürznoten, die in feinen Parfümerien in der Luft liegen. Das dekadenteste Beispiel für das Miteinander von Duft und Geschmack gab es vielleicht im alten Rom: Kaiser Nero hatte einen Bankettsaal, der sich durch eine wasserbetriebene Vorrichtung drehte. Aus der elfenbeinernen Kassettendecke regnete es Veilchen und Blütenwasser herab auf die Gäste, die Wein mit Honig tranken; dies war der Auftakt zu einem Fest, das den ganzen Tag fortdauern konnte.

KÖNIGLICHER SAFRAN-PANIR

Shahi Paneer ~~~ Indien

Für 4 Portionen

Die Küchen der Moguln müssen ganz exquisite Orte gewesen sein. Gewiss lagen Düfte von Safran, Blütenwässern und Kardamom in der Luft, die ihre opulenten, cremigen Speisen durchdrangen. Dieses Rezept ist von einem der berühmtesten Gerichte des Hofes abgeleitet – seidig-weicher, frischer gewürfelter Käse in üppiger, süß gewürzter Tomatencreme mit einem Hauch Schärfe. Fein und göttlich.

1 EL neutrales Öl
1 Zwiebel, fein gehackt
400 g reife Tomaten, püriert,
  oder gute Dosentomaten, fein zerkleinert
4 grüne Kardamomkapseln, angedrückt
2 Gewürznelken
1 TL gemahlene Kurkuma
1 TL Kashmiri-Chilipulver plus etwas
  zum Servieren
1 TL geriebenes Jaggery (asiatischer Rohrzucker)
  oder weißer Zucker
1 TL feines Meersalz
450 g Panir
¼ TL Safranfäden
1 TL Rosenwasser oder Kewrawasser
  (aus den Blüten der Schraubenpalme)
125 ml Konditorsahne

Das Öl in einer Pfanne erhitzen und die Zwiebel braten, bis sie weich und goldfarben ist. Tomaten, Kardamom, Gewürznelken, Kurkuma und Chilipulver hinzugeben. Mit Jaggery und Salz würzen. Zum Köcheln bringen und 15 Minuten garen.

In der Zwischenzeit den Panir in mundgerechte Würfel schneiden und in eine Schüssel geben. Mit kochendem Wasser übergießen, abdecken und 10 Minuten zum Weichwerden beiseitestellen (selbst gemachter Panir muss nicht eingeweicht werden).

Safran in einer trockenen Pfanne lediglich ein paar Augenblicke lang rösten – er soll »aufgeweckt« werden, nicht anbrennen. In eine kleine Schüssel schütten und mit einem Löffelrücken zu Pulver zerdrücken. 1 EL heißes Wasser hinzugeben und ziehen lassen.

Zum Servieren den Panir abgießen und in die heiße Pfanne mit den gewürzten Tomaten geben. 2 Minuten köcheln lassen. Safranaufguss, Rosenwasser und bis auf einen kleinen Rest die gesamte Sahne einrühren. Durcherwärmen.

Beim Servieren den verbliebenen Schuss Sahne in das Safrangelb träufeln und das Ganze mit Chilipulver bestäuben.

DAZU PASST

Roti-Brot oder Paratha oder andere indische Speisen. Hier ist das Gericht mit Tomatenlinsen für jede Woche (Seite 198) abgebildet.

Bitteres Panch-Phoron-Blattgemüse passt gut zu der süß-cremigen Konsistenz. Etwas Öl erhitzen, 1 TL Panch Phoron (Seite 197) hinzugeben, kurz brutzeln lassen. Dann das Blattgemüse blanchieren und unter Umrühren im gewürzten Öl anbraten.

ÄGYPTISCHE »VOGELZUNGENSUPPE«

Shurbat Lisan Asfour ~~~ Ägypten

Für 4 Personen als Vorspeise

Dieses Gericht hat seinen Namen von den Orzo-Nudeln, welche die Form von winzigen Zungen haben. Der einzige Vogel ist jedoch der für die Hühnerbrühe; sie ist die Grundlage für diese goldgelbe Seelenbalsam-Suppe. Drei Gewürze – Kardamom, Gewürznelke und Mastix – changieren zwischen kiefernartigem Eukalyptus und blumiger Süße, jedes kaum wahrnehmbar, doch sie wirken zusammen und schenken der Suppe faszinierende Tiefe in butterweichem Wohlgefühl.

Typischerweise pochiert man für die Brühe Hähnchenteile und verarbeitet das Fleisch dann in anderen Speisen, aber ich verwende gern die Knochen, die bei Brathähnchen übrig bleiben.

Karkasse eines Brathähnchens
1 Zwiebel, mit Schale, grob zerkleinert
1 Stange Staudensellerie, grob zerkleinert
1 große Tomate, grob zerkleinert
2 Lorbeerblätter
½ TL feines Meersalz
8 grüne Kardamomkapseln, angedrückt
2 Gewürznelken
2 Mastixkörner
50 g Butter
125 g Orzo-Nudeln
Muskatnuss oder schwarzer Pfeffer zum Servieren

Die Hähnchenkarkasse mit Hautresten und Fleischfetzen in einen großen Topf geben. Die Knochen durch Zusammendrücken zerbrechen, dann Zwiebel, Sellerie, Tomaten und Lorbeerblätter hinzugeben, ebenso das Salz und alle Gewürze. 1,6 l Wasser zugießen, den Deckel auflegen und langsam zum Köcheln bringen. 2 Stunden leise köcheln lassen (oder 1 Stunde im Dampfkochtopf).

Die Brühe durch ein Sieb abgießen und Knochen und Aromazutaten entsorgen. Zur Ruhe kommen lassen, dann das Fett, das an die Oberfläche steigt, abschöpfen (wird die Brühe im Voraus zubereitet, kann man sie in den Kühlschrank stellen, dann lässt sich die Schicht aus hart gewordenem Fett einfach entfernen). Zum Abschmecken kosten.

Für die Zubereitung der Suppe den Topf auswischen und auf mittlerer Stufe aufsetzen. Die Butter schmelzen, die Orzo-Nudeln hinzugeben und ca. 3 Minuten stetig umrühren, bis sie geröstet und goldfarben sind. Die Brühe hinzugießen und zum Kochen bringen. 8–10 Minuten kochen, bis die Nudeln weich sind. In Schalen schöpfen und mit etwas frisch geriebener Muskatnuss oder Pfeffer aus der Mühle abrunden.

HÄHNCHEN IN CASHEWCREME

Kaju Ni Gravy Ma Marghi ~~~ Indien

Für 4–6 Portionen

Hier wird Hähnchen auf allerfestlichste und luxuriöseste Art und Weise in Szene gesetzt – und dennoch ist es erfreulicherweise einfacher zu kochen, als man denkt. Cashewkerne ergeben eine seidig-cremige Soße mit einer Süße aus karamellisierter Zwiebel und feiner, aber klarer Chilinote auf einem Fundament aus umsichtig verwendeten anderen Gewürzen. Mit roten »Granatapfelkristallen« bestreut, ist es ein herrliches Partygericht oder, im Voraus zubereitet und erkaltet, auch ein ziemlich feines Picknick.

Das Rezept stammt aus der Gemeinschaft der Parsen in Indien und speziell von meiner Freundin, der Kulinarik-Anthropologin Niloufer Ichaporia King. Parsen sind die Nachfahren der persischen Zoroastrier, die sich vor 1300 Jahren nach Indien aufmachten und eine der ältesten kulinarischen Traditionen der Welt mitführten.

In der Epoche des Seegewürzhandels kamen die Parsen mit den einheimischen Lieferanten und den auswärtigen Käufern gleichermaßen gut aus und traten als Mittelsleute, Makler und Dolmetscher auf. Die Gemeinschaft passte sich fließend an ein neues und sich wandelndes Land an, hielt aber an ihren Wurzeln fest. In diesem Gericht erkennt man Verbindungen zu Schmorgerichten der Perser und der Osmanen, zum Beispiel zu Fesenjan und tscherkessischem Huhn. Diese Gerichte werden mit gemahlenen Walnüssen gekocht, Parsen hingegen verwenden eher Mandeln oder Cashewkerne. Auch Korma ist ähnlich, entstanden ebenfalls aus einer indisch-persischen Fusion. Nüsse und Milchprodukte verbinden sich zu einem opulenten Gericht.

8 Hähnchenoberkeulen ohne Haut und Knochen oder 4 Hähnchenbrustfilets
4 Knoblauchzehen, sehr fein gehackt
2 cm Ingwer, geschält und sehr fein gehackt
1 TL feines Meersalz
2 EL Ghee oder neutrales Öl
4 getrocknete Kashmiri-Chilischoten
2 × 5 cm Zimt- oder Kassiastange
6 Gewürznelken
4 grüne Kardamomkapseln
1 große Zwiebel, fein geschnitten
200 g rohe Cashewkerne
140 g Joghurt, griechische Art, durchgeseiht
Granatapfelkerne zum Dekorieren (optional)

Die Hähnchenbrustfilets halbieren. Mit Knoblauch, Ingwer und Salz vermischen und 30 Minuten marinieren.

Ghee in einem großen Schmortopf erhitzen. Chilischoten (ganz) und Gewürze hineingeben, vermengen und brutzeln lassen. Die Chilischoten sollten allmählich dunkel werden, der Kardamom geröstet. Zwiebel hinzugeben und unter gelegentlichem Umrühren braten, bis sie weich und goldfarben ist.

Hähnchenfleisch in den Topf geben, ca. 3 Minuten braten und in den Aromazutaten wenden. Knapp mit Wasser bedecken und zum Kochen bringen. Hitze sofort herunterstellen, Deckel auflegen und 20–25 Minuten köcheln lassen, bis es durchgegart ist. Fleisch herausnehmen und auf einen Teller geben.

Die Cashewkerne mit dem Joghurt und einer Kelle Kochflüssigkeit in einen Mixer geben. Wünscht man sich etwas Schärfe, 2 Chilischoten herausfischen und mit in den Mixer geben. Zu einem glatten und cremigen Püree verarbeiten. Das Püree in den Topf mit der Kochflüssigkeit geben und verquirlen, bis sich alles vermischt hat. Das Fleisch wieder in den Topf geben. Zum Servieren mit Granatapfelkernen garnieren.

DAZU PASST

Kachumber: 1 rote Zwiebel fein hacken, Tomaten klein schneiden, Salatgurke würfeln, 1 Chilischote fein hacken und je 1 Prise Zucker und Salz vermischen. Limettensaft und schwarzen Pfeffer als Dressing darübergeben. 1 großzügige Handvoll Koriandergrün (Blätter und Stängel) hacken und unterheben. Die Aromen vor dem Servieren 15 Minuten ziehen lassen.

DAZU PASST

Spinat und Pinienkerne: Zwiebel und Knoblauch in Olivenöl weich braten, Blattspinat darin zusammenfallen lassen, dann Pinienkerne, Rosinen, Limettenzesten, Salz und Pfeffer hineinstreuen. Mit 1 Spritzer Zitronensaft abrunden.

Venezianisches Hähnchen, Mandelmilch und Datteln

Ambroyno ~~~ Italien

Für 4 Portionen

Die Liebe von Persern und Arabern zu Zucker, Gewürzen und gemahlenen Mandeln in herzhaften Gerichten breitete sich sowohl nach Osten – vor allem in die Küche der indischen Moguln – und nach Westen in die europäische Küche des Mittelalters aus. Dieses Rezept basiert auf einer handgeschriebenen Version in einem venezianischen Kochbuch aus dem 14. Jahrhundert. Damals lag die Stadt am Ende der legendären Gewürzroute und war der europäische Hauptumschlagplatz für Gewürze und Seide aus dem Osten. So wie venezianische Kunst und Architektur den islamischen Einfluss in sich aufgenommen haben, ist es auch diesem süß gewürzten Schmortopf ergangen.

Über Jahrhunderte wurde in Norditalien ausgiebig gewürzt und der Renaissancekoch Cristoforo di Messisbugo verwendete in nahezu jedem Rezept Gewürze. Ein Ravioligericht für zehn Personen enthielt eine gute Unze (etwa 30 Gramm) Zimt und eine halbe Unze (etwa 15 Gramm) gemahlenen Ingwer. Zwischen süß und herzhaft wurde nicht stark unterschieden, Pasta wurde mit Zucker überschüttet und mit Gewürznelken, Pfeffer und Safran zum Duften gebracht.

8 Hähnchenoberkeulen mit Haut und Knochen
Salz
Pfeffer
1 EL Mehl
3 EL Olivenöl
2 kleine Zwiebeln, fein gehackt
60 g Ingwer, geschält, fein gehackt
4 Knoblauchzehen, fein gehackt
1 TL gemahlener Zimt
½ TL Muskatnuss, frisch gerieben
½ TL gemahlener Koriander
1 Prise gemahlene Nelken
2 Lorbeerblätter
400 ml ungesüßte Mandelmilch
2 EL Verjus (Saft aus unreifen Trauben)
1 Prise Safranfäden
2 EL Dattelsirup
4 Medjool-Datteln, ohne Kerne, geviertelt
2 EL geröstete Mandelblättchen
1 Handvoll Korianderblätter
Reis oder Polenta zum Servieren (optional)

Die Hähnchenoberkeulen mit Salz und Pfeffer würzen und mit dem Mehl bestäuben. Einen großen Schmortopf auf mittlerer bis hoher Stufe aufsetzen und das Olivenöl hineingeben, sobald er heiß ist. Hähnchenoberkeulen von allen Seiten golden anbraten. Auf einen Teller geben; das Öl im Topf lassen.

Zwiebeln in den Topf geben und braten, bis sie weich, aber nicht gebräunt ist. Ingwer, Knoblauch, Gewürze (außer Safran) und Lorbeerblätter zufügen und ein paar Minuten braten. Fleisch wieder in den Topf geben.

Mandelmilch und Verjus zugießen, Safranfäden hineinkrümeln und Dattelsirup sowie Datteln hinzufügen. Salzen. Sprudelnd aufkochen, dann die Hitze verringern und 1 Stunde köcheln lassen. Das Fleisch soll zart sein und sich vom Knochen lösen.

Hähnchenfleisch mit einem Schöpflöffel herausnehmen und Hitze hochstellen. Die Soße sprudelnd aufkochen, bis sie eingedickt ist. Abschmecken. Das Hähnchen in der Soße mit Mandeln und Koriander bestreuen und zu Reis oder Polenta servieren.

Fleischbällchen mit Honigglasur und Pistazien

Dajaj Mudaqqaqah ~~~ Syrien

Für 4 Portionen als Beilage

Die Familie Salloum hat in einem wunderbaren Kochbuch mit dem Titel *Scheherazade's Feasts* arabische Rezepte aus dem Mittelalter auf die moderne Küche übertragen. Dieses Goldene Zeitalter in der islamischen Welt war eine Ära der opulenten Größe, die mit den durch Handel und Eroberungen erworbenen Reichtümern, den Waren und dem Wissen einhergingen. Süße Gewürze, herbe Früchte und blumige Düfte aromatisierten die Speisen. Obgleich gezuckerter Salat (mit Anis, Zimt und Ingwer) und Lamm-Dattel-Kebabs (Koriandersamen, Safran, Mastix und getrocknete Minze) mein Interesse weckten, erinnerte ich mich immer an diese Fleischbällchen zurück.

Ich habe das Rezept angepasst. Es basierte auf dem Rezept eines Chronisten von Aleppo aus dem 12. Jahrhundert namens Ibn al-Adim. Die Bällchen wurden zur Größe von Haselnüssen gerollt, orientieren Sie sich mehr an einer Walnuss.

225 g gehacktes Lammfleisch
225 g gehacktes Hähnchenfleisch
1½ TL feines Meersalz
½ TL gemahlener Kreuzkümmel
½ TL gemahlener Koriander
½ TL Kümmel
½ TL schwarzer Pfeffer aus der Mühle
2 EL Olivenöl
3 EL Honig
100 g Pistazien, geschält
1 Prise Safranfäden
Saft von ½ Zitrone
1 kleine Handvoll Minzeblätter
2 TL Rosenwasser

Lammfleisch, Hähnchenfleisch, Salz und gemahlene Gewürze zusammen in eine Schüssel geben und miteinander vermischen (falls erforderlich, das Hähnchenfleisch in einer Küchenmaschine hacken, dann die anderen Gewürze hinzugeben und abschließend kurz mixen). Alles sollte gut vermischt, aber nicht zu stark bearbeitet sein, damit die Fleischbällchen nicht zäh werden.

Mit geölten Händen das Gemisch zu kleinen Fleischbällchen rollen. Wenn genug Zeit ist, die Bällchen im Kühlschrank kalt werden lassen; dadurch werden sie fest und behalten ihre Form.

Das Olivenöl in einer großen Bratpfanne auf mittlerer bis hoher Stufe erhitzen und die Fleischbällchen ca. 5 Minuten braten, bis sie von allen Seiten gebräunt sind. Mit 75 ml Wasser übergießen und Honig und Pistazien hinzugeben. Safran hineinkrümeln und das Ganze zum Köcheln bringen. 15 Minuten kochen oder bis die Fleischbällchen durchgegart sind; die Pfanne dabei gelegentlich rütteln. Wird mit einem Fleischthermometer geprüft, sollte es mehr als 74 °C anzeigen. Die Flüssigkeit sollte zu einer glänzenden Glasur eingekocht sein.

Zitronensaft, Minze und Rosenwasser unterrühren.

DAZU PASST

Biwaz: 1 Bund Blattpetersilie grob hacken, 1 rote Zwiebel in dünne Scheiben schneiden; mit 1 EL Olivenöl nativ extra, 1½ EL Granatapfelsirup, 1½ TL Sumach und 1 Prise Salz vermengen.

Rotgekochte Entenbrust

Hong Shao Yazi ~ China

Für 2 Portionen

Zu einer klassischen chinesischen Kochtechnik mit der Bezeichnung Rotkochen gehört, eine intensive Brühe mit Gewürzen, Soja und süßem Wein schichtweise aufzubauen. Das Fleisch wird dabei geschmort, bis es zart ist und tief rötlich-braun schimmert. Die Methode des Flavour Potting ist damit verwandt; dabei wird der aromatische, dicke Kochsaft immer wieder aufgefüllt und weiterverwendet. Manche Spitzenrestaurants in Beijing behaupten, ihre Flavour Pots seien 20 Generationen alt!

Sternanis, Ingwer und Kassia werden am Stück hinzugegeben, damit sie ihr Aroma abgeben, ohne die glatt-glänzende Konsistenz der Soße zu stören. Sie wird dann eingekocht und überzieht das Entenfleisch fast wie ein Lack. In sowohl der mittelalterlichen als auch der modernen chinesischen Küche sollte kein einzelnes Gewürz dominieren; sie wirken vielmehr zusammen, um Komplexität und Tiefe zu schaffen.

2 Portionen Entenbrust
2 Sternanis
1 Kassia- oder Zimtstange
5 cm Ingwer, geschält und dünn geschnitten
2 EL Shaoxing-Reiswein oder trockener Sherry
1 EL dunkle Sojasoße
1 EL helle Sojasoße
1 EL hellbrauner oder gelber Kandiszucker

Entenbruststücke mit der Haut nach unten in eine Pfanne legen, in die sie mit nur wenig freiem Platz hineinpassen. Alle anderen Zutaten hinzufügen; die Gewürze kommen unter das Fleisch. So viel Wasser zugießen, dass das Fleisch knapp bedeckt ist, und zum Kochen bringen. Die Hitze herunterstellen und 15 Minuten lebhaft köcheln lassen; nach der Hälfte der Zeit das Fleisch wenden.

Die Entenbruststücke herausnehmen und beiseitestellen. Die Flüssigkeit auf hoher Stufe sprudelnd kochen lassen, bis sie glänzend und sirupartig eingekocht ist. Aromazutaten entnehmen.

Die Hitze auf mittlere Stufe verringern und das Fleisch wieder in die Pfanne geben. 5 Minuten kochen, dabei die Soße auf das Fleisch löffeln und dieses gelegentlich wenden, bis es dunkel und dick glasiert ist. 5 Minuten ruhen lassen, dann aufschneiden und mit ein wenig Restsoße servieren.

Dazu passt

Reis oder Nudeln, mit dunklem Sesamöl beträufelter Brokkoli

ENTE MIT VANILLE

Canard à la Vanille ~ La Réunion

Für 4 Portionen

Auf der französischen Insel La Réunion duftet es nach Bourbonvanille- und Zuckerrohrplantagen und auch nach den Gewürzen, die in der lebendigen kreolischen Küche verwendet werden. Es ist ein Naturparadies, das für den Anbau von Muskatnüssen, Gewürznelken, Dattelpalmen, tropischen Früchten, Mandeln und rosa Pfeffer bekannt ist. Die Wurzeln von Ingwer, Kurkuma und Tamarinde reichen bis zurück nach Indien, wie auch die Banyanbäume der Insel. Vanille als amerikanischer Import wird seit dem 19. Jahrhundert hier angebaut und hat auf verschlungenem Weg in die herzhafte Küche gefunden.

Dieses Schmorgericht ist gehaltvoll und wohlriechend. Eigentlich wird es für gewöhnlich auf dem Herd gekocht, doch der Ofen hält die Temperatur gleichmäßiger und so können Sie das Gericht ungestört lassen, bis das feste Fleisch so zart ist, dass es quasi vom Knochen gleitet.

4 Entenkeulen
Salz
1 Zwiebel, fein gehackt
400 ml Rotwein
1–2 Vanilleschoten, aufgeschlitzt
2 Gewürznelken
6 cm Ingwer, geschält und fein gehackt (2 EL)
1 EL Honig
2 TL Vanilleextrakt
Zerstoßener rosa Pfeffer zum Servieren (optional)

Die Entenkeulen mit Salz würzen und mit der Haut nach unten in einen Schmortopf legen, der so groß ist, dass sie gemütlich in einer einzigen Lage darin Platz finden. Bei mittlerer Hitze aufsetzen, das Fett langsam auslassen und die Haut bräunen; dies dauert ca. 15 Minuten. Wenden und die anderen Seiten ca. 1 Minute anbraten, dann die Entenkeulen auf einen Teller geben.

Den Ofen auf 150 °C Ober-/Unterhitze (Umluft: 130 °C) vorheizen.

Bis auf 1 EL das ganze Fett aus dem Topf schöpfen (und für eine andere Verwendung aufbewahren). Wieder auf den Herd stellen, die Zwiebel mit 1 TL Salz hinzugeben und in einigen Minuten behutsam weich braten.

Wein, Vanilleschoten, Gewürznelken, Ingwer und Honig hinzufügen, dann die Entenkeulen mit der Hautseite nach oben wieder in den Topf geben. Ein paar Minuten lebhaft kochen lassen. Ein Stück Backpapier abreißen, zerknüllen und wieder glätten. Auf das Fleisch legen und die Ränder an den Seiten hochbiegen, dann einen Deckel auf den Topf legen. 3 Stunden im Ofen garen, bis das Fleisch sehr weich ist und beginnt, sich von den Knochen zu lösen.

Alles Fett von der Oberfläche abschöpfen und Vanilleextrakt hinzugeben. Kosten und abschmecken. Eventuell zum Servieren mit etwas rosa Pfeffer bestreuen.

DAZU PASST

Braune Linsen, gebackener Kürbis

GEWÜRZE UND REIS GESCHICHTET

Einen versiegelten Topf am Tisch öffnen, eine Duftwolke freisetzen, welche die Gäste überwältigt und einen Berg aus exquisit gewürztem Reis und Fleisch enthüllt – das ist ein bühnenreifes Mahl. Kein Wunder, dass Pilau, Pilaw, Palov, Biryani, Kabsa und Gerichte mit einem der vielen anderen Namen für geschichteten Reis Hochzeiten und festlichen Feiern vorbehalten sind. Die Zubereitung erfordert großes Können, damit die Reiskörner voneinander getrennt sind und bleiben, und teure Gewürze kommen reichlich zum Einsatz: Safran, Kardamom, Gewürznelken, Muskatnuss und Muskatblüte.

Auf dem halben Globus können wir davon abgeleitete Speisen finden; sie sind wie ein Band, das entfernte Kulturen miteinander verbindet. Normalerweise sind sie mit der islamischen Welt verknüpft, auch wenn das Kochen vor der Religion da war – beide breiteten sich mit Händlern und Eroberern entlang der Gewürzrouten aus. Dass sie aus persischen Küchen der Antike hervorgingen, ist am wahrscheinlichsten; Reis war dort ein importiertes Luxusgut. So entstanden die Pilaws, um den Reisduft mit anderen kostbaren Zutaten zu betonen. Die Küchen der Osmanen und der Moguln haben den persischen Wurzeln viel zu verdanken und trugen diese Einflüsse in die Welt.

Arabische Händler brachten das Konzept nach Asien und dort vereinte es sich mit neuen Ländern und passte sich an. Die muslimischen Gemeinschaften in Thailand verzehren Khao Moag – Reis und Fleisch, mit Currypulver und süßlich-milder Kokosmilch aromatisiert. In Indonesien und Malaysia werden in dem Gericht Nasi Kebuli (»Kebuli« verweist auf Kabul, offensichtlich die Quelle für das Gericht) die Gewürze der alten Handelsrouten mit einheimischen Noten von Sojasoße, Zitronengras und Limettenblättern kombiniert. Die burmesische Food-Autorin MiMi Aye beschreibt das interessante Phänomen, dass es bei ihnen zwei sehr unterschiedliche Arten von Dan Bauk gibt: eine im Süden mit einer Currysoße und buntem Gemüse, die anscheinend übers Meer dorthin gekommen ist, und eine nördliche Version, die der persischen Küche näherkommt; sie enthält viel süß gewürztes Fleisch und karamellisierte Zwiebeln und kam über die Seidenstraße.

Ein ähnliches Muster kann man in Indien sehen. Während die Mappila, Nachfahren von Gewürzhändlern, in Südindien Biryanis kochen und Minze, Cashewkerne und pralle Sultaninen verwenden, entwickelte sich Biryani in Nordindien in den königlichen Küchen der Moguln, wo die persische, zentralasiatische und die hinduistische Küche aufeinandertrafen, anders. Feine Pilaws verschmolzen mit scharfen Reisgerichten der Hindus und erschufen etwas Neues, genau wie die feinen geometrischen Designs Persiens, die sich mit lebendiger nordindischer Kunst vereinten und die hochgeschätzten Miniaturgemälde hervorbrachten. Bei den Speisen der Moguln ging es hemmungslos um Opulenz und Genuss.

Eunuchen in bunten Seidengewändern brachten süß duftende Speisen herbei, dazu Gefäße mit Juwelen und tanzende Mädchen. Die Herrscher der Moguln reisten durch das Land, damit die Untertanen ihre Machthaber nicht vergaßen. In ihrem Gefolge waren die kaiserlichen Küchen mit 50 Kamelen, die die Vorräte trugen, sowie 50 Kühe für Sahne, Butter und Quark.

Diese Art zu kochen war keine, die man ignorieren konnte, und die persischen Aromen wurden in Indien nur allzu gern aufgenommen.

Im Gegensatz dazu sind die zentralasiatischen Gerichte Plov, Palov und Osch, bei denen Lammfett einen vorherrschenden Geschmack beisteuert, die spartanischsten geschichteten Reisgerichte. Die Legende sagt, Alexander der Große habe angeordnet, sie in kesselartigen Kazans als Mahlzeit auf dem Feldzug zubereiten. Die untere Schicht eines Plovs aus Samarkand ist gekochtes Lamm- oder Rindfleisch. Darauf kommt eine Schicht gelbe Karotten mit Kreuzkümmel und schließlich Reis, der im duftenden Dampf gart. Die Liebe zum Plov verbreitete sich über die früheren Länder der Sowjetunion und es entstanden vielerlei Versionen, mit Berberitzen, Quitten, Nüssen, Dill und süßen Gewürzen, die mehr an die persischen Pilaws erinnern.

Für die wohlriechendsten Varianten müssen wir uns dem Orient zuwenden, denn Gewürze und Zucker vereinen sich in herzhaften Gerichten und Reis wird mit grünen Kräutern, Sultaninen, Aprikosen, Feigen, Mandeln, Blütenblättern und Blütenwässern versehen. Die Stars der Gewürze in dem Gericht, das in den meisten arabischen Ländern Machboos heißt, sind Safran und Kardamom. Machboos bedeutet »verlobt« und bezieht sich auf die Vermählung von Reis und Fleisch oder manchmal Fisch. Nimmt man das dominante Proteinelement weg, kommt man zu den Pilaws – diese können ganz schlicht sein, einfach Reis in einer aromatischen Brühe gekocht – obschon auch Fleisch darin sein kann. Mit der Ausbreitung nach Westen entwickelten sie sich zu den Risottos in Italien und den Paellas in Spanien.

Wenn die orientalischen Reisgerichte die eleganten Ballköniginnen sind, so sind die südasiatischen Biryanis die Partygirls – feurig und würzig.

Joghurtmarinaden agieren als Säuerungsmittel und die Aromen sind kräftig. Die Autorin und Ernährungspädagogin Sumayya Usmani besitzt ein Rezept aus der pakistanischen Provinz Sindh mit sage und schreibe 28 Zutaten, darunter Anissamen, schwarzer Kardamom, Muskatblüte, grüne Chilischoten, Pandanwasser, Trockenpflaumen und Granatäpfel. Schärfe aus Chilischoten ist eine Entwicklung aus späterer Zeit. Moderne Biryanis sind ganz besonders lebendig und pikant, und zwar nirgends mehr als in der indischen Diaspora. Das jemenitische Zurbian ist berauschend mit Ingwer, Pfeffer, Safran, Kardamom, Gewürznelken, Koriander, Kreuzkümmel und Zimt; die Aromen werden in gebräunter Butter zusammengebracht. Südafrikanische Biryanis schreien am lautesten von allen: ein Tohuwabohu aus Paprika, Cayennepfeffer, Joghurt und Zitrus, Safran und Gewürzen. Partygerichte, die man nicht vergisst.

MIT HOLZKOHLE GERÄUCHERTES BIRYANI

Biryani ~~~ Indien

Für 6–8 Portionen

Ohne Zweifel der Kaiser unter den Reisgerichten, ein hervorragendes Eintopfgericht mit Wurzeln bei den Moguln. Für einige traditionelle Biryanis – die von wahren Meistern gekocht werden – wird rohes Fleisch in einer Marinade zart gemacht und dann gleichzeitig mit dem Reis gekocht. Mit der Methode dieses Rezepts kann man nicht viel falsch machen, denn das Lammfleisch wird vor dem Schichten geschmort und ist daher garantiert zart.

Was dieses Gericht besonders macht, ist die Räuchertechnik, die ich von meiner Freundin Roopa Gulati gelernt habe. Durch ein glühendes Stück Holzkohle im Topf durchziehen verführerische Rauchschwaden das Gericht. Es hat einen natürlicherweise festlichen Charakter – vielleicht möchten Sie das Biryani ja mit Konfetti aus Rosenblättern oder sogar mit schimmerndem essbarem Blattsilber bestreuen, bevor Sie es servieren.

FÜR DEN GEWÜRZMIX

5 grüne Kardamomkapseln, Samen gemahlen
5 schwarze Kardamomkapseln, Samen gemahlen
2 ganze Muskatblüten, gemahlen
2 TL gemahlener Koriander
1 TL gemahlener Kreuzkümmel
½ TL gemahlene Fenchelsamen
½ TL gemahlene Gewürznelken
1 TL Kashmiri-Chilipulver

FÜR DAS LAMMFLEISCH

4 EL neutrales Öl
2 Zwiebeln, fein gehackt
6 Knoblauchzehen, sehr fein gehackt
6 cm Ingwer, geschält und sehr fein gehackt (2 EL)
1 Zimtstange, in der Mitte durchgebrochen
750 g Lammkeule, in 3 cm große Würfel geschnitten
1 TL feines Meersalz
200 g Joghurt, griechische Art, durchgeseiht

FÜR DIE GEBRÄUNTEN ZWIEBELN

2 Zwiebeln, fein geschnitten
Neutrales Öl zum Frittieren

FÜR DEN REIS

450 g Basmatireis
1 große Prise Safranfäden
1 TL Kewrawasser (aus den Blüten der Schraubenpalme) oder Rosenwasser
1 Handvoll Minzeblätter
1 EL Ghee oder Butter

ZUM RÄUCHERN

3 EL geschmolzenes Ghee oder neutrales Öl
1 Brocken Naturholzkohle
½ TL schwarze Pfefferkörner

Alle Gewürze für die Gewürzmischung miteinander vermischen oder zu einem Pulver mahlen.

Für das Lammfleisch das Öl in einem großen Schmortopf erhitzen und die Zwiebeln ca. 5 Minuten anbraten, bis sie weich, aber nicht gebräunt ist. Knoblauch und Ingwer hinzufügen und einige Minuten umrühren. Den gemahlenen Gewürzmix und die durchgebrochene Zimtstange ins Öl rühren, dann das Lammfleisch hinzugeben. 100 ml Wasser und das Salz dazugeben und zum Simmern bringen. In kleinen Schritten den Joghurt einrühren, damit er nicht ausflockt. Die Hitze herunterstellen auf ganz leises Köcheln, den Deckel halb auflegen und 1 weitere Stunde oder länger simmern lassen. Das Fleisch sollte zart sein und das Masala dick, sodass es am Fleisch haftet.

Während das Lammfleisch kocht, die anderen Zutaten vorbereiten. Die geschnittenen Zwiebeln auf mittlerer bis hoher Stufe in einer großzügigen Menge Öl frittieren, bis sie dunkel rötlich-braun ist. Abtropfen lassen und auf Küchenpapier ausbreiten.

Den Reis sehr gründlich waschen; das Wasser mehrmals wechseln, bis es klar bleibt. Den Reis in eine große Schüssel mit kaltem Wasser geben und mindestens 20 Minuten einweichen lassen.

Den Safran in eine kleine Schüssel krümeln und 2 EL heißes Wasser hinzufügen. Einweichen lassen und, wenn er erkaltet ist, Kewra- oder Rosenwasser einrühren.

Wenn das Fleisch fast fertig ist, einen Topf Wasser zum Kochen bringen. Den Reis hineingeben und 6 Minuten kochen – er sollte weitgehend weich mit einem dünnen, harten Kern sein. Abgießen.

Den Ofen auf 200 °C Ober-/Unterhitze (Umluft: 180 °C) vorheizen.

Das Biryani in einen großen, sauberen Schmortopf (mit einem fest schließenden Deckel) schichten. Die Hälfte des gekochten Lammfleisches unten einlegen und je die Hälfte von Reis und gebräunten Zwiebeln daraufgeben. Minzeblätter darüberstreuen. Restliches Fleisch, dann Reis und zum Schluss die Zwiebeln aufschichten. Safran-Blütenwasser

aufträufeln und Ghee oder Butter in Flöckchen darauf verteilen.

Zum Räuchern eine Art Becher aus Alufolie formen und in den Reis hineindrücken. Ghee oder Öl in einem kleinen Topf auf niedriger Stufe erwärmen. Wer einen Gasofen hat, legt das Holzkohlestück direkt auf den Brenner (alternativ im Ofen auf höchster Stufe erhitzen). Sobald die Holzkohle glüht und glimmt, mit einer Metallzange vorsichtig in den Folienbecher befördern. Einige Pfefferkörner in den Folienbecher und auch über den Reis streuen. Das zischend heiße Ghee direkt auf die heiße Kohle gießen und einen Schwall Rauch freisetzen, dann den Deckel auflegen.

Den Topf kurz auf den Herd setzen, um den Boden zu erwärmen. In den Ofen stellen und 25 Minuten backen. Die Holzkohle entfernen und das Biryani im Topf auf den Tisch stellen.

DAZU PASST

Raita mit Knusper-Ingwer (Seite 61)

Doppelt geräuchert schmeckt besser! Geräucherter Joghurt: Joghurt in eine große Schüssel füllen, in die Mitte einen Becher aus Alufolie setzen, ein glimmendes Stück Holzkohle hineingeben und wie für das Biryani mit heißem Ghee übergießen. Mit einem dicht sitzenden Deckel verschließen und 30 Minuten räuchern lassen. 1 Prise Salz hineinrühren.

LANGSAM GEBRATENES LAMMFLEISCH MIT ADVIEH UND DUFTREIS

Für 4–6 Personen

In den Zutaten für persisches Advieh steckt Poesie: Muskatnuss, Zimt, Rosenblütenblätter, Kardamom, Kreuzkümmel, Koriander, schwarzer Pfeffer. Die Worte kann man fast schmecken. »Advieh« kommt vom Farsi-Wort für »Gewürz« und hat Wurzeln im arabischen Wort für »Medizin« (*adwiyeh*). Dies offenbart die verschlungene Geschichte zwischen Gewürzen und Gesundheit. Von der Mischung gibt es viele Variationen; die hier verwendete verbindet süßen Duft mit ein wenig Erdigkeit, und dies verleiht dem Lammfleisch eine feine, aromatische Opulenz.

1,5 kg Lammschulter, mit Knochen
400 g Basmatireis
Saft von 1 Zitrone
1 große Butterflocke
1–2 TL Rosenwasser
3 EL gehackte Pistazien
2 EL Pinienkerne, geröstet
1 Handvoll Minzeblätter, in feine Streifen geschnitten
1 kleine Handvoll getrocknete Rosenblütenblätter

FÜR DAS ADVIEH
1 TL Muskatnuss, frisch gerieben
1½ TL gemahlener Zimt
1 TL getrocknete Rosenblütenblätter
1 TL gemahlener Kardamom
1 TL gemahlener Koriander
½ TL gemahlener Kreuzkümmel
½ TL schwarzer Pfeffer aus der Mühle
3 TL Salzflocken oder 1½ TL feines Meersalz

Den Ofen auf 220 °C Ober-/Unterhitze (Umluft: 200 °C) vorheizen.

Alle Zutaten für das Advieh miteinander mischen. Zimmerwarmes Lammfleisch in eine Ofenform geben und mit dem Gewürz einreiben. 400 ml Wasser in das Unterteil des Bräters gießen und alles mit Alufolie abdecken. In den Ofen schieben und die Temperatur auf 190 °C Ober-/Unterhitze (Umluft: 170 °C) verringern. 3,5–4 Stunden garen.

Eine ½ Stunde bevor das Fleisch fertig ist, den Reis gründlich waschen und in Wasser einweichen.

Das Lammfleisch auf einen Teller legen und unter seinem Folienzelt ruhen lassen. Den größten Teil des Fetts mit einem Löffel aus dem Bräter holen und alle klebrigen Stückchen in den Bratensaft geben; falls nötig, 1 Spritzer Wasser hinzugeben. Den aromatischen Bratensaft in einen Messbecher gießen, Zitronensaft hinzugeben und mit Wasser bis auf 625 ml auffüllen. Mit dem abgegossenen Reis in einen Topf geben und eine dicke Scheibe Butter obendrauf legen. Sprudelnd aufkochen, dann die Hitze auf die niedrigste Einstellung herunterstellen und den Deckel auflegen. 12 Minuten dämpfen, vom Herd nehmen und das Rosenwasser auf den Reis träufeln. Den Deckel wieder auflegen und 10 Minuten ruhen lassen.

Den Reis auf eine Servierplatte kippen. Lammschulter daraufgeben und Pistazien, Pinienkerne, Minzestreifen und ein paar Rosenblätter darüberstreuen. Mit Knoblauchjoghurt servieren.

SAFRAN-RINDFLEISCH-KEBABS MIT GEGRILLTEN SUMACH-TOMATEN

Kabab Barg ~~~ Iran

Für 4 Portionen

Für opulente Zutaten braucht es nur eine schlichte Zubereitung. Hier wird feines Rindersteak in Safran mariniert und die bitter-honigartigen Noten kommen ganz deutlich durch. Gemahlene Sumachbeeren sind hier der andere Player. Ihre saure Erdigkeit zieht einem den Mund zusammen und vereint sich gut mit den Tomaten.

1 großzügige Prise Safran
1kg Hüftsteak
1 kleine Zwiebel, grob gehackt
4 Knoblauchzehen, geschält
1TL feines Meersalz
½TL schwarzer Pfeffer aus der Mühle
Saft von 1 Limette
4 reife Tomaten, halbiert
Olivenöl
1TL Sumach

Safran in 1EL heißem Wasser einweichen, während das Fleisch vorbereitet wird: überschüssiges Fett entfernen und in 2,5cm große Würfel schneiden.

Zwiebel, Knoblauch, Salz, Pfeffer und Limettensaft in einen Mixer geben. Safran mit Einweichflüssigkeit hinzufügen und alles zu einer Paste verarbeiten. Diese Marinade auf das Rindfleisch geben und 30 Minuten bei Zimmertemperatur marinieren (oder bis zu 12 Stunden im Kühlschrank; vor dem Kochen auf Zimmertemperatur bringen).

Überschüssige Marinade vom Fleisch abstreifen und die Stücke auf Metallspieße stecken; zwischen den einzelnen Stücken etwas Platz lassen. Die Tomatenhälften mit der restlichen Marinade vermengen und etwas Olivenöl darüberträufeln.

Einen Grill oder eine große Grillpfanne auf mittlerer bis hoher Stufe erhitzen und mit Öl einpinseln. Das Fleisch grillen – dabei einmal wenden –, bis es nach Geschmack gegart ist (ca. 5–7 Minuten insgesamt für medium rare). Gleichzeitig die Tomaten grillen, bis sie Blasen haben und weich sind.

Das Fleisch 5 Minuten ruhen lassen. Die Tomaten mit Sumach bestreuen, damit sie einen etwas zitronigen Geschmack bekommen. Alles in einem Lavasch (armenisches Fladenbrot) aufrollen, falls Ihnen der Sinn danach steht.

DAZU PASST

Lavasch-Brot, dünn geschnittene Zwiebeln, gewürzter Joghurt

Basmatireis mit einer dicken Butterflocke und ganze Minzeblätter

ROSEN-SAFRAN-LASSI

Kesar Lassi ～～～ Indien

Für 4 Portionen

Hier haben wir ein süßes Joghurtgetränk, und zwar eines von der so romantischen und ambrosiaartigen Sorte, die zu Gedichten inspirieren könnte. Seien Sie vorsichtig mit Gewürzen und Rosenwasser und kosten Sie zwischendurch. Es soll himmlisch schmecken, nicht nach Weihrauch.

1 Prise Safran, zerkrümelt
500 g Joghurt griechische Art, durchgeseiht
3–4 EL feinster Zucker
4 grüne Kardamomkapseln, Samen gemahlen
½–2 TL Rosenwasser
Eis (optional)
1 EL Pistazien, fein gehackt (optional)

Safran in 1 EL heißem Wasser einweichen und dieses abkühlen und butterblumengelb werden lassen.

Joghurt und Zucker mit 250 ml eiskaltem Wasser in einen Mixer geben. Safran, fast den gesamten gemahlenen Kardamom und Rosenwasser hinzugeben. Verarbeiten, dann im Hinblick auf Süße und Duft kosten, nach Geschmack mehr Zucker, Kardamom und Rosenwasser hinzugeben. Rosenwässer sind ganz unterschiedlich stark.

Noch einmal mixen, bis eine schaumige Wolke an die Oberfläche steigt. In Gläser gießen und Eis sowie ein paar Pistazien daraufgeben, wenn Sie mögen.

MANDEL-MILCH FÜR WRESTLER

Thandai ～～～ Pakistan und Indien

Für 2–4 Portionen (oder 1 Wrestler-Portion)

Ein belebendes Getränk, das man in den erbarmungslos heißen Sommern in Pakistan und den nordindischen Staaten genießt, und aufgrund der kraftspendenden Nüsse und der kühlenden Eigenschaften auch eine bevorzugte Stärkung für Wrestler. Es ist karamellig-buttrig und besitzt einen Hauch Lakritzaroma.

Ein »kühlendes« Gewürz oder mehrere sollten enthalten sein – Fenchel, Anissamen, Kardamom oder Kreuzkümmel. Schwarzer Pfeffer verleiht ausgleichende Wärme und Rosenwasser spendet Duft.

150 g blanchierte Mandeln
1 TL Fenchelsamen
4 schwarze Pfefferkörner
2 EL Zucker
¼ TL Rosenwasser oder nach Geschmack (optional)

Mandeln, Gewürze und Zucker in eine feuerfeste Schüssel geben und 500 ml kochendes Wasser aufgießen. 1 Stunde oder länger quellen lassen.

Alles in einen Hochleistungsmixer geben und 1–2 Minuten zu einer milchig-glatten Flüssigkeit verarbeiten. Ein Sieb mit Mulltuch auslegen und die Mandelmilch in einen Krug abseihen. Das Mulltuch zusammenquetschen, um die Flüssigkeit herauszudrücken.

Rosenwasser einrühren. Da die Stärke von Rosenwasser variiert, die Menge nach Geschmack wählen.

Kühlen und in kleinen Gläsern servieren.

DER FEURIGE IMPORT

Chilischoten

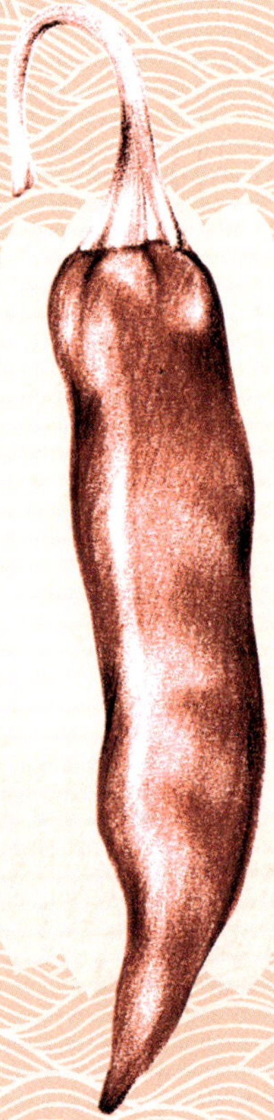

kommen nach Asien

Nur der Mensch hat die Eigenschaft, Freude an dem zu haben, was ihn aufwühlt: ein Horrorfilm, eine Achterbahn mit Looping oder ein glühendes Chili, so nah am Schmerz, dass es schön ist.

Wir sind Sensationssuchende, hungrig nach Adrenalin.

Dieser süchtig machende Rausch bewirkte, dass die Chilifrucht – deren Schärfe paradoxerweise so beschaffen ist, dass sie Tiere abstößt – das sich am schnellsten verbreitende und meistgenutzte Gewürz der Welt wurde.

Würzige Schärfe ist für viele Gerichte der asiatischen Küche charakteristisch, doch jahrtausendelang war das Essen erheblich milder. Chilischoten trafen erst im 16. Jahrhundert aus der Neuen Welt ein und man stürzte sich geradezu darauf. Die Pflanze kam sehr gut mit dem Monsunklima zurecht und wurde schon bald vor Ort angebaut. Die feurigen Früchte fanden ihren Weg in pikante Brühen und pushten Sambals und scharfe Currys.

In Mittel- und Südamerika hatte man das mörderscharfe Gewürz seit Urzeiten gegessen. Am Neujahrstag 1493 jedoch »entdeckte« Christoph Kolumbus die Chilischote und markierte damit den Beginn ihres Siegeszugs durch die Welt. Die Suche nach wertvollen Pfefferkörnern hatte den europäischen Entdecker über den Atlantik gelockt; er wollte eine neue Route nach Osten finden. Sein Leben lang leugnete er seine große Entdeckung und bestand darauf, Indien und den Pfeffer gefunden zu haben, nicht Amerika und die Chilischoten. Er kam zu dem Schluss, die Erde müsse birnenförmig sein und die paradiesischen Gewürzinseln lägen auf einem Vorsprung in Form einer weiblichen Brustwarze. Kolumbus kehrte mit Papageien und Gold, »Indianern« und Zimt (in Wahrheit verrottete Borke eines Baums der Karibik) nach Spanien zurück.

Chilischoten nannte er zur Verwirrung der nachkommenden Generationen »Pimientos«

Chili wurde von Südamerika zur Iberischen Halbinsel und nach Westafrika gebracht. Er verbreitete sich innerhalb von Jahrzehnten so schnell und wurde so begeistert aufgenommen, dass man die Herkunft vergaß und Chili in Asien gemeinhin als heimische Pflanze galt. Sechs Jahre nach Kolumbus' Entdeckung landeten portugiesische Schiffe zum ersten Mal an der indischen Malabarküste, und schon bald gehörte das neue Gewürz zu ihrer Fracht. Sobald es in der Alten Welt war, wurde es in die regulären Gewürzlieferungen aufgenommen, die durch Asien und den Orient mäanderten. Hinduistische, arabische und persische Händler brachten Chilischoten von Indien nach Indonesien. Händler von den Molukken und aus Papua nahmen sie mit an der Küste von Neuguinea entlang und sie brannten sich ihren Weg nach Osten durch den Orient. In der Mitte des 16. Jahrhunderts erreichten die Chilischoten Zentralchina, diesmal über Land aus dem Orient und aus Indien. Ironischerweise mussten Chilischoten die Welt umrunden, bis sie 1692 von Europa aus im nördlichen Teil Amerikas wieder eingeführt wurden.

Lange hatte Pfeffer als Schärfegewürz geherrscht, doch hier war etwas, das einfacher anzubauen und zu lagern und zudem schärfer war. Die Samen ließen sich einfach befördern und die Pflanze war eine Kolonistin, die wie Unkraut wuchs und sich in neuen Klimaten einkreuzte. Niemals hatten die Leute schwarzen Pfeffer in ihren Gärten anbauen können, doch Chilischoten waren ein günstiges Gewürz und es gelang, sie für den eigenen Gebrauch anzupflanzen.

Dies besaß das Potenzial, den Gewürzhandel auf den Kopf zu stellen. Nach der schnellen Ausbreitung musste die Chilischote weder transportiert noch gehandelt werden, hatte also keinen echten Wert. Jedoch ging die Gewürzproduktion nicht unter und Muskatnuss, Ingwer, Gewürznelken, Zimt und Pfeffer zogen weiter über die Meere in den Orient und nach Europa, wo man gar nicht so sehr auf Schärfe versessen war und der Pfeffer sich als ausreichend erwies. Die Küchen der ursprünglichen Gewürze erzeugenden Länder waren es, die sich erheblich gewandelt hatten. Indische und indonesische Köche waren bereits der Schärfe von pikantem Pfeffer und Ingwer verfallen und wechselten zur Chilischote. Noch zu Lebzeiten der Eroberer (Conquistadores) hatte Chili sich in diese Küchen integriert.

Die Neue Welt hielt auch andere pflanzliche Reichtümer bereit. Es gab Tabak, der die Sucht förderte, Vanille konkurrierte mit Zimt um den Platz als Gewürz der Bäcker, Chinin als Malariaschutz für Reisende und Piment, das geschmacklich alle feinen Gewürze in einer Beere vereint. In den mittelamerikanischen Dschungeln gediehen Tomaten, Kartoffeln, Mais, Kürbis, Tapioka, Papaya, Ananas, Avocados, Erdnüsse und Cashewkerne – und die Portugiesen machten sie allesamt in der Welt bekannt. Indonesische Satéspieße sind kaum denkbar ohne Erdnusssoße, indische Samosas ohne ihre vor Chili strotzende Kartoffelfüllung. In einem königlichen Rezept aus dem Sultanat Malwa des 15. Jahrhunderts werden Samosas mit Auberginen und Hackfleisch gefüllt und mit Rosenwasser und Safran aromatisiert. Es offenbart die mittelalterliche Vorliebe für Süßes und Parfümiertes, bevor das Chilifeuer übergriff.

Die Leidenschaft für das Feurige bleibt regional.

Ein breiter Chiligürtel umgibt den Äquator und breitet sich in die Küchen der Tropen aus.

Zu den Hotspots, an denen die Gerichte einen extremen Schärfekick haben, gehören Thailand, Südostindien, die chinesischen Provinzen Hunan und Szechuan und die indonesische Insel Sulawesi. Eine auf Stärke basierende Ernährung verbindet sie miteinander und die Chilischoten steuern den dringend benötigten Geschmack, Farbe und das gewisse Etwas bei.

Der portugiesische Seehandel entfachte in Sri Lanka, Malaysia, Südwestchina und Südwestindien in der Art und Weise des Kochens ein Feuer. In Indien breitete sich die Verwendung von Chili für scharf eingelegte Speisen und Chutneys von Goa über den Süden aus. Erst als die Maratha-Armeen – die Kämpfer waren dank ihres Chiliverzehrs als besonders feurig bekannt – die Moguln herausforderten, unterlag der Norden Indiens und mit ihm der Pfeffer. Von Indien aus wanderte die Kunst des feurigen Kochens durch Myanmar nach Thailand hinein. Über den Himalaja ging es nach China, und zwar durch Szechuan im Binnenland als Einfallstor. Das dortige Essen ist mit das schärfste Essen der Welt und die Menge der Chilischoten auf dem Teller kann größer sein als die anderen Zutaten.

Korea hat heute den höchsten Pro-Kopf-Verzehr von Chilischoten auf der Erde. Das ist zu einem großen Teil dem nicht wegzudenkenden salzigen, streng schmeckenden, rot gefärbten Kimchi zu verdanken, obwohl Chili erst im 17. Jahrhundert an die koreanischen Küsten gelangte (und andere Gewürze spielen in dieser Küche keine große Rolle, man verlässt sich geschmacklich eher auf fermentierte Soßen). Japan hatte zwar früh während der Zeit des Namban-Handels die Chilischärfe gekostet, schloss dann 200 Jahre lang aber seine Tore weitgehend für Ausländer und ihre Importe, und im Ergebnis taucht Chili in der klassischen japanischen Küche nicht auf. Im modernen Japan nimmt der Verbrauch von Chili zu und dringt auch in andere Länder weiter vor, die zuvor nicht auf der Landkarte der Schärfe waren, zum Beispiel nach Deutschland und in die arabische Welt. Chili befeuert die Fantasie einer neuen Generation von Köchinnen und Köchen wie damals, als er Asien eroberte.

DIE CHILISORTEN IN DIESEM BUCH

Zwei Chilisorten dominieren die östliche Welt: die schlanke Cayenne-Chili; diese Sorte wurde als erste in Asien eingeführt und ist das am meisten verwendeten Gewürz weltweit geworden, und die feurigere Bird's-Eye-Chilischote. In verschiedenen Regionen haben sich unterschiedliche Varianten entwickelt, aber für dieses Buch verwende ich folgende Chilisorten:

FRISCH

ROTE ODER GRÜNE CHILISCHOTEN

Groß, fest und glänzend, werden sie sowohl wegen Farbe und Aroma als auch wegen der milden bis mittelstarken Schärfe verwendet. Eine Cayenne- oder Fingerchilischote ist die beste Wahl.

BIRD'S-EYE-CHILISCHOTEN

Die kleineren und kraftvolleren Bird's-Eye- oder Thai-Chilischoten sind wegen ihrer fruchtigen, pfeffrigen Schärfe dabei. Die indonesische Küche verwendet oft größere und kleinere Schoten zusammen.

GETROCKNET

KASHMIRI-CHILISCHOTEN

Die getrockneten, runzligen Kashmiri-Chilischoten sind süß-erdig und wunderschön leuchtend rot. In der indischen Küche nutzt man sowohl die ganzen Schoten als auch das Pulver; sie steuern mehr Farbe und Aroma bei als Schärfe.

GETROCKNETE CHILISCHOTEN

Normalerweise Cayenne oder manchmal eine Thai-Chili-Sorte. Getrocknete Chilischoten besitzen eine rötliche, erdige Schärfe und bringen rauchige Tiefe in den Kochprozess. Man kann sie ganz, als Flocken oder gemahlen verarbeiten.

GEMAHLENE CHILISCHOTEN

Passen Sie bei mexikanischen Chilipulvern auf, sie können Gewürzmischungen enthalten. In der asiatischen Küche sollte gemahlener Chili sortenrein sein. Der Schärfegrad variiert stark; kosten Sie Ihre Sorte also und passen Sie die Mengen entsprechend an.

KNACKIGES GRÜNES GEMÜSE MIT GERÖSTETEM CHILI-JIAO

Jiao Mak Len — Laos

Für 4 Portionen

Zwei Nahrungsmittel aus der Neuen Welt, die vor einigen Hundert Jahren in Südostasien unbekannt waren, wurden begeistert aufgenommen: Chilischoten und Tomaten. Hier sind sie zusammen in einer salsaartigen laotischen Soße und ihr Geschmack ist durch Rösten stärker und rauchiger geworden. Man kann sie entweder über Flammen (das Gemüse dafür aufspießen und über dem Feuer drehen, bis es geschwärzt ist) oder in einem heißen Ofen rösten. Leise Aromen sind nicht dabei; eine recht saure Schärfe wird vom unhöflichen, salzigen Elan der Fischsoße unterbrochen.

Nehmen Sie das Jiao entweder als Dip für knackiges Gemüse oder servieren Sie es zu Fleisch, Fisch oder Tofu mit einem Löffel Klebreis. Die Chilischärfe kann sehr unterschiedlich sein, sogar innerhalb derselben Sorte. Ich habe 6 Bird's-Eye-Chilischoten angegeben, das ergibt eine angenehm feurige Soße. Falls Ihre Chilischoten besonders scharf sind oder Sie Schärfe nicht so gut vertragen, entfernen Sie die Samen oder verwenden Sie entsprechend weniger Schoten.

FÜR DAS JIAO

300 g reife Tomaten, geviertelt
6 Bird's-Eye-Chilischoten
2 Frühlingszwiebeln, geputzt
4 Knoblauchzehen
3 kleine Schalotten
½ TL feines Meersalz
2 EL Fischsoße
1 EL Limettensaft
1 große Handvoll Koriandergrün, gehackt
1 TL Zucker (optional)

KNACKIGES GEMÜSE ZUM SERVIEREN, ZUM BEISPIEL:

Feine grüne Bohnen, blanchiert
Romanasalatblätter
Salatgurken, in Schnitze geschnitten
Daikon-Rettich, gestiftelt
Rohe Thai-Auberginen, geviertelt

Den Ofen auf 230 °C Ober-/Unterhitze (Umluft: 210 °C) vorheizen.

Tomaten, Chilischoten und Frühlingszwiebeln gemischt auf einem großen Backblech ausbreiten (Öl ist nicht nötig). Ungeschälten Knoblauch und Schalotten dazugeben. 20 Minuten rösten oder bis das Gemüse weich und stellenweise geschwärzt ist. Falls die Tomaten etwas fest waren und noch nicht genug zusammengesackt und weich sind, weitere 10 Minuten rösten. Knoblauch und Schalotten schälen und die Schalen sowie die Chilispitzen entsorgen; Chilikerne ganz oder teilweise belassen – je nachdem, wie viel Schärfe Sie vertragen.

Alles mit Salz, Fischsoße, Limettensaft und Koriander in eine Küchenmaschine geben und zu einem Püree mit grober Textur verarbeiten. Kosten und abschmecken – etwas Zucker kann helfen, die Aromen zu intensivieren.

Falls möglich ein paar Stunden vor dem Verzehr zubereiten, damit die Aromen einander kennenlernen können. Wird das Jiao noch weiter im Voraus zubereitet, im Kühlschrank aufbewahren, jedoch möglichst nicht kühlschrankkalt verzehren. Das Jiao in einer Schüssel zu einer Platte mit knackigem grünem Gemüse servieren.

DAZU PASST

Jasminreis oder Klebreis

Gefülltes Zitronengras vom Grill (siehe Seite 170)

FRITTIERTER BLUMENKOHL MIT WÜRZIGER GLASUR

Gobi Chili ~~~ Indochina

Für 4 Portionen als Beilage

Die Küchen Indiens und Chinas haben eine lange Geschichte der Verschmelzung. Durch die Geografie und jahrtausendelangen Handel verschwammen beide in den Häfen und an den Grenzen miteinander. Im gesamten Malaiischen Archipel, Seehandelsroute zwischen den beiden großen Nationen, ist dieser zweifache Einfluss an vielen Gerichten zu erkennen. Die chinesischen Einwanderer in Kalkutta (heute Kolkata) in der Zeit der Herrschaft der britischen Krone (British Raj) waren eine weitere Quelle. Sie eröffneten Restaurants und verquickten ihre leichtere kantonesische Küche mit den lauten Aromen und Gewürzen ihrer neuen Heimat. Die köstlich-fettigen, würzigen »mandschurischen« Gerichte wie Gobi Chili sind heute in den Städten von ganz Indien und Bangladesch in Restaurants und als Streetfood sehr beliebt. Panir wurde zu Szechuan-Panir, Aloo Bhindi zu Kung-Pao-Kartoffeln, von Chow Mein ist das ganze Land geradezu besessen. Dieser neue Stil gelangte über die Meere unter anderem nach Großbritannien und in die USA und formte in der Welt das Bild von chinesischem Essen.

500g Blumenkohl
Neutrales Öl zum Frittieren
1 Zwiebel, gehackt
4 Knoblauchzehen, sehr fein gehackt
3cm Ingwer, geschält, sehr fein gehackt (1EL)
2 grüne Fingerchilischoten, klein geschnitten
2EL indischer Chili-Tomatenketchup oder süße Chilisoße
2EL helle Sojasoße
1EL Reisessig
2 Frühlingszwiebeln, schräg fein geschnitten
1 Handvoll Korianderblätter

FÜR DEN TEIG
75g Mehl
75g Maismehl
3 Knoblauchzehen, sehr fein gehackt
1TL Kashmiri-Chilipulver
¾TL feines Meersalz
Etwas schwarzer Pfeffer aus der Mühle

Den Blumenkohl in mundgerechte Röschen schneiden. Sprudelnd aufkochen, den Blumenkohl hineingeben und 3 Minuten kochen. Abtropfen lassen und darauf achten, dass die Röschen trocken sind.

Alle Zutaten für den Teig vermischen. 170ml Wasser hinzugeben und verquirlen; die Konsistenz muss so sein, dass er gut haftet.

Eine Bratpfanne 3cm hoch mit Öl füllen und auf mittlerer bis hoher Stufe aufsetzen. Einen Teigtropfen hineinfallen lassen; sobald er nach oben steigt und sich Blasen bilden, kann frittiert werden bei 190°C. In mehreren Chargen arbeiten. Jeweils die Röschen in den Teig tauchen und 5–10 Minuten ausbacken, bis sie knusprig sind. Ab und zu wenden, dann herausnehmen und auf Küchenpapier legen.

1EL Öl in einer Bratpfanne erhitzen. Die Zwiebel hineingeben und auf mittlerer Stufe braten, bis sie weich ist. Knoblauch, Ingwer und Chili hinzugeben und weiterbraten, bis sie duften. Chiliketchup, Sojasoße und Essig zugießen. Etwas Wasser hineingeben und einige Minuten sprudelnd kochen lassen, bis die Soße zu einer hellen Glasur eingedickt ist.

Blumenkohl mit der Soße vermengen. Mit Frühlingszwiebeln und Korianderblättern bestreuen und sofort servieren, solange er noch knusprig ist.

OKRA MIT GUNPOWDER

Brinjal Podi ~~~ Indien

Für 4 Portionen als Beilage

Gunpowder – zu Deutsch: Schießpulver – ist eine explosive Chili-Gewürzmischung aus Südindien, auch bekannt als Podi. Typischerweise wird sie mit Sesamöl oder Ghee vermischt und zu Dosas (indisch: Pfannkuchen) oder Idlis (indisch: Küchlein) gereicht. Sie kann einfach allem einen nussigen Pfiff geben. Kosten Sie die Mischung einmal auf Lammkoteletts, in Butterreis gerührt oder als Pommes-frites-Würze. Hier sind knusprig-weich gebratene grüne Okras damit überzogen.

350 g frische Okra
3 EL neutrales Öl
1 Zwiebel, gehackt
2 Knoblauchzehen, sehr fein gehackt
1 cm Ingwer, geschält, sehr fein gehackt (1 TL)

FÜR DAS GUNPOWDER
3 getrocknete Kashmiri-Chilischoten (10 g)
1 EL Urad Dal
1 EL Chana Dal
2 TL weißer Sesam
1 EL neutrales Öl
20 Curryblätter
1 TL schwarze Pfefferkörner
¼ TL Asant
1 Prise Salz

Für das Gunpowder eine trockene Bratpfanne auf mittlerer bis hoher Stufe erhitzen. Die Chilischote ca. 1 Minute rösten, dann auf einen Teller geben und mit den Kernen in Stücke schneiden. Urad Dal und Chana Dal in die Pfanne geben und einige Minuten rösten, bis sie überall etwas gebräunt sind und nussig duften. Auf den Teller schütten. Mit dem Sesam wiederholen. Zum Schluss das Öl in die Pfanne geben und die Curryblätter nur einen Moment braten, bis sie kross sind und sich einrollen. Auf Küchentüchern abtropfen lassen.

Alle Zutaten für das Gunpowder mit Mörser und Stößel oder in einer Gewürzmühle miteinander vermahlen. Nur zu einem groben Pulver verarbeiten und aufhören, bevor die Öle austreten, damit sich keine Paste bildet. Kosten, ob die Mischung salzig genug ist.

Die Okraschoten in dicke Stücke schneiden. Sie sollten trocken sein, damit sie nicht schleimig werden (deswegen sind frische Okraschoten besser als tiefgefrorene).

2 EL Öl in einer Bratpfanne auf mittlerer bis hoher Stufe erhitzen. Die Zwiebel anbraten, bis sie weich ist und anfängt zu bräunen. Knoblauch und Ingwer hinzufügen und 1 weitere Minute braten. Die Hitze auf mittlere Stufe verringern und den letzten EL Öl dazugießen. Okrastücke hineingeben und ca. 5 Minuten unter häufigem Umrühren braten, bis sie hellgrün, weich-knusprig und an den Rändern etwas geschwärzt sind. Mit Gunpowder vermengen und sofort servieren.

GEDÄMPFTE EIERCREME MIT KNUSPER-CHILIÖL

Zheng Shui Dan ~~~ China

Für 2 Personen als Snack

Knusper-Chiliöl ist ein Fest aus scharfen, knackigen und Umami-Noten. Ich kann Ihnen nur wärmstens empfehlen, diese Würzsoße umgehend zu entdecken, falls sie nicht schon zu Ihrem Repertoire gehört. Lao Gan Ma ist die beliebteste Marke in China (wörtlich »alte Patentante«, man erkennt das Glas an ihrem Konterfei). Das Öl enthält getrocknete Chilischoten gemischt mit fermentierten Sojabohnen und krossen frittierten Zwiebeln. Alternativ gibt es Chiu-Chow-Chiliöl, eine salzige Mischung aus eingelegten Chilischoten und viel frittiertem Knoblauch mit weicher Textur. Die Eier sind hier wirklich nur Träger für das Chiliöl, die chinesische Technik ist jedoch hervorragend für die Küche zu Hause als Ass im Ärmel, denn sie sind schnell zubereitet und so weich-cremig-geschmeidig wie Pannacotta.

2 große Eier
1 TL helle Sojasoße
Etwas Schnittlauch, geschnitten
Knusper-Chiliöl

Die Eier in einen Messbecher aufschlagen und gründlich verquirlen (ohne Schaum). Auf das Volumen achten und die 1,5-fache Menge warmes Wasser hinzugeben (wahrscheinlich ca. 150 ml). Die Sojasoße hineingeben und verquirlen.

Die Eimischung durch ein feines Sieb in 2 kleine Reisschalen oder Souffléförmchen gießen. Folie oder Untertassen auflegen und in einen Dämpfeinsatz über bereits kochendem Wasser stellen. Deckel auflegen und 10–14 Minuten dämpfen, bis die Eier eine feine Creme bilden.

Warm servieren, mit etwas Schnittlauch bestreuen und mit Knusper-Chiliöl beträufeln.

GEWÜRZTES SZECHUAN-CHILIÖL
Ergibt 200 ml

Wenn Sie Ihr Öl lieber selbst herstellen, so folgt hier ein tolles Rezept. Szechuanpfefferkörner verleihen eine prickelnde Schärfe und der schwarze Kardamom bringt harzige Tiefe mit.

Achtung: Ohne Knoblauch hält sich das Öl monatelang. Mit Knoblauch sollten Sie es im Kühlschrank aufbewahren und innerhalb weniger Tage verbrauchen.

2 TL Szechuanpfefferkörner
200 ml neutrales Öl (zum Beispiel Erdnussöl)
2 EL Szechuan-Chiliflocken
2 TL Sesam
2 schwarze Kardamomkapseln, angedrückt
¼ TL feines Meersalz
2–4 Knoblauchzehen, sehr fein gehackt (optional)

Die Schalen der Szechuanpfefferkörner mit Mörser und Stößel zu einem groben Pulver mahlen (die glänzenden schwarzen Samen entsorgen).

Alle Zutaten in einen kleinen Topf geben und auf sehr niedriger Stufe aufsetzen. Ca. 10 Minuten köcheln. Gegen Ende sollte es leise brutzeln, alles sollte leicht geröstet und blassgolden sein.

Abkühlen lassen, dann das Öl mit Bodensatz in ein Glasgefäß füllen und fest verschließen.

SCHARFE BRÜHE MIT GLASNUDELN CHONGQING

Suan La Fen ～～～ China

Für 2 Portionen

Man kann nicht über Chilischoten reden, ohne Chinas schärfste Region Szechuan zu besuchen. Hier kamen die Früchte zum ersten Mal mit einem Feuersturm ins Land, nachdem sie den Himalaja überquert hatten, und hier werden sie am kühnsten verwendet, kombiniert mit der pikanten Schärfe der einheimischen Szechuanpfefferkörner.

Diese heiße, saure lippenkräuselnde Brühe kommt aus der Stadt Chongqing. Der Ort ist auch für feuerscharfe Eintöpfe berühmt, die einem das Wasser in die Augen treiben. Szechuanische Verkäufer bereiten Süßkartoffelnudeln frisch zu; dafür pressen sie den Teig durch siebartige Löcher direkt ins kochende Wasser; man kann die Nudeln aber auch getrocknet in chinesischen Supermärkten kaufen. Stöbern Sie diese Nudeln auf, sie sind glatt und transparent und bilden einen angenehmen Kontrast zum Getöse der knackigen Toppings.

Diese Brühe schmeckt mit gewürztem Szechuan-Chiliöl (Seite 137) gut; in dem Fall können Sie den Sesam weglassen, aber den Knoblauch beibehalten, auch wenn schon welcher im Öl ist.

250 g Glasnudeln aus Süßkartoffeln
350 ml Gemüse- oder Hühnerbrühe, ungesalzen

FÜR DIE WÜRZSOßE
2 Knoblauchzehen, fein gehackt
2 EL chinesisches Chiliöl plus 1 EL Bodensatz
2 EL schwarzer Chinkiang-Essig
2 EL helle Sojasoße
1 TL gerösteter Sesam
½ TL gerösteter Szechuanpfeffer, gemahlen

FÜR DIE TOPPINGS
1 EL neutrales Öl
2 EL Erdnüsse mit roter Haut, roh
1 Frühlingszwiebel, klein geschnitten
⅓ Stange Staudensellerie, fein gehackt
2 TL Tsa Tsai (Stiele des chinesischen braunen Senfs, eingelegt), gehackt
1 kleine Handvoll Korianderblätter

Die Süßkartoffelnudeln gemäß Packungsanweisung kochen. Womöglich sollen sie über Nacht eingeweicht werden, dies kann man aber, falls nötig, auf einige Minuten verkürzen, indem man warmes Wasser nimmt. Wenn die Nudeln weich und glatt sind, abtropfen lassen und abspülen. Beiseitestellen.

Einen Wok auf mittlerer bis hoher Stufe vorheizen, etwas Öl hineingeben und, sobald es schimmert, die Erdnüsse hineingeben. 30 Sekunden unter Umrühren anbraten, dann die Hitze auf niedrige Stufe stellen und weiterbraten – dabei oft umrühren –, bis die Nüsse eine dunkle, goldbraune Farbe haben. Mit einem Schöpflöffel herausnehmen und auf Küchentüchern abtropfen lassen.

Für die Würzsoße alle Zutaten miteinander vermischen und auf 2 Servierschalen aufteilen. Die Brühe erhitzen und in beide Schalen jeweils die Hälfte gießen; zum Vermischen umrühren. Nudeln hinzugeben.

Die vorbereiteten Toppings darüberstreuen und sofort genießen.

FLADENBROTE MIT KOKOS UND GRÜNEM CHILI

Pol Roti ~~~ Sri Lanka

Ergibt 6 Fladenbrote

Diese weichen, elastischen, ungesäuerten Brote sind groß im Geschmack und unglaublich einfach in der Zubereitung. Kokosraspel machen den Teig angenehm in der Textur und milchig-zart. Wenn Sie einen Rest Kokosmilch zur Hand haben, geben Sie einen Spritzer davon hinein und nehmen Sie entsprechend weniger Wasser, damit werden die Brote noch gehaltvoller und köstlicher.

325 g Mehl
75 g frische oder eingeweichte getrocknete Kokosraspel
2 grüne Chilischoten, ohne Kerne, fein geschnitten
½ kleine rote Zwiebel, fein gehackt
1 TL feines Meersalz
Neutrales Öl zum Bepinseln

Alle Zutaten in einer großen Schüssel mischen. 200 ml Wasser zugießen und mit einer Gabel oder den Fingerspitzen vermengen. Kurz zu einem weichen, elastischen Teig verkneten, der nicht an der Schüssel klebt. Sollte er zu klebrig sein, noch etwas Mehl hinzugeben.

Den Teig zu einer Kugel formen und mit einem Geschirrtuch abdecken. 30 Minuten oder länger an einem warmen Ort ruhen lassen.

Eine Arbeitsfläche ölen und den Teig in 6 kleine Kugeln teilen. Jeweils zu einem Kreis von 3–4 mm Dicke ausrollen.

Eine Bratpfanne auf mittlerer bis hoher Stufe erhitzen und die Roti-Brote einzeln von beiden Seiten je ca. 3 Minuten backen, bis sie stellenweise Blasen bekommen haben. In ein Geschirrtuch eingewickelt warm halten, während die restlichen Brote gebacken werden.

DAZU PASST

Roti-Brot ist ein guter Begleiter zu Currys.

Oder kosten Sie die Chilipaste Lunumiris aus Sri Lanka dazu: 1 rote Zwiebel hacken und mit 1 EL Chiliflocken, ½ TL Maldive Fish Chips, Saft von ½ Limette und Salz nach Geschmack verreiben.

GRÜNE SCHARFE KOKOSSOSSE

Basbas Qumbe ~~~ Somalia

Ergibt die Menge für 1 Schraubdeckelglas

Somalia ist der östlichste Punkt am Horn von Afrika und war in den frühen Zeiten des Gewürzhandels ein wichtiger Umschlagplatz. Die Römer nannten das Land »Cap Aromatica« wegen der aromatischen Harze, Weihrauch und Myrrhe. Jahrhundertelang durchpflügten Händler Somalias Küsten und zurück blieb eine Küche mit Einflüssen aus Arabien, Indien, der Türkei und Italien.

Gewürze sind die wichtigsten Elemente im Essen, vor allem Afrikanischer Kardamom, aber auch Muskatnuss, Zimt, Ingwer, Bockshornklee und Kreuzkümmel. Somalis mögen ihr Essen auch gern scharf, deswegen stellt man Chilisoßen bereit, um das Feuer nach Belieben zu entfachen. Suchen Sie gezielt nach einer Quelle für Basas (Chilisoßen) aus Somalia, denn Geschmackskombinationen wie Dattel, Tamarinde und grüne Chilischoten sind einfach herrlich. Hier kommt eine grüne Chilisoße mit Kokos, die sich gut frisch zubereiten lässt. Sie erinnert an südindische Chutneys, doch hier ist Chili der Star.

100 g grüne Chilischoten
20 g Koriandergrün
1 kleine Zwiebel
1 Knoblauchzehe
3 EL neutrales Öl
Saft von 1 Zitrone
1 EL weißer Essig
1 TL feines Meersalz
½ TL Zucker
40 g frische oder eingeweichte getrocknete Kokosraspel

Wer es gern feurig hat, lässt die Chilikerne in der Schote, ansonsten kann man einige Kerne und die Membran entfernen. Chilischoten, Koriander, Zwiebel und Knoblauch grob hacken. Mit Öl, Zitronensaft, Essig, Salz und Zucker in einen Mixer geben. Zu einer grün gesprenkelten Paste pürieren.

Kokosraspel einrühren und zum Abschmecken kosten.

Hält sich in einem Schraubdeckelglas im Kühlschrank bis zu 5 Tage und die Schärfe verändert sich mit der Zeit ein wenig.

DAZU PASST

Fisch, Hähnchen oder Gemüse vom Grill, mit der trockenen Gewürzmischung Xawaash eingerieben

DAZU PASST

Gelber Kokosreis (Seite 234) für einen guten farblichen Kontrast.

Vielleicht mögen Sie auch ein sauer-scharfes Ananas-Relish: 1 kleine Ananas schälen, Strunk entfernen, in Stücke schneiden. 2 rote Chilischoten hacken (ohne Samen), dann mit 1 EL Zucker und ½ TL Salz zu einer groben Paste mahlen. Mit 1 EL Essig verflüssigen und mit der Ananas vermengen. 15 Minuten ruhen lassen, damit sich die Aromen vermischen.

GARNELEN IN SCHARFER SOSSE

Udang Rica ~ Indonesien

Für 4 Portionen

Einer der Chili-Hotspots der Welt ist Nordsulawesi. Das Essen ist hier geprägt von duftenden Limettenblättern, Zitronenbasilikum und extrem viel Chili für eine Schärfe, die einen trifft wie ein Schrei und nicht wie ein Flüstern. Gewürzpasten und Fleisch oder Fisch und Meeresfrüchte werden häufig im Mengenverhältnis 1 : 1 verwendet. Rica Rica ist der bezeichnende Kochstil; das »c« wird dabei ausgesprochen wie das »ch« in »Chili«, und das ist auch die Bedeutung des Wortes. Schüren Sie das Feuer nach Ihrem Geschmack und nehmen Sie ruhig mehr Bird's-Eye-Chilis. Sie sind für die Schärfe zuständig, die größeren Chilischoten ohne Kerne für das Aroma. Andere Gerichte aus dieser Region mit Chili und Meeresfrüchten, die es zu entdecken gilt, sind beispielsweise Garnelen-Sambal (indonesische Versionen sind tendenziell tomatiger als die salzig-süßen malaysischen Varianten), Chili-Krabben aus Singapur (sie werden mit den Fingern gegessen, in süßer roter Soße) und die hochgeschätzten Froschkrabben von der philippinischen Insel Mindanao, in scharfer, von Annatto rot gesprenkelter Kokosmilch.

2 EL neutrales Öl
3 Tomaten, gehackt
100 g Frühlingszwiebeln, gehackt
4 Limettenblätter, Blattrippe entfernt
½ TL Zucker plus etwas mehr zum Abschmecken
360 g Garnelen, roh, geschält, mit intakten Schwänzen
1 Spritzer Limettensaft
Salz (optional)

FÜR DIE GEWÜRZPASTE
5 große rote Chilischoten, ohne Kerne
1–4 Bird's-Eye-Chilischoten, mit Kernen (optional)
4 kleine Schalotten
4 Knoblauchzehen
5 cm Ingwer, geschält
½ TL feines Meersalz
Saft von 1 Limette

Die Aromazutaten für die Gewürzpaste grob zerkleinern und alle Zutaten zusammen in einem Mixer zu einer groben Paste verarbeiten.

Das Öl in einer Bratpfanne oder einem Wok erhitzen und die Gewürzpaste mit einem Schaber aus dem Mixer hineingeben. Auf mittlerer Stufe unter häufigem Umrühren braten, bis sie süßlich duftet und geschmeidiger geworden ist. Tomate, Frühlingszwiebeln, Limettenblätter und Zucker einrühren und braten, damit die Tomaten allmählich zerfallen und eine Soße entsteht.

Garnelen hinzugeben und ca. 5 Minuten köcheln lassen, bis sie nicht mehr glasig sind, sondern gar und rosig. Etwas Limettensaft dazuspritzen und kosten, ob eines der Aromen ausgeglichen werden muss – mehr Limette, damit die Soße frischer wird, oder Zucker und Salz. Sofort servieren.

TEUFELSCURRY

Curry Debal — Malaysia

Für 4 Portionen

Kein Wunder, dass dieses feurige Hähnchencurry, das so viele getrocknete Chilischoten enthält, dass es von flammend orangefarbenen Tupfern übersät ist, mit dem Teufel in Verbindung gebracht wird! Tatsächlich ist das aber ein kulinarischer Namensirrtum, der sich in diesem malaysischen Gericht der portugiesischen Eurasier aus Malakka verfestigt hat. »Debal« bedeutet in der einheimischen Sprache Kristang nämlich »Reste« und dieses Gericht gehörte einst in die Weihnachtszeit – eine würzig-scharfe Verwendung für die Überbleibsel vom Festessen also.

Malakka war mit der Lage in der Mitte der Meerenge, die China mit Indien verband, für lange Zeit einer der wichtigsten Handelshäfen Asiens. Die Stadt zog einen kosmopolitischen Mix aus chinesischen, arabischen, persischen, javanischen und indischen Händlern an, zu denen sich die Portugiesen gesellten, als sie 1511 die Herrschaft in der Stadt übernahmen. Schon bald heirateten sie einheimische Frauen, denn die lange Seeroute von Europa war doch eher eine Reise ohne Rückkehr, die nur Männer unternahmen.

Die Essignote, welche die Schärfe lindert, ist ein charakteristisches Merkmal der portugiesisch-europäischen Küche, wie auch die getrockneten Chilischoten, die dem Essen eine rauchige Komplexität geben. Man kann einen Bezug zum pikanten Vindaloo aus Goa erkennen (ein weiterer portugiesischer Handelsposten). Wenn Sie ein Curry Debal essen, das von der portugiesischen Gemeinschaft in Singapur zubereitet wurde, enthält es wahrscheinlich eher Schweinefleisch und wird mit Würstchen serviert.

Ich habe für dieses Gericht einen großen Spielraum für die Chilimenge angegeben, denn die Schoten variieren stark in der Schärfe, sogar innerhalb derselben Sorte. Ich finde 30 thailändische Bird's-Eye-Chilischoten perfekt, aber diejenigen, die ich verwende, stecken nicht so voller Kerne und sind nur mittelscharf. Sollten Ihre Chilischoten schärfer sein, nehmen Sie entsprechend weniger, dann haben Sie mehr Geschmack und nicht nur pures Feuer.

3 EL neutrales Öl
1 TL braune Senfkörner
8 Hähnchenoberkeulen, ohne Haut, mit Knochen
800 g Kartoffeln, geschält, in Stücke geschnitten
1 Stängel Zitronengras, angedrückt
1 TL feines Meersalz
1 TL Zucker
2 EL Weißweinessig

FÜR DIE GEWÜRZPASTE
15–30 mittelscharfe getrocknete Chilischoten z. B. Thai-Chilischoten
100 g Schalotten
6 Knoblauchzehen
1 Stängel Zitronengras, nur das zarte Herz, dünn geschnitten
3 cm Ingwer, geschält (1 EL)
3 cm Galgant, Schale abgerieben (1 EL)
1 cm frische Kurkuma oder ½ TL gemahlene Kurkuma
3 Lichtnüsse oder 6 blanchierte Mandeln

Für die Gewürzpaste die getrockneten Chilischoten 30–60 Minuten in heißem Wasser einweichen, damit sie weich werden. Abtropfen lassen und die Stiele entfernen, Kerne jedoch in den Schoten lassen. Mit den restlichen Zutaten in einen Mixer geben. Zu einer groben Paste verarbeiten; falls notwendig, etwas neutrales Öl und einen Spritzer Wasser hinzugeben, damit sich die Klingen besser drehen können.

Das Öl in einem großen Topf oder Schmortopf erhitzen und die Senfsamen hineingeben. Wenn sie anfangen zu tanzen und aufzuplatzen, die Gewürzpaste mit dem Spatel hinzugeben und auf mittlerer bis niedriger Hitze unter häufigem Umrühren ca. 10 Minuten braten, bis alles weich ist und duftet.

Das Hähnchen ebenfalls in den Topf geben, in der Gewürzpaste wenden und einige Minuten braten. Kartoffeln, ganze Zitronengrasstängel und so viel Wasser hinzugeben, dass die Zutaten nahezu bedeckt sind. Mit Salz und Zucker würzen.

Zum Kochen bringen, dann die Hitze verringern, Deckel auflegen und 30 Minuten köcheln lassen oder bis die Kartoffeln weich sind und das Hähnchen durchgegart ist. Die Soße soll dünnflüssig sein, nicht wie eine Glasur. Ist sie jedoch zu dünn, die festen Komponenten mit einem Schöpflöffel auf einen Teller geben und die Soße ohne Deckel zum Reduzieren sprudelnd aufkochen. Essig einrühren, noch 1 Minute kochen und zum Abschmecken kosten. Zu scharf? Mit Essig und Zucker abmildern. Zu fad? Salz und Essig hinzugeben.

Dieses Gericht profitiert von einer Ruhezeit von mehreren Stunden oder über Nacht, um das Aroma zu entwickeln und die Schärfe der Chilischoten abzurunden.

DAZU PASST

Gedämpfter Reis, Roti-Brot, gebratene Erdnüsse, Chiliringe für diejenigen, die gern scharf essen, und ein kühlender Gurkensalat

Schweineschulter Vindaloo

Vindaloo — Indien

Für 3–4 Portionen

Ein prägnantes Schmorgericht, fast so sauer wie eingelegtes Gemüse, das sich aus Zutaten und Vorstellungen von drei Kontinenten zusammensetzt. Es ist wohlgemerkt nicht das Vindaloo, das sich in den Curryhäusern Britisch-Indiens entwickelte und die zweifelhafte Ehre hat, das schärfste Gericht auf der Karte zu sein. Hier stammt das intensiv rote Masala von Kashmiri-Chilipulver, das mehr Farbe und Aroma als Schärfe mitbringt.

Das Gericht stammt von der katholischen Gemeinde auf Goa und hat Wurzeln in einem portugiesischen Gericht mit eingelegtem Schweinefleisch, dem Carne do vinho e alhos. Portugiesische Gewürzsucher des 15. Jahrhunderts brachten dieses Konzept nach Indien und dort kamen einheimische Gewürze hinein. Chilischoten waren eine weitere wichtige Ergänzung, ebenfalls von den Portugiesen frisch aus Südamerika importiert. Es ist ein Gericht, das in einer Zeit entstand, als sich Imperien bildeten und Land in Besitz genommen wurde, dennoch ragt es als Beispiel für Integration heraus.

Wählen Sie ein etwas fettes Stück Schweinefleisch, damit das Ergebnis zart schmelzend wird, und bereiten Sie es – wenn möglich – einen Tag im Voraus zu. Dann können die Aromen sich entfalten.

3 EL neutrales Öl
2 große Zwiebeln, fein geschnitten
500 g Schweineschulter, in 3 cm große Stücke geschnitten
3 mittelgroße reife Tomaten, gehackt
2 TL Tamarindenpaste
2 TL Jaggery (asiatischer Rohrzucker) oder brauner Zucker

FÜR DIE GEWÜRZPASTE
4 TL Kashmiri-Chilipulver
1 TL feines Meersalz
¾ TL gemahlener Kreuzkümmel
¾ TL gemahlener Koriander
¾ TL schwarze Senfsaat
½ TL schwarzer Pfeffer aus der Mühle
½ TL gemahlener Zimt
½ TL gemahlene Kurkuma
4 Gewürznelken
4 grüne Kardamomkapseln, nur die Samen
4 Knoblauchzehen, sehr fein gehackt
3 cm Ingwer, geschält und sehr fein gehackt (1 EL)
60 ml Weinessig

Alle Zutaten für die Paste in einer Schüssel vermischen. Das Fleisch damit vermengen; es färbt sich ziegelrot. 2–3 Stunden oder über Nacht im Kühlschrank marinieren.

Das Öl in einem Schmortopf auf mittlerer Stufe erwärmen und die Zwiebeln weich und blassgolden anbraten. Fleisch und Marinade hineingeben und unter häufigem Umrühren 5–10 Minuten braten, bis die Gewürzpaste allmählich braun wird.

Tomaten, Tamarinde und Jaggery einrühren. Mit 1 kleinen Spritzer Wasser etwas flüssiger machen. Sprudelnd aufkochen, Deckel auflegen und die Hitze sogleich herunterstellen. 1 Stunde oder länger köcheln lassen und hin und wieder umrühren. Das Fleisch sollte zart sein und das Masala dick und anhaftend. Falls die Soße einkochen muss, den Deckel gegen Ende der Kochzeit etwas schräg legen. Vor dem Servieren ruhen lassen.

MASALA-JOGHURT

Masala Chaas ~~~ Indien

Für 2–4 Portionen

Herzhafte Joghurtgetränke sind kulinarisch weitverbreitet, vor allem in der gesamten islamischen Welt. Am einfachsten und erfrischendsten ist Ayran, leicht gesalzener und mit Eiswasser verdünnter Joghurt. Er wird in der Türkei, im Orient und in Zentralasien getrunken und passt perfekt zu Kebab. Geben Sie Minze dazu, und er verwandelt sich in iranisches Dugh, oder eine Prise gemahlenen Kreuzkümmel, dann wird ein südasiatisches Lassi daraus. Oder legen Sie noch eine Schippe Schärfe drauf und wenden Sie sich der Buttermilch in Südindien zu.

Dieses Getränk wird wegen der erfrischenden Mischung aus kühlendem Joghurt und feurigem Chili an heißen Tagen serviert oder während eines Festessens, um den Gaumen zu neutralisieren. Buttermilch läuft unter vielen Namen, darunter Chaas und Sambhaaram. Der milchige Geschmack stammte ursprünglich von der Flüssigkeit, die übrig bleibt, wenn Sahne zu Butter geschlagen wird. Joghurt ist ein Ersatz dafür, der heute oft verwendet wird.

Auch schwarzes Salz, gerösteten Kreuzkümmel, gemahlene Fenchelsamen und zerstoßene Pfefferkörner kann man nach Belieben hinzugeben.

500 g Joghurt oder Buttermilch
1 grüne Fingerchilischote, mit Kernen, gehackt
2,5 cm Ingwer, geschält, gehackt
2 kleine Schalotten, gehackt
1 großzügige Prise Salz
Eis (optional)

FÜR DAS TOPPING (OPTIONAL)
Neutrales Öl zum Frittieren
6–12 Curryblätter

1 Spritzer Öl in einer kleinen Bratpfanne erhitzen und die Curryblätter einen kurzen Moment anbraten, bis sie sich wellen und knusprig werden. Auf Küchenpapier abtropfen lassen.

Alle Zutaten für die Buttermilch mit 100 ml kaltem Wasser in einen Mixer geben. Verarbeiten. Durch ein Sieb in Gläser gießen und mit den knusprigen Curryblättern toppen.

ZITRONEN

LIMETTEN-BLÄTTER UND GRAS

Frische Gewürzpasten

Getrocknete Gewürze eignen sich für Schiffsreisen über große Entfernungen – in den Tropen gedeihen frische Rhizome, Wurzeln, Stängel und Blätter.

Sie duften intensiv und besitzen strahlende Kampfernoten.

Frische Gewürzpasten bilden das Fundament der südostasiatischen Küche, die sehr begehrten getrockneten Gewürze der Region spielen in der lokalen Küche hingegen eine kleinere Rolle.

Man kann, wenn man die Zwischentöne der Gastronomie einer großen Region vernachlässigt, die südasiatischen von südostasiatischen Kochtechniken grob anhand der Verwendung von Gewürzen unterscheiden: getrocknete Mischungen versus frische Pasten. Zu Beginn eines typisch südasiatischen Gerichts lässt man womöglich Senfsaat in der Pfanne aufplatzen, danach wird ein Duo aus Knoblauch und Ingwer gebraten; nun folgt ein Medley aus getrockneten Gewürzen und Chilischoten, und so entsteht das komplexe Fundament für Gemüse oder Proteinzutaten. Auch ein verwendetes nasses Masala wird wahrscheinlich trotzdem getrocknete Gewürze enthalten. In großen Teilen von Südostasien beginnt ein Gericht mit dem Mahlen einer Paste aus Knoblauch, Schalotte, Galgant, Ingwer, Chili, Kurkuma und Zitronengras. Diese aromatische Basis kann mit kleinen Abwandlungen in viele Richtungen ausgebaut werden – vielleicht zu einer thailändischen Currypaste, grün mit Koriander und Limettenzesten, oder zu einem indonesischen Bumbu mit einem Salzkick dank der Garnelenpaste und Lichtnüssen für die Substanz. Oder vielleicht zu einem malaysischen Rempah, wenn es durch zusätzliche getrocknete Chilischoten eine rauchige Extranote bekommt.

Beginnen Sie bei der Herstellung einer Gewürzpaste damit, faserige Zutaten wie Zitronengras und Galgant in feine Scheiben zu schneiden, und hacken Sie alles andere grob. Die Zutaten müssen dann zusammen zu einem gleichmäßigen, aber etwas stückigen Brei gestampft oder püriert werden. Die meisten Köche sind sich einig, dass Mörser und Stößel bessere Ergebnisse liefern als ein Mixer, weil das Verreiben im Gegensatz zum immer feineren Hacken der Klingen mehr Aroma freisetzt. Anders als beim trockenen Mahlen, bei dem man mit einer zerstoßenden Bewegung arbeitet, wird für nasse Pasten besser gewiegt und gewalzt. Trotzdem können Sie in einem Hochgeschwindigkeitsmixer ohne Schmerzen im Arm eine hervorragende Paste herstellen, eventuell müssen Sie aber etwas Öl, Wasser oder Kokosmilch hinzugeben, um die Klingen bei ihrer Arbeit zu unterstützen.

Im nächsten Schritt wird die Paste gebraten, und das sollte man in einer großzügigen Menge Öl tun, um die Aromen freizusetzen. Arbeiten Sie mit mäßiger Hitze, denn Sie wollen den Gewürzen ihren Duft entlocken und sie nicht karamellisieren. Am aufsteigenden Öl sieht man, dass es Zeit für das nächste Stadium ist. Das könnte heißen, Kokosmilch hinzuzugeben – ihr jungfräuliches Weiß wird sofort zu Rot oder Gold, gesprenkelt mit Gewürzen, und dann folgt eine neue Würzschicht mit ganzen Gewürzen: Zitronengras, Limettenblätter, aufgeschlitzte Chilischoten oder Ingwerscheiben. Sie geben Duft und Strahlkraft hinzu, ein Tanz über Schärfe, Prickeln, Tiefe und Resonanz der Paste.

Bei manchen Gerichten ist die Methode umgekehrt. Das Rindfleischgericht Rendang aus Sumatra ist einzigartig, denn der Kochprozess wechselt vom Schmoren zum Braten in ein und demselben Kochgefäß, wie ein »rückwärts« zubereitetes Schmorgericht. Fleisch wird in einer rohen Gewürzpaste und Kokosmilch geköchelt; mit Einkochen der Flüssigkeit beginnt das Rindfleisch zu brutzeln und bräunt in dem übrig gebliebenen Kokosöl. Im beliebten Stil des burmesischen Currys Sibyan werden eine Gewürzpaste, Öl und Flüssigkeit kombiniert. Der Name bedeutet »Öl kommt wieder«, denn das Entscheidende ist, dass sich das aromatisierte Öl oben im Kochtopf absetzt. Das zeigt an, dass die Gewürze ihr ätherisches Öl vollständig in die Speise abgegeben haben.

Knackiger säuerlicher vietnamesischer Salat

Goi Chay ～～～ Vietnam

Für 4 Portionen (oder als Beilage für mehr Portionen)

Dieser kräftige, spritzige Salat demonstriert die wichtige Rolle von Chilischärfe in der vietnamesischen und weiteren südostasiatischen Küche. Alles dreht sich um Ausgewogenheit und sorgsam wird salzig mit süß und sauer mit scharf kombiniert. Eine Chili-Knoblauch-Paste bildet die Grundlage für viele Dips des Landes und für dieses Dressing, hier zusätzlich mit einem Tick Ingwer in der Mischung. Geben Sie Limette, eine leicht salzige Fischsoße und Kräuter mit Lakritznote hinzu, und Sie haben viele kräftige Aromen zum Ausgleich der frischen, feinen Aromen. Heraus kommt ein Salat, den man bergeweise verdrücken kann.

1 Chinakohl, fein gehobelt
2 Karotten, geschält, gerieben
1 Handvoll Bohnensprossen
½ kleine rote Zwiebel, sehr fein geschnitten
1 Handvoll Minzeblätter, grob gehackt
1 Handvoll Thai-Basilikumblätter, grob gehackt
80 g geröstete Erdnüsse, grob gehackt
Knusprig frittierte Schalotten, großzügig darübergestreut

FÜR DAS CHILI-INGWER-DRESSING
1 rote Bird's-Eye-Chilischote, mit Kernen, fein gehackt
1 cm Ingwer, geschält, sehr fein gehackt (1 TL)
1 Knoblauchzehe, sehr fein gehackt
2 EL Limettensaft
2 EL Reisessig
2 EL Fischsoße
1 EL weißer Zucker

Alle Zutaten für das Dressing vermischen und für eine ½ Stunde beiseitestellen, damit sich die Aromen vereinen.

Chinakohl, Karotte, Bohnensprossen und Zwiebel zusammen in eine große Servierschüssel geben. Mit dem Großteil von Kräutern und Dressing vermengen, dann mit den Händen alles zusammenquetschen (so schmierig das auch sein mag – geschmacklich ist es wirklich ein Unterschied). Zum Abschmecken kosten und, falls nötig, Salz hinzufügen.

Die restlichen Kräuter sowie Erdnüsse und frittierte Schalotten darüberstreuen. Frisch zubereitet essen, aber Reste halten sich gut, denn das Gemüse wird im säuerlichen Dressing quasi eingelegt.

DAZU PASST

Gibt man gekochtes und zerzupftes Hähnchenfleisch hinzu, entsteht ein weiterer vietnamesischer Klassiger: Goi Ga.

CURRY MIT CASHEWKERNEN UND ZITRONENGRAS

Kaju Maluwa ~~~ Sri Lanka

Für 4–6 Portionen als Beilage

Der Cashewbaum mit seinen außergewöhnlich aussehenden Früchten in Regenbogenfarben und den darunter hängenden gebogenen Samen, die wir irrtümlicherweise als Nüsse bezeichnen, gehört zur Familie der Sumach-Gewächse. Er stammt aus Brasilien. In den 1560er-Jahren brachten die Portugiesen ihn nach Goa und von dort ausgehend wurden Cashewkerne eine Standardkomponente in der südasiatischen Küche. In Currys werden die Nüsse oft in seidige Soßen gemahlen, in diesem gehaltvollen und köstlichen Gericht aus Sri Lanka jedoch zum Star: weich, süß und prall von der Kokosmilch.

Dieses Gericht ähnelt dem Knoblauchcurry (Seite 189), das Aromaprofil ist jedoch verschieden. Hier bringen die frischen Zitronengrasstängel noch die leisesten Zitrusnoten von Curryblättern und Zimt hervor. Sie stecken hinter dessen offensichtlicherer süßer Wärme.

250 g rohe Cashewkerne
1 EL Ghee oder neutrales Öl
1 große Zwiebel, fein gehackt
4 Knoblauchzehen, sehr fein gehackt
1,5 cm Ingwer, geschält, sehr fein gehackt (1½ TL)
10 frische Curryblätter
400 ml Kokosmilch
Knapp 1 TL feines Meersalz
½ TL gemahlene Kurkuma
2 Stängel Zitronengras, angedrückt
2 grüne Fingerchilischoten, längs aufgeschlitzt
1 Zimtstange
12 cm Pandanblatt

Die Cashewkerne mindestens 1 Stunde oder über Nacht in einer Schüssel Wasser einweichen. Abgießen und abspülen.

Das Öl in einem Topf auf mittlerer bis hoher Stufe erhitzen. Die Zwiebel anbraten, bis sie weich ist und goldfarben wird. Knoblauch, Ingwer und Curryblätter hinzugeben und ein paar Minuten anbraten, bis es duftet.

Cashewkerne mit Kokosmilch, Salz und Kurkuma ebenfalls in den Topf geben. Zitronengras, Chilischoten, Zimt und Pandanblatt hinzufügen und unter die Oberfläche drücken, damit sie ihre Aromen in die cremige Soße abgeben. Zum Köcheln bringen, dann auf niedriger Stufe ohne Deckel 30 Minuten köcheln und dabei gelegentlich umrühren.

DAZU PASST

Reis, andere Currys (vielleicht das Rote-Bete-Mallum auf Seite 194) und etwas eingelegtes Gemüse als Kontrast zur süßen Opulenz.

INDONESISCHES GULAI MIT FISCH UND MEERESFRÜCHTEN

Gulai Ikan ~~~~~~ Indonesien

Für 4 Portionen

Ein Curry mit Fisch und Meeresfrüchten – sonnige Farbe und strahlender Geschmack, die üppig-weiche Kokosmilch kompensiert von scharfen roten Chilischoten, herber Tamarinde und duftendem Zitronengras. Wie Rendang stammt auch dieses Gericht von der westlichsten indonesischen Insel Sumatra, wo das Essen als Vermächtnis des indischen Einflusses häufig sehr stark gewürzt ist. Dieses Rezept ist leichter, denn es werden nur frische Gewürze verwendet. Man zerstampft sie miteinander zu einer Paste namens Bumbu. Traditionellerweise macht man dies in einem Ulek, einem schüsselförmigen Mörser aus vulkanischem Gestein, und einem gebogenen Stößel. Viele Indonesier benutzen aber – wie ich – lieber eine Küchenmaschine, denn so ist das Gericht schnell fertig. Variieren Sie Fisch und Meeresfrüchte nach Belieben und pochieren Sie sie in der letzten Minute in der Soße.

8 rohe Riesengarnelen
2 kleine Tintenfische
400 g Weißfischfilets, z. B. Seeteufel oder Dorschbäckchen
Saft von ½–1 Limette
2 Zitronengrasstängel, angedrückt
3 Limettenblätter, zerknüllt
400 ml Kokosmilch
1 EL Tamarindenpaste
1 TL Palmzucker oder brauner Zucker
1½ TL feines Meersalz

FÜR DIE GEWÜRZPASTE
5 kleine Schalotten, grob gehackt
4 Knoblauchzehen, grob gehackt
5 cm Ingwer, geschält, grob gehackt (1½ EL)
2 cm frische Kurkuma, geschält, oder 1 TL gemahlene Kurkuma
3 Bird's-Eye-Chilischoten, ohne Kerne
½ TL Garnelenpaste
Etwas Kokosmilch für den Mixer

Die Zutaten für die Gewürzpaste im Mixer oder in der Küchenmaschine mahlen; einen guten Schuss Kokosmilch zugeben, damit die Klingen besser arbeiten können.

Fisch und Meeresfrüchte vorbereiten. Die Garnelen schälen und entdarmen; Schwanzflosse falls gewünscht dranlassen. Den Tintenfisch putzen: Tentakeln, Tintensack, Innereien und das klare Stück vom Knorpel herausziehen. Den Kopf quer abschneiden – er sitzt neben dem Tintensack und hat zwei Augen – und entsorgen. Die gefleckte Membran an der Körperaußenseite abschaben, dann die Körper entlang der natürlichen Linie aufschneiden und zusammen mit den Tentakeln waschen, um alle Tinten- und Schleimreste zu entfernen. Die Tintenfischkörper mit der Außenseite nach unten auf einem Brett ausbreiten, mit einem scharfen Messer auf der Oberfläche der Innenseite ein Rautenmuster vorritzen, dann in Viertel schneiden. Den Fisch in mundgerechte Stücke schneiden und mit dem Saft von ½ Limette einreiben. Beiseitestellen, während die Soße zubereitet wird.

Die Gewürzpaste mit Zitronengras und Limettenblättern in eine trockene Pfanne oder einen trockenen Wok geben (das Fett zum Braten liefert die Kokosmilch). Ein paar Minuten auf mittlerer Stufe braten, dabei umrühren, damit die harschen, rohen Aromen verschwinden. Kokosmilch hinzugeben, die Hitze hochstellen und sprudelnd aufkochen, dann herunterstellen und alles unter häufigem Umrühren 5 Minuten köcheln lassen.

Tamarindenpaste, Palmzucker und Salz einrühren. Fisch und Garnelen hinzugeben, 1 Minute köcheln lassen, nun den Tintenfisch hinzugeben. 2 Minuten kochen oder bis die Fischfiletstücke gerade beginnen, sich aufzufächern, aber noch nicht zerfallen, die Garnelen rosa sind und die nicht mehr glasigen Tintenfischstücke sich aufrollen. Zum Abschmecken kosten und Salz, Zucker, Tamarinde oder Limettensaft nach Bedarf anpassen.

DAZU PASST

Jasminreis, rotes Chili-Sambal, Garnelencracker

Indonesisches Gulai mit
Fisch und Meeresfrüchten

MOULES AU COMBAVA

Moules au Combava ~~~ La Réunion

Für 4–8 Portionen

Eine tropische Art, Muscheln zuzubereiten, typisch für die temperamentvolle, stark kreolisierte Küche von La Réunion.

Die vulkanische Insel ist ein französisches Departement im Indischen Ozean mit starkem kulturellem und kulinarischem Einfluss aus Frankreich und Indien. Als sich französische Siedler auf der unbewohnten Insel niederließen, brachten sie zunächst Sklaven aus Afrika mit, die auf den Zuckerplantagen arbeiteten. Nach Abschaffung der Sklaverei wandten sie sich indischen Arbeiterinnen und Arbeitern aus dem indischen Bundesstaat Tamil Nadu und von der Malabarküste zu. Diesen blieb keine Wahl, sie mussten sich »assimilieren« und dabei ihre Namen, Religionen und Sprachen aufgeben, um in einem Land zu bleiben, in dem sich Menschen aus wahrhaftig aller Welt vereinen. Mit ihnen kam ein Potpourri der Weltküchen.

Moules – Miesmuscheln – sind in La Réunion ein sehr beliebtes Gericht. Man kann sie in französischem Stil mit einer cremigen Soße servieren oder wie hier, wo der östliche Einfluss deutlicher ist. Bei beiden Arten werden die köstlichen, bittersüßen und intensiv duftenden Zesten der runzligen Combava verwendet (auch als Makrut- oder Kaffirlimette bekannt). Es lohnt sich unbedingt, welche aufzutreiben.

2 kg Miesmuscheln
2 EL neutrales Öl
1 große Zwiebel, fein gehackt
6 Zweige Thymian
5 Tomaten, gehackt
1 TL gemahlene Kurkuma
Fein abgeriebene Zesten einer Combava- oder Kaffirlimette (½ TL) oder 6 zerkleinerte Limettenblätter

FÜR DIE GEWÜRZPASTE
3 cm Ingwer, geschält
4 Knoblauchzehen
1 grüne Chilischote, mit oder ohne Kerne, klein geschnitten
½ TL feines Meersalz

Die Bärte der Muscheln entfernen und die Schalen mit einer Bürste unter kaltem fließendem Wasser sauber schrubben, aber zu keinem Zeitpunkt ins Wasser legen. Energisch auf die Muscheln klopfen und alle entfernen, die sich nicht schließen. Muscheln können in einem Sieb über einer Schüssel und bedeckt mit einem sauberen, feuchten Geschirrtuch bis zu 24 Stunden im Kühlschrank aufbewahrt werden.

Alle Zutaten für die Gewürzpaste mit Mörser und Stößel miteinander vermahlen.

Das Öl in einer Sautierpfanne auf mittlerer Stufe erhitzen. Die Zwiebel weich und glasig braten, dann Gewürzpaste und Thymian hinzugeben. Umrühren, bis alles duftet und eine zartere Konsistenz bekommen hat, dann Tomate und Kurkuma hinzugeben. Ca. 20 Minuten kochen, bis die Tomate zerfallen ist. Zu einer dicken Soße einkochen. Zesten einrühren und vom Herd nehmen. Zum Abschmecken kosten, aber nicht vergessen, dass die Muscheln einen eigenen Salzgehalt mitbringen.

Die Muscheln in einen großen Kochtopf geben und mit einem Deckel verschließen. Auf hoher Stufe erhitzen, dabei gelegentlich rütteln. Nach einigen Minuten sollten alle Muscheln offen sein; noch geschlossene Muscheln entsorgen.

DAZU PASST

Pommes frites oder Baguette, am besten aber beides

GEDÄMPFTE FISCHPÄCKCHEN MIT ZITRONENGRAS

Pepes Ikan ~~~ Indonesien

Für 4 Portionen

Bananenblätter sind die Alufolie aus der Natur. Mit ihrer wächsernen Oberfläche sind sie stark und wasserdicht (und geben auch einen prima Regenschirm ab, wenn Sie vom Monsunregen überrascht werden). In diesem Rezept aus Java bekommt der Fisch von frischen Gewürzen und der Blattverpackung selbst eine feine, kräuterartige Note. Öffnen Sie die Pakete am Tisch – der aromatische, nach Zitronengras duftende Dampf entweicht und zum Vorschein kommt zarter Fisch.

Bereist man die Gewürzrouten, so stößt man in vielen Kulturen auf Fischpäckchen. In Thailand können die Filets in scharfer Kokosmilch ziehen, auf den Philippinen in Ingwer, Kalamansisaft (Kalamansi ist eine Kreuzung aus Kumquat und Mandarine) und Schweineschmalz. Sollten Sie in einer Küche der Parsen speisen, könnte ein Koriander-Minz-Chutney in Ihrem Päckchen sein; in Kerala vielleicht ein Zwiebel-Masala mit reichlich Curryblättern.

4×150 g Weißfischfilets, ohne Haut
Bananenblätter oder Alufolie zum Einwickeln

FÜR DIE GEWÜRZPASTE
4 große rote Chilischoten
1 Zitronengrasstängel
2 Limettenblätter
2 cm Kencur, Galgant oder Ingwer
1 cm frische Kurkuma oder ⅓ TL gemahlene Kurkuma
3 Knoblauchzehen, geschält
3 Lichtnüsse oder 5 blanchierte Mandeln
1 EL Tamarindenpaste
1 TL gemahlener Koriander
1 TL feines Meersalz
½ TL Zucker
1 großes Ei
1 EL neutrales Öl
Pfannengerührtes Gemüse und Chili-Sambal zum Servieren (optional)

Die Zutaten für die Gewürzpaste vorbereiten: Kerne und Membran der Chilischoten entfernen und die Schoten grob hacken. Zitronengras putzen: Die äußeren harten Blätter entfernen, die Stängel mit einem Messergriff andrücken, dann fein schneiden. Bei den Limettenblättern die Blattrippen in der Mitte entfernen und Blätter in feine grüne Streifen schneiden. Kencur, frische Kurkuma und Knoblauch grob hacken. Alle Zutaten in einem Mixer zu einer Paste verarbeiten. Mit einem Spatel in eine Schüssel umfüllen, Fischfilets hineingeben und zum Überziehen darin wenden.

Bananenblätter wenden. Sie benötigen 8 Blätter, die jeweils so groß sind, dass ein Filet eingewickelt werden kann. Gefrorene Blätter sind eventuell schon biegsam genug, frische hingegen brechen schnell. Zum Weichwerden über eine Gasflamme oder eine heiße Pfanne halten, bis sie etwas welken und sich farblich verändern, faltbar sind und sich gut verarbeiten lassen.

Die Blätter doppelt gelegt ausbreiten, je 1 Fischfilet mitsamt der ganzen Gewürzpaste darauf platzieren. Wie ein Geschenk in Papier gut einpacken und mit Bambusspießen oder einem Bananenblattband sichern. Jetzt kann man die Päckchen für bis zu 4 Stunden in den Kühlschrank legen.

Den Ofen auf 200 °C Ober-/Unterhitze (Umluft: 180 °C) vorheizen. Die Päckchen auf einem Backblech anordnen. 18 Minuten backen, dann 5 Minuten ruhen lassen, bevor sie am Tisch geöffnet werden. Mit pfannengerührtem Gemüse und Sambal servieren, wenn Sie mögen.

SCHARFER PFANNENGERÜHRTER TOFU MIT LIMETTENBLÄTTERN

Khua Kling ～～～～～～～～～～～～～～～～～～～～～～～～ Thailand

Für 4 Portionen

Im Herzen von Asien gibt es eine Fülle von köstlich intensiven, scharfen Rezeptvarianten mit Hackfleisch, manchmal als trockene Currys beschrieben, vom Keema aus Pakistan bis zu einem der meistgeliebten thailändischen Gerichte, dem Pad Kra Pao. Hier nun aus Südthailand eine weitere Variante mit Hackfleisch. Khua Kling könnte genauso gut im Kapitel über Chili stehen, denn es ist eines der höllenschärfsten Gerichte, die ich kenne (natürlich können Sie die Chilimenge anpassen). In jedem Fall besitzt es auch die erhebende wohlriechende Zitrusfrische von Zitronengras und Limettenblättern. Sie könnten Hackfleisch von Schwein, Hähnchen oder Rind verwenden, dieses Rezept wird hingegen mit zerkrümeltem Tofu zubereitet.

500 g fester Räuchertofu
1½ EL Fischsoße
2 TL Palmzucker oder brauner Zucker
6 Limettenblätter, Blattrippe entfernt, fein geschnitten
1 Stängel Zitronengras, geputzt, sehr fein geschnitten
1 EL frische grüne Pfefferkörner

FÜR DIE GEWÜRZPASTE
8 getrocknete Bird's-Eye-Chilischoten
6 (oder mehr) frische rote Bird's-Eye-Chilischoten, mit Kernen, grob gehackt
2 Stängel Zitronengras, geputzt, klein geschnitten
4 Knoblauchzehen, grob gehackt
3 kleine Schalotten, grob gehackt
3 cm Galgant, Schale abgerieben
2 cm frische Kurkuma, geschält, oder 1 TL gemahlene Kurkuma
1 TL schwarze Pfefferkörner
1 TL feines Meersalz
½ TL Garnelenpaste (optional)

Für die Gewürzpaste die Chilischoten in einer Pfanne rösten; dabei kurz umrühren, damit sie knusprig werden. Mit einer Schere die Spitzen abschneiden, Kerne herausschütteln und entsorgen. Schoten in kleine Stückchen schneiden und 15 Minuten in heißem Wasser einweichen. Abgießen.

Chilistückchen mit den anderen Zutaten für die Gewürzpaste zu einer recht glatten Masse vermahlen. Falls ein Mixer verwendet wird, 1 Spritzer Wasser hinzugeben.

Einen Wok auf mittlerer Stufe erhitzen. Gewürzpaste hineingeben und 1–2 Minuten unter Umrühren anbraten, bis sie süßlich duftet. Wenn die Paste zu sehr ansetzt, 1 Spritzer Wasser hinzugeben.

Den Tofu in den Wok krümeln und unter Umrühren anbraten; dabei alles gründlich mischen, die Brocken zerkleinern und den Pfannenboden abschaben. Sobald alles einige Minuten lang durcherwärmt ist, Fischsoße und Palmzucker hineinmischen. Zum Abschmecken kosten.

Limettenblätter, Zitronengras und grüne Pfefferkörner einrühren und vom Herd nehmen. Dazu Reis essen, als Kontrast zu den starken Aromen.

DAZU PASST

Jasminreis, knackiges Gemüse

PILZ-RENDANG

Randang Jamur ~~~ Indonesien

Für 4 Portionen als Beilage

Nur in den dunstigen Regenwäldern Sumatras existieren Orang-Utans, Nashörner, Tiger und Elefanten nebeneinander. Die westlichste indonesische Insel war einst auch das Herz eines Gewürzimperiums, ein Knotenpunkt für indische und arabische Händler und der Ort, an dem der Islam nach Indonesien kam. Das Vermächtnis kann man im Essen schmecken; die frischen Pasten (Bumbu) werden mit Zutaten wie Muskatnuss, Koriandersamen, Zimt und Sternanis kombiniert.

Rendang ist eines der am komplexesten gewürzten Gerichte Indonesiens überhaupt. Auch wenn man dabei zumeist an Fleisch denkt, ist es doch eigentlich ein Kochstil. Es geht darum, gewürzte Kokosmilch so lange einzukochen, bis sie unglaublich konzentriert und karamellisiert ist; die Soße verschwindet – das ist das Entscheidende. Sie können den Kochprozess auch in einem früheren Stadium (Kalio) stoppen, wenn wie in diesem vegetarischen Rendang noch etwas mehr Restsoße da ist.

1EL Kokosöl oder neutrales Öl
150ml Kokoscreme
3 Limettenblätter, angedrückt
1 Stängel Zitronengras, angedrückt
1 Zimtstange
Knapp 1TL feines Meersalz
375g Austernpilze
2TL Palmzucker oder brauner Zucker

FÜR DIE GEWÜRZPASTE
70g Schalotten, geschält
4 große rote Chilischoten, ohne Kerne
4 Knoblauchzehen, geschält
2,5cm Galgant, Schale abgerieben
2,5cm Ingwer, geschält
½TL Muskatnuss, frisch gerieben
2,5cm frische Kurkuma, geschält, oder ¾TL gemahlene Kurkuma
1 Prise gemahlene Gewürznelken
Etwas Kokoscreme für die Küchenmaschine

Alle Zutaten für die Gewürzpaste grob hacken und mit einem Schuss Kokoscreme in einer Küchenmaschine zu einer glatten Masse verarbeiten.

Einen Wok oder eine große Bratpfanne auf mittlerer Stufe erhitzen, das Öl hineingeben. Die Gewürzpaste hinzufügen und unter häufigem Rühren ca. 5 Minuten braten, um die rohen Aromazutaten auszukochen und zum Duften zu bringen. Restliche Kokoscreme, Limettenblätter, Zitronengras, Zimt und Salz hinzugeben. Zum Kochen bringen und umrühren. Die Hitze verringern und 10 Minuten leise köcheln lassen, bis die Masse dick ist.

Pilze und Palmzucker hinzugeben und die Hitze hochstellen. Unter ständigem Umrühren 10 Minuten kochen. Die Pilze geben beim Kochen Wasser ab, das die Soße verdünnt. Sie wird später einkochen und anfangen zu karamellisieren. Vor dem Servieren eine gute ½ Stunde ruhen lassen, damit sich die Aromen entwickeln. Das Rendang sollte zimmerwarm serviert werden.

DAZU PASST

Die Umami-Tiefe und ölige Opulenz des Rendang braucht Reis als Grundlage und würde idealerweise als eines von mehreren indonesischen Gerichten serviert. Das perfekte Mahl sollte ausgewogen sein und aus verschiedenen Elementen bestehen: üppig und cremig (dieses Gericht), frisch und säuerlich, trocken und aromatisch, dazu ein aufregend feuriges Chili-Sambal und etwas Knackiges.

GEFÜLLTES ZITRONENGRAS VOM GRILL

Ua Si Khai ~~~ Laos

Ergibt 8 Stück

Mit der Vorstellung von Kebab fest in den Köpfen verankert, zogen die frühen Gewürzhändler über die Seewege von West nach Ost, von Ost nach West. In jedem Hafen wurde das Konzept »Häppchen am Spieß« hungrig geteilt und weiterentwickelt. In Südostasien verwandelte es sich in Saté-Spieße, thailändisches Satay, vietnamesisches Nem Nướng und in dieses wundervolle laotische gefüllte Zitronengras. Dafür basteln Sie einen Käfig in die Stängel und sperren so etwas wie Wurstbrät darin ein. Es bekommt sowohl beim Grillen als auch beim rustikalen Verspeisen mit den Fingern ein ganz unglaubliches Aroma.

Zitronengras kann spröde sein, deswegen ist es einfacher, die Stängel zum Füllen etwas weicher zu machen. Ich friere sie dafür über Nacht ein und taue sie dann auf, so sind sie biegsamer.

8 Stängel Zitronengras, gefroren und aufgetaut (siehe Einleitung)
200 g Schweinehackfleisch
10 g Koriandergrün, fein gehackt
2 Limettenblätter, Blattrippe entfernt, fein zerkleinert
1 EL Fischsoße
1 Schalotte, fein gehackt
2 Knoblauchzehen, sehr fein gehackt
1 kleine Prise feines Meersalz

Die Zitronengrasstängel längs einschneiden, sodass mehrere lange Schlitze entstehen; Spitze und unteren Abschnitt intakt lassen; sie sollten sich so aufeinander zuschieben lassen, dass sich die Schichten voneinander lösen und zu einem Käfig öffnen.

Alle übrigen Zutaten in eine Schüssel geben. Gründlich zu einer Paste vermischen, dann das Gemisch in 8 Portionen aufteilen. Die Hände anfeuchten und die Zitronengraskäfige befüllen; die Füllung fest zusammenpressen und in eine Art Rugbyball-Form bringen.

Einen Grill oder eine Grillpfanne erhitzen. Das gefüllte Zitronengras 10–15 Minuten grillen oder bis die Außenseite geschwärzt und das Fleisch innen gar und saftig ist; nach Bedarf wenden. Ein Fleischthermometer sollte 74 °C anzeigen. Mit den Fingern essen; dabei auf den Zitronengrasstängeln kauen.

DAZU PASST

Dieses Gericht eignet sich ganz besonders gut als Begleiter für knackiges grünes Gemüse mit geröstetem Chili-Jiao (Seite 130).

RINDFLEISCHCURRY MASSAMAN

Gaeng Massaman ~~~ Thailand

Für 4 Portionen

Eines der komplexesten und betörendsten thailändischen Currys ist geschichtlich mit Handel, Religion, Königen und Entdeckern verquickt, was es nur noch reizvoller macht. Gaeng Massaman bedeutet »Curry der Muslime« und erzählt von den Wurzeln des Gerichts in der thailändischen muslimischen Gemeinschaft. Süße Gewürze, die in anderen thailändischen Currys untypisch sind – Kardamom, Zimt, Gewürznelken, Muskatblüte und Sternanis – werden mit den einheimischen Aromen von Zitronengras, Galgant sowie Fischsoße kombiniert.

Die Geschichten weichen voneinander ab. Das Gericht könnte am Hof von Ayutthaya im 17. Jahrhundert entstanden sein, denn die königliche Familie dort hatte persische Wurzeln. Oder vielleicht kam der Einfluss mit muslimischen Gewürzhändlern; Überschneidungen sind sowohl mit malaysischen Currys als auch mit den auf Nüssen basierenden Schmorgerichten Persiens zu erkennen. Ganz gewiss wurde es ein Gericht, das sich an den Höfen Siams großer Beliebtheit erfreute und König Rama II. zu den Worten inspirierte:

»Massaman Curry ähnelt einer Geliebten, so pfeffrig und würzig wie der Kreuzkümmelsamen. Der verlockende Reiz weckt jeden Mann auf.«

Für dieses Rezept muss man bei der Beschaffung der Zutaten und beim Reiben der Gewürzpaste richtig arbeiten. Danach ist es leicht: Rindfleisch, Kartoffeln und Erdnüsse köcheln langsam in gewürzter Kokosmilch. Nehmen Sie Rinderschmorfleisch, schön marmoriert, damit es zart bleibt. Das Ergebnis ist mild, aber stark duftend. Im Mund sollte es zunächst sauer schmecken und sich dann weiterentwickeln; dann ist es rund und süß-herzhaft.

400 ml Kokosmilch aus der Dose
450 g Rindfleisch aus dem Nacken, in 3 cm große Stücke geschnitten
1 TL feines Meersalz
400 g festkochende Kartoffeln, in 3 cm große Stücke geschnitten
4 kleine Schalotten, geschält, halbiert
4 grüne Kardamomkapseln, angedrückt
1 Sternanis
1 EL Palmzucker oder brauner Zucker
1 EL Tamarindenpaste
1 EL Fischsoße
60 g geröstete Erdnüsse

FÜR DIE GEWÜRZPASTE
1 EL Koriandersamen
1 TL Kreuzkümmelsamen
2 grüne Kardamomkapseln
1 Sternanis
2 Gewürznelken
1 TL gemahlener Zimt
½ TL geriebene Muskatblüte
5 getrocknete rote Thai-Chilischoten
4 kleine Schalotten
6 Knoblauchzehen, geschält
2 Stängel Zitronengras, nur das weiche Herz
3 cm Galgant, Schale abgerieben, klein geschnitten

Für die Gewürzpaste einen Wok oder eine Bratpfanne erhitzen und Koriander, Kreuzkümmel, Kardamom, Sternanis und Gewürznelken trocken braten, bis sie geröstet duften. Mit Stößel und Mörser zu einem feinen Pulver mahlen (die papierartigen Kardamomkapseln entsorgen, falls man sie zu fassen kriegt, dies ist aber nicht unbedingt nötig). Zimt und Muskatblüte hineinmischen.

Den Wok wieder erhitzen und Chilischoten, Schalotten, Knoblauch, Zitronengras und Galgant ein paar Minuten trocken unter Umrühren rösten, bis alles weich und leicht geschwärzt ist; die Chilischoten wird man als Erste herausnehmen müssen. Chilispitzen abschneiden, Kerne herausschütteln und entsorgen, dann die Schoten in die Gewürze krümeln. Zitronengras dünn schneiden und Galgant, Schalotten und Knoblauch grob hacken. Alle gerösteten Aromazutaten mit den Gewürzen in den Mörser geben und zu einer Paste zerreiben (oder die Küchenmaschine verwenden).

Für das Curry einen großen Schmortopf erhitzen und einige EL Kokosmilch hineingeben (idealerweise die Creme, die sich oben in der Dose absetzt). Die Gewürzpaste mit einem Spatel zugeben und 1 Minute unter Umrühren anbraten.

Rindfleisch und Salz hineinrühren und einige Minuten in der Gewürzpaste braten, damit das Fleisch etwas Farbe bekommt. Restliche Kokosmilch mit einer halben Dosenfüllung Wasser (200 ml) zugießen und alles, was am Pfannenboden braun angesetzt ist, abschaben. Zum Köcheln bringen, dann die Hitze auf niedrige Stufe verringern, Deckel auflegen und mindestens 1½ Stunden köcheln lassen, denn wenn das Fleisch lange und langsam kocht, zergeht es garantiert auf der Zunge. Kartoffeln, Schalotten, Kardamom, Sternanis, Palmzucker, Tamarinde und Fischsoße hinzugeben. Die Soße nur falls erforderlich mit etwas Wasser verdünnen und wieder leise köcheln lassen. Mit teilweise aufgelegtem Deckel 1 weitere Stunde simmern lassen oder bis Fleisch und Kartoffeln ganz und gar weich sind und die Soße vollmundig und cremig ist. Ca. 10 Minuten vor Ende die Erdnüsse hinzugeben. Zum Abschmecken kosten: Es sollte sauer beginnen und sich dann zu süß-herzhaft aufbauen. Tamarinde, Palmzucker und Fischsoße kann man nach Bedarf anpassen.

DAZU PASST

Jasminreis, knusprig frittierte Schalotten, pfannengerührtes Blattgemüse, Garnelencracker.

Oder ein knackiger thailändischer Salat: Gurke und Karotte raspeln, Frühlingszwiebeln in Ringe schneiden. Mit Zuckererbsen und Bohnensprossen mischen. 1 Knoblauchzehe fein hacken und 1 Chilischote klein schneiden. Mit 100 ml Reisessig, 2 EL Zucker und 1 EL Fischsoße zu einem Dressing mischen. Zum Schluss Korianderblätter hinzufügen, falls gewünscht.

Rindfleischcurry Massaman

KURKUMA-TAMARINDEN-JAMU

Jamu Kunyit ~~~ Indonesien

Für 4–6 Portionen

An Javas königlichen Höfen tranken vor über tausend Jahren indonesische Prinzessinnen gewürzte Stärkungstränke, die man Jamu nannte und die angeblich Jugend und Schönheit auf ewig erhielten. Außer aus solchem Wunschdenken heraus sind sie auch heute verbreitet, als kraftvolle Kräutermedizin wegen ihrer gesundheitsfördernden Eigenschaften. In diesem elektrisierenden orangefarbenen Elixier wird die erdige Bitterkeit der Kurkuma zelebriert – im Mund eine Offenbarung.

100 g frische Kurkuma
30 g Ingwer
1 EL Tamarindenpaste
40 g Palmzucker oder brauner Zucker
Saft von 1 Limette

Kurkuma- und Ingwerwurzel mit der Gemüsebürste säubern (Schälen ist nicht nötig) und grob hacken. Mit 800 ml Wasser in den Mixer geben und zu einer fein-stückigen Flüssigkeit verarbeiten.

Das orangefarbene Gemisch in einen Topf gießen und Tamarinde und Palmzucker hinzugeben. Deckel auflegen, langsam zum Kochen bringen und 10 Minuten köcheln lassen.

Vom Herd nehmen und abkühlen lassen, dann Limettensaft zugeben. Durch ein feines Sieb abgießen und den Saft behutsam aus dem Brei herausdrücken. Die Süße an den eigenen Geschmack anpassen und mit Wasser verdünnen, falls ein milderes Getränk gewünscht wird.

ERDIGE NOTEN

Kreuzkümmel liebt

Koriander

Was das Essen betrifft, ist der indische Subkontinent stark gespalten. Dazu kam es durch die antiken Handelsrouten. Die Gerichte in Osten und Süden weisen starke Verbindungen zu Malaysia und Indonesien auf, denn Ideen und Aromen reisten mit den Booten, die auf den Gewässern zwischen ihnen kreuzten, in beide Richtungen. Gemüse, Reis, Meeresfrüchte und Kokos werden ausgesprochen viel verarbeitet und geschmacklich tendiert das Essen zu scharfen und sauren Gerichten. Zu den importierten Gewürzen zählen Sternanis und Muskatblüte; sie gesellen sich zu den einheimischen Gewächsen Zimt, schwarzer Pfeffer und grüner Kardamom.

Im Norden kommt der vorherrschende kulinarische Einfluss aus Zentralasien. Die Regionen sind durch den Überlandhandel über Afghanistan vereint sowie durch den bleibenden Einfluss des Mogulreiches, der sie aneinanderband. Fleischgerichte, Joghurt, Brote und Samosas sind beliebt und gewürzt wird auf komplexe Art; dabei liegt der Fokus mehr auf warmem Duft statt auf roher Schärfe, und bevorzugt wird Garam Masala.

Natürlich gibt es innerhalb dessen eine Unmenge regionaler Unterschiede, von der Vorliebe für Säuerliches in West- und Zentralindien oder der Verwendung von Senf in Ostindien und Bangladesch bis zu den süßen Gewürzen Pakistans und der pikanten Schärfe in Sri Lanka. Sie alle eint, dass sie auf eine komplexe, erdige Gewürzbasis vertrauen.

Gerade Kreuzkümmel verleiht den Speisen eine ureigene sonnengebrannte Erdigkeit –

bis hin in die nordafrikanische und die levantinische Küche. Kreuzkümmel ist heute nach schwarzem Pfeffer das zweitbeliebteste Gewürz der Welt. Die Samen sollte man rösten, damit das Nussige und die geschmacksverstärkenden schwefeligen Komponenten herausgelöst werden, die man auch in Roastbeef findet sowie in zu den Kreuzblütlern gehörendem Gemüse. Ganze Senfsamen müssen ebenfalls geröstet werden, damit die erdigen, popcornartigen Noten hinter der reizenden Schärfe herauskommen. Zu den anderen Mitgliedern der erdigen Familie gehören Kurkuma, Schwarzkümmel und Bockshornklee, die in der indischen Küche sehr populär sind.

Erdigkeit verbindet andere Aromen und verleiht Tiefe.

Sie gleicht süße Gewürze wie Zimt aus und bringt die Holzigkeit in schwarzem Pfeffer hervor. Koriandersamen sind die klassischen Gefährten des Kreuzkümmels, denn die scharfe Bitterkeit der Kreuzkümmelsamen tanzt mit dem blumigen Strahlen von Koriander. Erfolgreiche Ehen brauchen Parallelen genauso wie Gegengewichte, und bei diesem Paar ist das zitrusartige Cymol die Gemeinsamkeit, die ihre Verbindung perfekt macht.

Bei vielen indischen Gerichten wird das Fundament mit einer Kombination aus Kreuzkümmel, Koriander, Kurkuma, Chili und Ingwer gelegt. Und somit wurden diese Gewürze gemeinsam gesammelt – häufig auch Bockshornklee – und zu Currypulver. Es war eine angloindische Erfindung des 19. Jahrhunderts, die in Schattierungen von Gelb (mild), Rotbraun und Rot (scharf) in Britannien verbreitet zu kaufen war. Die Feinheiten der indischen Küche wurden dabei übersehen.

In Südasien werden die Gewürze täglich getrennt gemahlen und jedes Gericht erhält so die Individualität, nach der es verlangt. Traditionell wurden sie von Hand auf einem flachen Mahlstein zerdrückt und reiche Haushalte stellten extra einen Gewürzmahler ein, den Masalchi. Heute mag wohl eine mechanische Mühle für trockene und nasse Gewürze genügen.

Es gibt auch fertige Gewürzmischungen, die sogenannten Masalas, mit jeweils einem bestimmten Zweck: Garam Masala (ein wärmendes Gewürz für das Finish), Panch Phoron (eine nussige Fünf-Samen-Mischung), Gunpowder (»Schießpulver«, ein Feuerwerk aus erdigem Chili), Chaat Masala (eine salzig-saure Mischung für Snacks), Currypulver aus Sri Lanka (dunkel geröstet für Fleisch, heller für Gemüse) und das Bottle Masala der christlichen Gemeinde in Mumbai (eine komplexe Mischung aus bis zu 30 Gewürzen, die in grünen Glasflaschen aufbewahrt wird).

Ein Grund für die Verwendung einzelner Gewürze ist, dass diese unterschiedlich lange brauchen, um ihre Aromen freizusetzen.

Unser Duo aus Kreuzkümmel- und Koriandersamen setzt die Aromen langsam frei, muss also schön im Öl brutzeln; bei gemahlener Kurkuma hingegen geht es schnell und kurzes, scharfes Erhitzen ist besser.

Flüchtige Gewürze wie Muskatnuss verlieren sich, wenn man sie zu früh hinzugibt; gibt man alle gemeinsam hinzu, riskiert man, dass Gewürze roh bleiben, angebrannt oder flach werden. Dennoch haben praktische Currypulver ihren Platz, wenn sie richtig verwendet werden. Achten Sie darauf, das Pulver in Fett einzurühren und nicht in Flüssigkeit und braten Sie es, damit die duftenden Öle freigesetzt werden und sich verteilen (indische Kadal-Pfannen haben die Form einer Schüssel; das Öl kann sich unten sammeln und die Gewürze lassen sich gut frittieren, ohne dass man zu viel Fett benötigt). Wenn Sie als Erstes eine Paste aus Zwiebel, Ingwer und Knoblauch zubereiten, so warten Sie, bis die Feuchtigkeit verdampft ist und das Öl anfängt zu brodeln, denn dann wird die erdige Gewürzbasis nicht gekocht, sondern kann braten, bis sie sehr aromatisch ist. Jetzt haben Sie die perfekte erdige Basis, auf der die anderen Aromaschichten aufgebaut werden können.

VOM CURRY UND DEN EROBERERN

Lassen Sie uns über Curry sprechen. Dieser Pauschalbegriff wird für Speisen in einer scharf gewürzten Soße verwendet, die vom indischen Subkontinent stammt. Jedoch existiert in keiner indischen Sprache ein solches Wort, und Currypulver wird, wie wir schon herausbekommen haben, in seinem vermeintlichen Herkunftsland nicht verwendet.

Diese allgemeine Bezeichnung führten die Briten ein; sie geht auf frühe portugiesische Siedler zurück, welche die Speisen, die Inder mit Reis aßen, als *carree* bezeichneten. Dieses Wort hatten sie von verschiedenen Sprachen im Süden Indiens übernommen, darunter das tamilische Wort *kari* mit der Bedeutung »Soße«. Sie werden das Wort »Curry« in Südasien also im Sprachgebrauch nicht finden, jedes der zahllosen Gerichte hat einen einmaligen Namen, der jeweils zu seiner Eigenart passt. Doch reisen Sie in viele andere Teile der Welt, werden Sie lokale Currys finden, die oft so bezeichnet werden und zeigen, dass das indische Essen ein weites Netz der Inspiration rund um den Globus geknüpft hat.

Vom Namen bis zu den Aromen ist die Geschichte des Currys mit der Bewegung von Menschen durch Handel, Migration und Eroberung verquickt.

Indien (nach der Definition von vor der Teilung, also einschließlich dem heutigen Pakistan und Bangladesch) musste seit jeher die große Last der Invasoren von den Yuezhi bis zu den Briten ertragen. Eroberer drücken einer Kultur stets ihren Stempel auf – Religion, Design, Sprache und Essen –, unabhängig davon, ob sie eine Strategie der Integration oder aber der Kolonisation verfolgen. Doch Indien hat seine Gepflogenheiten nie aufgegeben, lediglich Schicht um Schicht hinzugefügt, und so sind die kulinarischen Traditionen durch alle sie überspülenden Einflüsse noch strahlender und komplexer geworden.

Zwei äußere Einflüsse waren entscheidend: Der Islam und die Europäer. Arabische Gewürzhändler waren lange Zeit die Küsten entlanggeschippert und brachten Pfefferbeeren und aufgerollte Zimtborken nach Ost und West. Um 800 n. Chr. aber verlegte sich ihr Interesse vom friedlichen Handel auf Eroberung und Kontrolle. Nordindien kam im 12. Jahrhundert unter eine über 500 Jahre währende islamische Herrschaft. Feine persische und arabische Kochstile verschmolzen mit den lauten einheimischen Aromen und erschufen eine Küche, die heute nach der bedeutendsten muslimischen Dynastie als Mogulküche bekannt ist. Die Inder waren hingerissen von der duftreichen Küche dieser genießerischen mittelalterlichen Höfe, die ein Vermächtnis aus opulenten Soßen mit seidigen gemahlenen Nüssen, üppiger Sahne, gebräunten Zwiebeln und dem Weihrauch ähnelnden Gewürzen hinterließ.

Im ausklingenden 15. Jahrhundert kamen allmählich die Europäer nach Indien, anfangs wegen des Gewürzhandels, doch erneut wurde daraus ein Besitzstreben, vor allem seitens der britischen Krone, aber auch seitens der Portugiesen, Niederländer und Franzosen. Sie hinterließen ein paar bescheidene kulinarische Spuren – Brötchen, Vindaloo, Tomatensuppe –, doch die größte Transformation in der gastronomischen Landschaft bewirkte die unbeabsichtigte Einführung neuer europäischer und amerikanischer Zutaten. Kartoffeln, Tomaten, Kohl, Blumenkohl, Mais, Kürbisse, Bohnen, Cashewkerne und vor allem anderen Chilischoten, alles wurden begeistert aufgenommen. Europäische Kochtechniken allerdings ignorierte man und die Rohstoffe fanden schnell Eingang in die scharfe einheimische Küche. Gandhi erklärte: »Ich habe in Indien nie eine gekochte Kartoffel gesehen. Unnötig zu sagen, dass Indien Frankreich bei der guten Zubereitung von Gemüse mit Abstand übertreffen würde.«

Andere frühe Einflüsse auf die indischen Speisen hatten auch arabische Händler, die an der Malabarküste Einheimische heirateten und ihren Frauen zeigten, wie man in unterirdischen Lehmöfen Mandi kochte, sowie jüdische Siedler, die orientalische Geschmacksrichtungen nach Kerala brachten (darunter Reis mit Nüssen), persische Schiiten, die in Golkonda Lammfleisch und Bohnen, die mit Tamarinde gesäuert waren, schmorten, und syrische Christen, die in Tamil Nadu vom Irish Stew berichteten.

In der Zwischenzeit entwickelte sich in hinduistischen Tempeln eine raffinierte vegetarische Küche. Hier gingen die Aromen in Richtung erdig und aromatisch. Alle hinzukommenden Einflüsse setzten sich Schicht für Schicht auf die lokalen hinduistischen Traditionen auf und mussten die komplexen Filter der Speiseregeln von Religion und Kaste passieren. Auch der Ayurveda hatte große Auswirkungen, denn diese indische Wissenschaft des Lebens basiert auf der Ernährung. Der Grundgedanke lautet, »heiße« Speisen (zum Beispiel Pfeffer) und »kalte« Speisen (zum Beispiel Fenchel) in Balance zu bringen und dabei möglichst alle sechs wesentlichen Geschmacksrichtungen zu sich zu nehmen: scharf, salzig, süß, sauer, zusammenziehend und bitter. Gewürze spielen eine ganz wichtige Rolle, denn sie können die Balance kippen und Aromen harmonisieren. Denken Sie an die süße Wärme von Zimt, die bittere Erdigkeit von Kreuzkümmel oder die saure Fruchtigkeit von Amchur.

Genauso wie neue Zutaten und Vorstellungen ins Land kamen, sich mischten und eine der hervorragendsten Küchen der Welt bildeten, breitete sich der indische kulinarische Einfluss übers Meer bis in die entferntesten Gegenden der Welt hinein aus und veränderte sich wiederum auf vielfältigste Art und Weise.

Die erste Welle der Indisierung breitete sich mit Händlern und Religiösen in Südostasien ab ca. 200 v. Chr. fast 2000 Jahre lang aus. Die seefahrenden Gujarati brachten Gewürzmischungen und Currys auf die malaysische Halbinsel, sowohl kräftig-scharfe Masalas als auch milde Kormas. In ihrer neuen Heimat erhielten sie Akzente durch chinesische Zutaten wie Sternanis und Austernsoße sowie einheimischen Galgant und samtige Kokosmilch. Sumatra hat eine Schlüsselposition auf den Gewürzrouten und so wurden in den dortigen Currys erdige, im übrigen Indonesien wenig verwendete Gewürze mit den tropischen Aromen von Zitronengras und Limettenblättern kombiniert. Thailand hat Kebabs (in Saté umbenannt), Biryanis und Currys, welche die alten Handelsbande belegen und für den einheimischen Gaumen, der scharfe und saure Speisen bevorzugt, umgewandelt wurden, während Myanmar seine lange Geschichte des Austauschs mit Indien in Gerichten offenbart, die Currypulver mit dem Umami-Kick von Fischsoße kombinieren.

Der nächste große Schub, der Indiens Küche international machte, ging von den Briten aus. In der Zeit des Empires verliebten sich die Briten nachhaltig in das indische Essen. Sie verdünnten Currys ihrem Geschmack entsprechend, reduzierten die scharfen und die duftenden Gewürze und regionale Varianten verwischten. Die erste Vorlage für ein britisches Curry war ein eher unappetitlicher Eintopf, zubereitet mit Ghee, Currypulver, vielen Zwiebeln und häufig mit Obst, doch das Essen entwickelte in Großbritannien ein

Eigenleben und brachte es im Laufe der Jahre zu einer interessanten, gesamtindisch inspirierten Küche. Die Briten nahmen ihre Currys mit in die Kolonien, und so findet man überall verstreut kulinarische Vermächtnisse, zum Beispiel einige angloindische Currys in Malaysia und einen Ansatz für australische Currys.

Ein weiteres Mittel, die indischen Aromen zu verbreiten, besaß zwar eine große Reichweite, war aber unbeabsichtigt: Vertragsarbeiter, die in die ganze Welt geschickt wurden. Die europäischen Kolonialherren schickten Arbeiter auf Zucker- und Gummiplantagen sogar bis Südafrika, Uganda, Malaysia, Vietnam, Mauritius, Jamaika, Trinidad und Fidschi und bedachten nicht, dass sie damit Spaltung und Vorbehalte säten. Viele blieben und bildeten Diasporagemeinschaften. In ihren neuen Ländern mussten die Menschen sich von Kastenbeschränkungen verabschieden und ohne die vertrauten Zutaten kochen.

Doch die Esskultur ist etwas, woran der Mensch gern festhält, sie ist ein Band, welches das neue Leben mit dem alten verbindet. So wurden Currys übernommen und weiterentwickelt und schufen in Afrika, der Karibik und darüber hinaus ganz eigene Identitäten.

Ein freudvolleres Erbe dieser Migration sind die aromatischen Curryrouten, denen wir um die ganze Welt folgen können und die für uns alle die kulinarische Landschaft bereichern.

BHARTA MIT GERÖSTETER AUBERGINE

Baingan Bharta ~~~ Indien

Für 2–4 Portionen

Es ist Alchemie, wenn eine Aubergine so lange gekocht wird, bis sie weich und ihr Fleisch in köstlichste Seidigkeit verwandelt ist. Von Flammen geschwärzt und mit Raucharoma ist es noch mal etwas ganz anderes. Unwiderstehlich.

Die Pürees aus geräucherten Auberginen kommen aus dem Orient: Baba Ganoush, Mutabbal, Mirza Ghasemi. Auberginen stammen jedoch aus Indien und wurden von Persern nach Westen gebracht und in die arabische Welt eingeführt. Dies ist ein Rezept aus der indischen Region Punjab, bei dem die Gewürze eine aufregende Dimension beifügen. Dass die Technik, Auberginen über Feuer zu rösten, mit Händlern kreuz und quer nach Osten und Westen reiste, scheint keine weit hergeholte Vorstellung zu sein; vielleicht waren es diejenigen auf den Überlandrouten, denn man kann ähnliche Pürees – mit Sojasoße, Essig und Chiliöl begossen – in Zentralchina finden.

2 mittelgroße Auberginen
2½ EL neutrales Öl plus etwas mehr zum Einreiben (optional)
1 Zwiebel, fein gehackt
3 Knoblauchzehen, fein gehackt
1 cm Ingwer, geschält, sehr fein gehackt (1 TL)
2 TL gemahlener Koriander
1 TL Garam Masala
½ TL gemahlener Kreuzkümmel
½ TL Kashmiri-Chilipulver
½ TL gemahlene Kurkuma
1 großzügige Prise Salz
400 g reife Tomaten, klein geschnitten, oder gute zerkleinerte Dosentomaten
1 Spritzer Limette
1 kleine Handvoll Korianderblätter

Die Auberginen direkt in die Flammen zweier Gasbrenner halten und ca. 12 Minuten rösten; dabei viel drehen. Sie sind fertig, wenn die Schale geschwärzt und das Fleisch vollständig zusammengefallen ist. Alternativ die Auberginen mit Öl einreiben und im Ofen 40–60 Minuten (Umluft) auf höchster Einstellung backen, bis sie sehr weich sind. Abkühlen lassen, dann schälen und die Schale entsorgen.

Das Öl in einer Bratpfanne erhitzen. Die Zwiebel sanft anbraten, bis sie weich ist, dann Knoblauch und Ingwer hinzufügen und noch ein paar Minuten braten.

Alle Gewürze und das Salz hineinrühren. Tomaten hinzugeben, die Hitze etwas hochstellen und 5–10 Minuten kochen, bis das Rot dunkler wird und das Fett anfängt, sich von der Soße zu trennen.

Das Auberginenfleisch grob klein schneiden und in die Pfanne geben; mit einem Löffel leicht in die Soße drücken und vermischen. Zusammen auf mittlerer bis niedriger Stufe nochmals 5 Minuten kochen und häufig umrühren. Kosten, ob Salz fehlt, und die Aromen mit einem Spritzer Limettensaft zum Strahlen bringen.

Zum Servieren mit Koriandergrün bestreuen.

DAZU PASST

Heißes Roti-Brot als »Löffel« für das Bharta

DAZU PASST

Reis oder Roti-Brot und andere vegetarische Gerichte, zum Beispiel Dal.

Oder denken Sie an ein Minze-Sambal: In der Küchenmaschine 30 g Kokosraspel, Blätter eines kleinen Bundes Minze, ½ rote Zwiebel, 1 Knoblauchzehe, 3 grüne Chilischoten (mit oder ohne Kernen) sowie 1 Prise Salz miteinander verarbeiten. 1 Spritzer Limettensaft und etwas Wasser hinzugeben, damit die Klingen besser arbeiten.

KNOBLAUCHCURRY

Sudu Lunu Hodi ~~~ Sri Lanka

Für 4 Portionen, als Beilage für mehr Portionen

Ein Schmankerl für Knoblauchliebhaber! Die Knollen werden in einer gewürzten Kokossoße pochiert. Das macht sie mild und süß, sie nehmen die blumige Moschusnote der Curryblätter und vom Bockshornklee das Aroma nach braunem Zucker an.

Stellen Sie sich auf geradezu unanständige Knoblauchmengen ein – etwa 5 Knollen, je nach Größe. Mit etwas Glück findet man in manchen Asialäden oder Supermärkten geschälten Tiefkühlknoblauch. Andernfalls hier ein Tipp, wie das Schälen weniger mühselig wird: Zerteilen Sie die Knollen mit dem Handballen und geben Sie alle in einen großen Topf, für den Sie einen Deckel haben (oder 2 Metallschüsseln Rand auf Rand setzen). Deckel auflegen und heftig schütteln, bis die Zehen sich aus ihren papierartigen Hüllen befreit haben. Die Methode ist nicht unfehlbar, klappt mit dem einen Knoblauch besser als mit dem anderen, wenn es aber funktioniert, ist man hochzufrieden.

250 g Knoblauchzehen (ca. 5 Knollen)
1 große Zwiebel
2 EL neutrales Öl
10 frische Curryblätter
¾ TL feines Meersalz
2 Tomaten, zerkleinert
2 grüne Chilischoten, längs geschlitzt
2 TL Currypulver
½ TL Bockshornkleesamen
½ TL gemahlene Kurkuma
½ TL Kashmiri-Chilipulver
200 ml Kokosmilch
12 cm Pandanblatt (optional)

Knoblauchzehen schälen oder auftauen (siehe Einleitung). Die Zwiebel putzen, längs halbieren und wiederum längs und die Krümmung berücksichtigend in Streifen schneiden.

Das Öl in einem Topf auf mittlerer bis hoher Stufe erhitzen. Zwiebel, Curryblätter und Salz hineingeben und anbraten, bis die Zwiebel weich und allmählich golden und klebrig wird. Knoblauchzehen hinzufügen und einige Minuten lang die Außenseiten anbraten. Tomate, Chilischoten und Gewürze hinzugeben und ca. 5 Minuten braten, sodass die Tomaten zu einer Soße zerfallen.

Kokosmilch mit Pandanblatt zugießen und zum Köcheln bringen. Auf niedriger Stufe ca. 30 Minuten kochen. Der Knoblauch wird weich, daher vorsichtig sein und nicht zu viel umrühren. Gegen Ende nach Bedarf etwas Wasser hinzufügen. Eine Knoblauchzehe kosten – sie sollte sehr weich und süß sein und das Harsche und Rohe herausgekocht. Die Kochzeit hängt davon ab, wie alt und wie groß die Knoblauchzehen sind, daher geht man auf Nummer sicher, wenn man probiert; beginnen Sie nach 25 Minuten damit und rechnen Sie mit bis zu 45 Minuten, falls nötig.

Dies ist ein Gericht, das man gut im Voraus zubereiten kann. Eher warm als kochend heiß servieren.

Karotte und Rote Bete mit Tarka

Für 4 Portionen als Beilage

Das Sanskrit zeigt, dass die Tarka-Technik seit Jahrtausenden angewandt wird und immer noch die Grundlage der indischen Art des Kochens darstellt. Gewürze entfalten sich in heißem Öl, wodurch ihre Aromen freigesetzt werden und das Essen durchziehen können. Uraltes Wissen bekommt Unterstützung von der Wissenschaft: Die meisten Aromastoffe in Gewürzen sind fettlöslich, aber nicht wasserlöslich.

Die Technik kann unbegrenzt angepasst und sowohl zu Beginn eines Gerichts als auch am Schluss angewendet werden. Zu Linsen-Dals oder gekochtem Gemüse wird es oft als Finish hinzugegeben (rohes Gemüse findet sich in der indischen Küche selten). Ich mag diese Kerala-Kombination aus frischen, süßen und knackigen Karotten, vom heißen Öl kaum gegart, und scharfen, erdigen Gewürzen. Ich nehme auch Rote Bete hinzu, denn die Malkasten-Farben sind unwiderstehlich.

4 große Karotten, geschält
2 große rohe Rote Beten, geschält
Saft von 1 Zitrone
1 TL geriebenes Jaggery (asiatischer Rohrzucker) oder Honig
1 gute Prise Salz
1 Handvoll Korianderblätter

FÜR DAS TARKA
4 EL neutrales Öl
1 TL schwarze Senfsamen
1 TL Kreuzkümmelsamen
½ TL Chiliflocken
4 frische Curryblätter

Karotte und Rote Bete grob in getrennte Schüsseln reiben (separat halten, damit die Rote Bete nicht alles grellpink färbt). Beide mit Zitrone, Jaggery und Salz vermischen.

Für das Tarka das Öl in einer kleinen Bratpfanne erhitzen. Wenn sich die Oberfläche leicht kräuselt, Senfsaat hinzugeben. Sie sollte anfangen zu tanzen und aufzuplatzen. Schnell Kreuzkümmel, Chili und Curryblätter hinzugeben, ein paar Augenblicke brutzeln lassen, dann zügig, aber vorsichtig heiß über die Karotten gießen. Vermengen.

Im letzten Moment Karotten und Rote Bete mischen und mit Korianderblättern bestreuen.

BRATKARTOFFELN MIT GEWÜRZKRUSTE

Aloo Bhuja ～～～～～～～～～～ Pakistan

Für 1–2 Portionen als Beilage oder Snack

Ich habe diese Art der Kartoffelzubereitung unter Anleitung meiner Freundin Saliha Mahmood Ahmed gelernt. Mit einer pfiffigen Technik erreicht sie das scheinbar Unmögliche: eine unwiderstehliche Kombination aus knusprig und schmelzend. Die Kartoffeln wechseln in ein und derselben Pfanne von Braten zu Dämpfen und wieder zurück; am Schluss sind sie wie gesalbt in goldenem Öl und haben eine Gewürzkruste. Von den Bockshornkleeblättern (Methi) kommt das wichtigste Aroma. Anders als die scharfen, bittersüßen Samen besitzen die Blätter eine stille Grasigkeit, eher wie Fenchel oder Staudensellerie.

Aloo Bhuja, das war das Samstagsfrühstück in Salihas Kindheit, mit Paratha und Spiegeleiern. Es gibt kaum einen besseren Start ins Wochenende, trotzdem esse ich es allzu gern als üppigen Snack für eine Person, und zwar anstelle der Kräuter mit der scharf-sauren Gewürzmischung Chaat Masala bestreut.

2 mittelgroße Kartoffeln, abgeschrubbt
1 EL Ghee oder neutrales Öl
½ TL Schwarzkümmelsamen
½ TL Kreuzkümmelsamen
½ TL gemahlene Kurkuma
½ TL Chiliflocken
1 TL getrocknete Bockshornkleeblätter (Methi)
Salzflocken
1 Handvoll Korianderblätter

Sie brauchen eine große, antihaftbeschichtete Pfanne und einen schweren Deckel, der wie ein Gewicht in die Pfanne hineinpasst, statt aufzuliegen.

Die Kartoffeln fein und gleichmäßig in ca. 1,5–2 mm dicke Scheiben schneiden, idealerweise mit einem Gemüsehobel oder einer Küchenmaschine.

Wasser im Wasserkocher zum Kochen bringen.

Das Ghee auf mittlerer bis hoher Stufe in der Pfanne schmelzen. Schwarzkümmel, Kreuzkümmel, Kurkuma und Chili hineingeben und im heißen Fett brutzeln und sprudeln lassen. Kartoffeln und Bockshornkleeblätter hineingeben, gut umrühren, damit alle Scheiben mit dem goldenen Öl überzogen sind, dann die Kartoffeln flach- und auf den Pfannenboden drücken.

Mit 175 ml des zuvor aufgekochten Wassers begießen und mit Salz bestreuen. Den schweren Deckel auflegen und 12–15 Minuten kochen lassen. Das Wasser wird am Deckelrand hervorschäumen und verkochen, bis die Kartoffeln anfangen zu brutzeln und zu braten. In den letzten Minuten kann man den Deckel abnehmen, sobald die Kartoffeln weich sind: vorsichtig eine Scheibe herausnehmen und die Unterseite prüfen. Sie sind fertig, wenn die Unterseiten schön braun und kross sind.

Auf einen Teller geben und mit Salzflocken und Korianderblättern bestreuen.

DAZU PASST

Spiegeleier, Paratha, eingelegte Chilischoten

Rote-Bete-Mallum

Mallum ～～～ Sri Lanka

Für 4 Portionen als Beilage

Diese wunderschön magentafarben gefüllte Schüssel besetzt das gedachte Mittelfeld zwischen Salat aus gekochtem Gemüse und Relish. Der perfekte erdige Kontrapunkt auf einem Tisch voller Currys in klaren Brauntönen.

250 g gekochte Rote Bete
2 EL neutrales Öl
8 frische Curryblätter
½ TL schwarze Senfsaat
½ TL schwarzer Pfeffer aus der Mühle, grob gemahlen
1 kleine rote Zwiebel, klein geschnitten
3 Knoblauchzehen, klein geschnitten
½–1 grüne Fingerchilischote, mit Kernen, gehackt
60 g frische oder getrocknete Kokosraspel
½ TL feines Meersalz
1 Spritzer Limette
Koriander- oder Minzeblätter zum Servieren

Die Rote Bete in Scheiben und diese in schmale Streifen schneiden. Austretenden Saft auffangen.

Das Öl in einer Bratpfanne auf mittlerer bis hoher Stufe erhitzen. Curryblätter, Senfsaat und Pfeffer hineingeben und in der Hitze aufplatzen lassen. Zwiebel, Knoblauch und Chili hinzugeben und unter Umrühren weich braten.

Rote Bete mit Saft, Kokosraspel und Salz hinzugeben; wenn getrocknete Kokosraspel verwendet werden, auch 1 Spritzer Wasser zum Rehydrieren. Ein paar Minuten braten, damit die Aromen die Möglichkeit haben, sich zu mischen, und die Bete die Kokosmilch lila färben kann.

Limettensaft einrühren und zum Abschmecken kosten. Mit Koriander oder Minze bestreuen und servieren.

Dazu passt

Lässt sich fein kombinieren mit dem Kürbiscurry aus Sri Lanka (Seite 210).

BLUMENKOHL-GRANATAPFEL-PILAW

Gobi Pilau ～～～～～～～～～～～～～～～～～～～～～～～～～～～～～～～～～～～～～ Indien

Für 4–6 Portionen

Ich präsentiere: einen Schatz köstlicher Bissen, der darauf wartet, aus einem Berg aus duftendem Reis geborgen zu werden. Die Beute besteht hier aus Blumenkohl, gebräunt und buttrig, und wunderschönen Sultaninen, die aussehen wie essbarer Topas. Kurkuma verleiht den in Gewürzen gequollenen Reiskörnern ihren Midas-Touch, kontrastiert von einem Schwung glasklarer, süßsaurer Granatapfelkernjuwelen. Dieses Gericht ist so fein konzipiert, dass das blumige Aroma von Reis im Kontrast zum lautstarken Biryani (Seite 118) schön zur Geltung kommt.

400 g Basmatireis
2 mittelgroße Köpfe Blumenkohl (600 g)
4 EL Ghee
4 Knoblauchzehen, sehr fein gehackt
3 cm Ingwer, geschält und sehr fein gehackt (1 EL)
¾ TL feines Meersalz
2 TL Garam Masala
5 grüne Kardamomkapseln, angedrückt
1 Zimtstange
1 TL gemahlene Kurkuma
30 g Sultaninen (optional)
Kerne von 1 Granatapfel
1 Handvoll geröstete Mandelblättchen

FÜR DAS GRÜNE CHUTNEY
120 g Koriandergrün
80 g blanchierte Mandeln
2 grüne Fingerchilischoten
Saft von 1 Zitrone
2 TL brauner Zucker
1 TL feines Meersalz

Den Reis in kaltem Wasser waschen, dabei das Wasser mehrmals wechseln, und einweichen lassen.

Für das Chutney alle Zutaten im Mixer zu einer fröhlich grünen Paste pürieren; falls weniger Schärfe gewünscht ist, die Chilikerne entfernen.

Blumenkohl in sehr kleine Röschen zerteilen und den Strunk entsorgen. 3 EL Ghee in einer großen Bratpfanne auf mittlerer bis hoher Stufe erhitzen. Blumenkohl hineingeben und braten; nur ab und zu umrühren. Wenn er von allen Seiten gebräunt ist, die Hitze herunterstellen und Knoblauch, Ingwer, Salz sowie 1 EL Wasser hinzugeben. Unter Umrühren einige Minuten anbraten, bis er weich ist und nur noch ein klein wenig Biss hat. Garam Masala und 1 EL grünes Chutney hineinrühren, dann vom Herd nehmen und beiseitestellen.

Den restlichen EL Ghee in einem großen Topf erhitzen; Kardamom und Zimt hineingeben und einige Minuten brutzeln lassen. Den Reis abgießen und unterrühren. 625 ml Wasser zugießen und Kurkuma hinzufügen. Sprudelnd aufkochen lassen, dann die Hitze auf niedrigste Stufe stellen und den Deckel auflegen. 12 Minuten kochen, nun vom Herd nehmen.

Gewürzten Blumenkohl und Sultaninen unter den Reis ziehen und den Deckel wieder auflegen. 10 Minuten ruhen lassen. Auch Sie können ruhen, falls Sie mögen, oder die Zeit darauf verwenden, die Kerne aus dem Granatapfel zu pulen. Das Pilaw mit Granatapfelkernen und Mandelblättchen bestreuen und servieren, dazu das restliche grüne Chutney reichen. Joghurt oder ein Raita passen ganz herrlich dazu.

DAL AUS ROTEN LINSEN MIT PANCH PHORON

Dal ~~~ Nepal

Für 2–4 Personen als Beilage

Panch Phoron ist ein Fünf-Gewürze-Gemisch, das in Bengalen, Bangladesch und Nepal verwendet wird. Ganze Gewürzsamen werden zu gleichen Teilen gemischt und jeder bringt etwas mit: Kreuzkümmel die moschusartige Erde, Bockshornklee den bitteren braunen Zucker, der Fenchel den Anis, Schwarzkümmel die Röstzwiebel und Senf eine nussige Schärfe (manchmal nimmt man stattdessen auch Radhuni).

Das Geheimnis ist, dass die Gewürze singen müssen. Wenn sie im heißen Öl rösten, werden sie zischen, tanzen und aufplatzen; dabei wird das Bittere entzogen und der weiche Duft kommt frei.

An diesem Rezept und dem Rat, Gewürze singen zu lassen, ließ mich die nepalesische Nanny meiner Kinder teilhaben, Doma. Das Dal ist geradezu asketisch schlicht und die Gewürze färben es so gelb wie die Robe eines buddhistischen Mönchs. Die kleine Menge Panch Phoron jedoch gibt den erdigen Linsen eine unerwartete, eindringliche Qualität. Da Ihre Zähne auf einen Bockshornkleesamen beißen, oder vielleicht auf Fenchel, wird jeder Bissen mit unterschiedlichen Aromen geflutet.

200 g rote Spaltlinsen
½ TL gemahlene Kurkuma
½ TL feines Meersalz
3 TL neutrales Öl

FÜR DAS PANCH PHORON
¼ TL Kreuzkümmelsamen
¼ TL Schwarzkümmel
¼ TL Senfsaat
¼ TL Fenchelsamen
¼ TL Bockshornkleesamen

Wasser aufkochen. Die Linsen in einem Sieb waschen, dann mit Kurkuma, Salz und 1 TL des Öls in einen kleinen Topf geben. 500 ml frisch aufgekochtes Wasser hinzugeben und 10 Minuten leise kochen, bis die Linsen weich sind und anfangen zu zerfallen. Vom Herd nehmen und nicht abgießen.

Für das Panch Phoron die Gewürze miteinander vermischen.

Die beiden restlichen TL Öl in einer Bratpfanne erhitzen und das Panch Phoron hineingeben. Wenn die Gewürze brutzeln und aufplatzen und ihr Aroma Ihnen in die Nase steigt, die Linsen mitsamt der Kochflüssigkeit hinzugeben. Wenn das Dal dünner werden soll, mehr heißes Wasser hinzugeben.

Ein paar Minuten köcheln lassen, und das Dal ist fertig. Zum Abschmecken kosten.

DAZU PASST

Gestiftelte Kartoffeln, mit Kreuzkümmelsamen und Kurkuma gebraten

Pfannengerührter Spinat mit Knoblauch und Kurkuma

Basmatireis

TOMATENLINSEN FÜR JEDE WOCHE

Für 4 Portionen

Ein ordentlicher Topf Linsen, schön erdig-scharf – das ist wahres Seelenfood. Dies ist das gewisse Rezept, das ich jede Woche koche und das ich nach ein paar Tagen fern von zu Hause am meisten vermisse. Es wäre schon fast dreist, es Dal zu nennen, denn ich greife auf Zutaten aus dem britischen Vorratsschrank und eine One-Pot-Methode ohne ein Tarka als Krönung zurück. Die Linsen sind allerdings ganz gewiss indisch inspiriert und setzen eine lange Tradition von Dals fort, die auf Reisen gehen und sich an neue Heimaten anpassen.

Wenn Sie die Linsen in Ihre allwöchentliche Routine aufnehmen, hier ein paar mögliche Variationen: Zu den Gewürzen kann man Bockshornkleesamen oder 1 Prise Asant hinzugeben. Mit einer aufgeschlitzten Chilischote oder einer getrockneten Kashmiri-Chilischote, mit den Tomaten hinzugefügt, bekommt es mehr Schärfe. Frisches Blattgemüse gegen Ende unterheben, sodass es zusammenfällt, und man hat eine vollständige Mahlzeit. Ghee oder Butter mit der Zitrone zusammen eingerührt macht das Ganze gehaltvoller. Oder statt der Zitrone 1 Löffel Tamarindenpaste, ausgeglichen mit Jaggery oder Zucker, als süß-saures Finish.

1 TL schwarze Senfsaat
2 EL neutrales Öl
1 große Zwiebel, gehackt
30 g Koriander
4 Knoblauchzehen, gehackt
3 cm Ingwer, geschält und sehr fein gehackt (1 EL)
½ TL Chiliflocken
1 EL Currypulver
8 Curryblätter
1 Dose à 400 g stückige Tomaten
200 g rote Spaltlinsen, gründlich gewaschen
1 TL Salz
Saft von ½ Zitrone
1 Prise Zucker (optional)

Einen großen Topf auf mittlerer Stufe aufsetzen, Senfsaat hineingeben und warten, bis sie aufplatzt. Öl und Zwiebel hineingeben und ca. 10 Minuten braten, bis die Zwiebel weich ist und anfängt, zu karamellisieren.

In der Zwischenzeit Korianderstiele abschneiden, die besonders dicken entsorgen und die übrigen fein schneiden. Die Blätter für später beiseitestellen.

Korianderstiele, Knoblauch und Ingwer zur Zwiebel geben und einige Minuten anbraten. Chiliflocken, Currypulver und Curryblätter einrühren und den Duft genießen.

Die Tomaten hinzugeben, dann die Dose mit Wasser füllen und dies ebenfalls dazugießen. Zum Schluss Linsen und Salz hineinmischen. Sprudelnd aufkochen, die Hitze verringern und Deckel auflegen. 25 Minuten köcheln lassen.

Etwas abkühlen lassen, dann den Zitronensaft einrühren. Zum Abschmecken kosten – nach Belieben 1 Prise Zucker hinzufügen, um die Aromen hervorzubringen. Mit Korianderblättern bestreuen und servieren.

DAZU PASST

Reis, Naan-Brot oder Papadam (ein dünnes, frittiertes Fladenbrot aus Linsenmehl)

Raita mit Knusper-Ingwer (Seite 61) ist ein guter Begleiter. Oder bereiten Sie Chaat Masala Raita zu: Koriandergrün oder Minze hacken. Mit 1TL Chaat Masala, je 1 Prise Salz und Zucker in eine Schale mit Joghurt mischen.

UDONNUDELN MIT CURRY

Yaki Udon ~ Japan

Für 2 Portionen

Ein schnell zubereitetes Wohlfühlessen, für das bloß ein Wok benötigt wird. Fangen Sie jetzt an zu kochen, und Sie könnten in 15 Minuten essen. Oder lesen Sie weiter und erfahren Sie ein wenig Geschichtliches.

In den letzten 150 Jahren ist Japan zu einer Nation von Curry-Fans geworden und die indischen Aromen haben einen stark japanisierten Einfluss erfahren. Curray, wie der dortige Name lautet, wird im Donburi-Stil auf Reis mit eingelegtem Gemüse serviert, zu üppigen Nudelsuppen gekocht oder in die leicht gesüßten Brötchen gefüllt, die es in jedem Convenience-Store gibt. Auch als Schulmittagessen und für die heimische Küche ist es beliebt und in den Supermärkten sind ganze Regalgänge mit den Zutaten gefüllt, einschließlich milder, mittelscharfer und (nur dem Namen nach) scharfer Currygewürzmischungen. Ganz ähnlich wie in den westlichen Currypulvern bilden Kurkuma, Koriander und Kreuzkümmel hier die Grundlage und hinzu kommt das Aroma von Gewürzen wie zum Beispiel Kardamom, Gewürznelken und Fenchel. Nur in Japan gibt es fertige Platten, die als Curry-Mehlschwitze bezeichnet werden. Sie bestehen aus Fett, Mehl, Currypulver und Sojasoße und schmelzen im Topf zu einer geschmeidigen braunen Soße.

Es gibt einige Theorien, wie Curry ins Land kam, die eine Erklärung für die mit Mehl angedickten Soßen bieten. Es könnte von Shanghai herübergekommen sein – dort gab es eine große indische Bevölkerungsgruppe – und Mehl als Verdickungsmittel ist ein Einfluss aus der chinesischen Küche. Es könnte aber auch über die Briten ins Land gebracht worden sein, die Indien unter Kolonialherrschaft hielten und ihrerseits indische Aromen mit auf Mehlschwitzen basierenden Eintöpfen zusammenbrachten. Wie auch immer – diese Methode ist heute ganz und gar in der japanischen Küche verankert, ein Comfort-Food, für das keinerlei Zeremoniell benötigt wird.

Ein Curry mit den eher festen Udonnudeln kann entweder in einer dicken Suppe (mit Curry-Mehlschwitze) oder wie hier schnell im Yaki-Stil pfannengerührt (mit Currypulver) zubereitet werden. Das Bittere des Pak Choi ist ein schöner Kontrast zur salzig-süßen, erdig-scharfen Mirin-Glasur.

1 EL neutrales Öl
1 Zwiebel, dick geschnitten
8 Shiitakepilze, klein geschnitten
50 g Zuckerschoten
2 junge Köpfe Pak Choi, geviertelt
3 Frühlingszwiebeln, schräg in 3 cm große Stücke geschnitten
2 Knoblauchzehen, sehr fein gehackt
300 g frische Udonnudeln (oder 200 g getrocknet, gekocht)
1 TL dunkles Sesamöl
Knapp 2 TL Currypulver
Etwas schwarzer Pfeffer aus der Mühle
3 EL Mirin
2 EL japanische Sojasoße
Saft von ½ Limette

OPTIONALE TOPPINGS
Rosa eingelegter Ingwer
Aonori (Pulver aus getrockneten Algen) oder in Streifen geschnittenes Nori
Gerösteter Sesam

Den Wok erhitzen, dann Öl und Zwiebel hineingeben und weich braten. Shiitake, Zuckerschoten, Pak Choi und Frühlingszwiebeln hinzufügen und weitere 5 Minuten auf mittlerer bis hoher Stufe und unter häufigem Umrühren braten. Knoblauch hinzugeben und nur 1 Minute weiterbraten.

Die Nudeln auflockern, in den Wok geben und mit Sesamöl, Currypulver und ein wenig schwarzem Pfeffer aus der Mühle mischen. Mirin und Sojasoße zugeben, die Nudeln durcherwärmen und den Großteil der Soße aufsaugen lassen. Limettensaft hineinspritzen und den Wok vom Herd nehmen. Die Portionen in Schüsseln füllen und mit den Toppings bestreuen, falls verwendet.

MARTABAK MIT WÜRZIGEM RINDFLEISCH

Martabak ～～～～ Indonesien

Ergibt 14 Stück

Diese krossen Teigtaschen mit saftiger Fleischfüllung gehören zu den beliebtesten indonesischen Streetfood-Snacks. Ihre Ursprünge vermutet man auf der anderen Seite der Erde in den indischen Gemeinschaften im Jemen. Von dort aus verbreiteten sie sich über Handelsleute in der muslimischen Welt und passten sich stark an die Aromen in den jeweiligen Häfen an. Der Name ist universell, ein bleibender sprachlicher Verweis auf den gemeinsamen Ursprung, ob man den Snack nun in Bangkok verzehrt, in Brunei oder in Kuwait.

Wie die Kaki Lima – Straßenverkäufer, ursprünglich mit dreirädrigen Wagen – die herzhaften Martabak zubereiten, ist pure Performancekunst. Sie dehnen den Teig, bis er durchscheinend dünn ist, und falten ihn dann um die Füllung herum. Für diejenigen von uns, die weniger geschickt sind, habe ich einen einfachen Trick: Wantan-Teigblätter verwenden. Sie werden im heißen Öl knusprig.

Neutrales Öl zum Ausbacken
2 Schalotten, fein gehackt
2 Knoblauchzehen, fein gehackt
1cm Ingwer, geschält, sehr fein gehackt (1TL)
½TL gemahlener Koriander
¼TL gemahlener Kreuzkümmel
¼TL gemahlene Kurkuma
½TL gemahlener Chili
250g Rinderhackfleisch
½TL feines Meersalz
2 große Eier, verquirlt
3 Frühlingszwiebeln, fein geschnitten
1 Handvoll Staudenselleriebätter oder Blattpetersilie, gehackt
28 Wantan-Teigblätter (ca. 280 g)

1EL Öl auf mittlerer Stufe in einer Bratpfanne erhitzen. Schalotte, Knoblauch und Ingwer weich braten. Die Gewürze einrühren, sodass einem ihr Duft in die Nase steigt. Rindfleisch und Salz hinzugeben; das Hackfleisch zerkleinern und unter Umrühren anbraten, bis es gebräunt und gar ist. Abkühlen lassen oder kühl stellen, falls es im Voraus zubereitet wird.

Wenn es an die Zubereitung der Martabak geht, Eier, Frühlingszwiebeln und Kräuter in die Füllung rühren. Einige Wantan-Teigblätter auf einer Fläche ausbreiten, je 1EL Füllung auf die Quadrate geben und ein zweites Teigblatt darauflegen. Es soll flach aufliegen; die Füllung reicht bis fast an den Rand. Die Ränder zusammendrücken, sodass sie mehr oder weniger verschlossen sind. Wiederholen und alle Zutaten aufbrauchen.

In einer großen Bratpfanne auf mittlerer Stufe genügend Öl zum Ausbacken erhitzen, bis die Oberfläche sich leicht kräuselt. Die Martabak portionsweise ca. 1 Minute von jeder Seite ausbacken. Sie sollten voller Bläschen und goldfarben sein. Auf Küchenpapier abtropfen lassen und sofort servieren.

DAZU PASST

Ein gutes Chili-Sambal oder ein leckerer Dip gehört unbedingt dazu. Sie könnten das Ingwer-Chili-Sambal ausprobieren (Seite 63).

Joghurt-Fisch mit Koriander

Dhania Machli ~ Kenia/Indien

Für 4 Portionen

Joghurt ist eines der ältesten Nahrungsmittel der Welt. Sein Nutzen für die Gesundheit wurde in indischen ayurvedischen Schriften aus der Zeit um 6000 v. Chr. erwähnt, für die Griechen der Antike war sein Verzehr etwas für die »barbarischen Nationen« und das liebliche biblische »Land, wo Milch und Honig fließen«, hält man für eine Anspielung auf Joghurt.

Das Kochen mit Joghurt verbreitete sich in Zentralasien und Nordindien und er diente dazu, Speisen zarter zu machen sowie als säuerlicher Geschmacksverstärker (geht man in Asien weiter nach Süden, triumphiert die Kokosmilch über das Milchprodukt). In Gujarat hat man ihn gern in Form einer leicht süßen Suppe und in Bengalen ist Fisch in Joghurt ein beliebtes Gericht. Diese Kochweise reiste per Schiff weiter, mit den Gewürzhändlern nach Ostafrika, wo sich eine muslimische indische Gemeinschaft niederließ.

Hier sind großzügige Mengen Koriander mit grünen Chilischoten und kühlendem Joghurt eine gute Kombination. Erdig, scharf und frisch.

100 g Koriandergrün
3 grüne Fingerchilischoten, mit Kernen, grob gehackt
1 große Tomate, grob gehackt
1 EL Tomatenmark
1 EL Zitronensaft
1½ TL feines Meersalz
3 EL neutrales Öl
3 cm Ingwer, geschält und sehr fein gehackt (1 EL)
6 Knoblauchzehen, sehr fein gehackt
200 g Joghurt
600 g Filets von festem Weißfisch, in große Stücke geschnitten

Eine Handvoll Korianderblätter beiseitelegen; sie werden am Schluss verwendet. Beim restlichen Koriander sehr dicke Stiele entfernen, die dünneren behalten. Grob hacken und mit Chilischoten, Tomate, Tomatenmark, Zitronensaft, 1 TL Salz und 200 ml Wasser in einen Mixer geben; zu einer grünen Paste verarbeiten.

Den restlichen ½ TL Salz auf den Fisch streuen und 10 Minuten ziehen lassen. Dann unter kaltem Wasser abspülen.

In der Zwischenzeit das Öl in einer Bratpfanne mit hohen Seiten Ingwer und Knoblauch zusammen anbraten, bis sie nicht mehr roh sind. Koriandergemisch zugießen und zusammen 10 Minuten fröhlich kochen lassen. Es wird etwas gemäßigter, aber geschmacklich intensiver.

Nach und nach den Joghurt mit dem Löffel zugeben und stetig umrühren, damit er nicht gerinnt. 1 Minute oder länger simmern lassen, sodass die Soße die recht dicke Konsistenz von Konditorsahne bekommt – falls nötig, mit einem Spritzer Wasser verdünnen.

Den Fisch hinzugeben und umrühren, um die Stücke mit Soße zu überziehen. Deckel auflegen und 3–5 Minuten leise köcheln lassen, bis das Fischfleisch beginnt, sich aufzufächern, aber nicht zerfällt. Mit frischem Koriander bestreuen und servieren.

DAZU PASST

Reis oder indische Brote

KREUZKÜMMEL-TAMARINDEN-WASSER

Zeera Pani — Indien

Für 4 Portionen

Ein typisches Erfrischungsgetränk für den Sommer – herb und säuerlich mit salziger Süße im Hintergrund. Dank Minze und Kreuzkümmel – beide für ihre kühlenden Eigenschaften bekannt – ist es zudem kräuterbetont und erdig. Sie können 1 Prise gemahlenen Chili hinzugeben, denn Tamarinde und Minze lieben Gewürze.

1 TL Kreuzkümmelsamen
1½–2½ EL Zucker
¼ TL feines Meersalz
3 EL Tamarindenpaste
Saft von 1 Limette
1 Handvoll Minzeblätter
1 l kaltes Sodawasser
Eiswürfel zum Servieren

In einer trockenen Pfanne den Kreuzkümmel rösten, um die nussigen, zitronigen Noten freizusetzen, dann mit Mörser und Stößel zu Pulver mahlen.

Mit Zucker, Meersalz, Tamarinde und Limettensaft in einen Krug geben. Kurz umrühren und eine Weile stehen lassen, damit der Zucker sich auflöst.

Die Minzeblätter in den Händen zerknüllen, damit die Öle freigesetzt werden, und die Blätter in den Krug geben. Mit Sodawasser aufgießen, alles miteinander verrühren und mit Eis servieren.

GEWÜR

CRE

SCENDO

Berauschende Aromen und komplexe Mischungen

Das indische Mogulreich war meisterhaft in Kunst und hervorragender Architektur. Mit dem Taj Mahal erreichte es seinen Zenit. Zudem waren die Moguln Meister der komplexen Gewürzmischungen, in denen viele Gewürze, oftmals süße und wärmende, in späteren Stadien des Kochvorgangs hinzugegeben wurden und ihr Zusammenspiel Speisen erschuf, die so schön, berauschend und erhebend waren wie die Kunst. Hier baute man auf einem uralten Fundament der Hindus auf, der Verwendung von scharfen Gewürzen, jedoch verfeinert um Zartheit und Duft des persischen Einflusses.

Die Tradition breitete sich entlang des islamischen Gürtels von Indonesien nach Afrika aus und gestaltete das Essen besonders in Malaysia und auf Sumatra; dort hinterließen indische Händler ein Vermächtnis des Kochens, bei dem komplizierter gewürzt wird als im übrigen Südostasien. Die Tradition ersteckte sich zudem weiter bis zur arabischen Halbinsel und bis nach Ostafrika – südasiatische Einwanderer brachten ihre betäubenden Gewürzmischungen mit, sie wurden assimiliert und erhielten neue Formen.

Bei Gewürzmischungen geht es nur um Ausgewogenheit, die Teile arbeiten zusammen wie ein Orchester.

Jedes Gewürzhaus, jeder Koch hat eigene Mischungen und Zaubertricks, doch es gibt einen roten Faden, dem Sie durch viele Gewürzrouten-Länder folgen können. Wir mahlen einige Helden aus der Welt der Gewürze: Pfefferkörner, Muskatnuss, Gewürznelken, Zimt, Kardamom und Kreuzkümmel. Nehmen wir Koriandersamen, Muskatblüte und Fenchel hinzu, entsteht das indische Garam Masala. Behalten wir Koriander, nehmen aber Paprika noch dazu, sind wir beim orientalischen Baharat oder mit Bockshornklee beim somalischen Xawaash. Geben wir hingegen Kurkuma und zerstoßene Rosenblütenblätter hinzu, kommen wir zur persischen Gewürzmischung Advieh.

Gewürze werden normalerweise vor dem Mischen geröstet, um die ätherischen Öle herauszulocken und zu verwandeln. Behutsames Rösten hilft, die Aromen miteinander zu verschmelzen und auszubalancieren, doch manche gibt man am besten ungeröstet hinzu, zum Beispiel das schöne, milde Aroma von Fenchelsamen. In manchen Gewürzmischungen kann man die Röstung wirklich erschmecken, zum Beispiel in dunklen Currypulvern aus Sri Lanka und in äthiopischen Mischungen; hier werden die Samen lange geröstet, damit sie eine tiefe, fast nussige Rauchigkeit entwickeln.

Frühe europäische Mischungen, die wir an die Geschichte verloren haben, waren ein Echo des Dufts der östlichen Mischungen, jedoch mit zusätzlicher Süße sogar in der herzhaften Küche. Der Koch von Papst Pius V. namens Scappi mahlte braunen Zucker, Safran und Paradieskörner mit den anderen »feinen Gewürzen« Muskatnuss, Zimt, getrocknetem Ingwer und Gewürznelken.

Manche der betörendsten Mischungen spielen mit Texturen oder haben charakteristischere Aromaprofile. Das ägyptische Dukkah ist körnig durch geröstete Nüsse, im bengalischen Panch Phoron verwendet man nur ganze Gewürze, das südindische Gunpowder enthält unter anderem geröstete Linsen, und gerösteter Reis verleiht den Currypulvern aus Sri Lanka zusätzliche Nussigkeit. Das chinesische Fünf-Gewürze-Pulver ist aufgrund seines holzigen Anissamen-Profils besonders markant, während das hinduistische Chaat Masala durch getrocknete Mango und Granatapfelkerne sauer und fruchtig ist und von schwarzem Salz eine schwefelige Note besitzt – eine runde Würze, welche die Geschmacksknospen schlagartig zum Leben erweckt.

KÜRBISCURRY AUS SRI LANKA

Wattakka — Sri Lanka

Für 4 Portionen

Eine der denkwürdigsten Mahlzeiten meines Lebens war ein Kürbiscurry, das ich spät am Abend nach der Ankunft in der von Bergen umgebenen Stadt Kandy aß. Die explosiven Aromen waren das perfekte Gegenmittel zu einer langen, staubigen Busfahrt. Die Sri Lanker sind wahre Meister im Würzen. Sie verwenden heimischen Zimt neben einer Unmenge anderer Gewürze und erzeugen tiefe Komplexität. Hier ist mein Versuch, dieses Mahl nachzuerschaffen. Das süßlich-erdige Curry wird, wie an jenem Abend, mit einem frischen und spritzigen Kokos-Sambal kombiniert.

FÜR DAS CURRY

700 g Kürbis Delica oder Butternusskürbis
400 g Süßkartoffeln
2 EL neutrales Öl
1 TL schwarze Senfsaat
1 TL Kreuzkümmelsamen
6 Curryblätter
1 rote Zwiebel, fein geschnitten
5 Knoblauchzehen, fein geschnitten
2 grüne Fingerchilischoten, mit Kernen, fein geschnitten
1 TL Currypulver
1 TL gemahlener Zimt
½ TL Muskatnuss, frisch gerieben
½ TL gemahlene Kurkuma
200 ml Kokosmilch
1 TL feines Meersalz
Saft von 1 Limette

FÜR DAS KOKOS-SAMBAL

75 g frische oder rehydrierte getrocknete Kokosraspel
1 große Handvoll Korianderblätter, fein gehackt
½ TL feines Meersalz
Saft von 1–2 Limetten
1 grüne Fingerchilischote, klein geschnitten (optional)
Roter Reis oder Fladenbrote mit Kokos und grünem Chili (Seite 141) zum Servieren (optional)

Kürbiskerne entfernen und den Kürbis in 3 cm große Stücke schneiden. Die Schale kann man mit verwenden (für mehr Textur) oder abschälen, falls man möchte. Süßkartoffeln schälen und in 4 cm große Stücke schneiden.

Das Öl in einem Schmortopf auf mittlerer bis hoher Stufe erhitzen. Senfsaat, Kreuzkümmelsamen und Curryblätter einstreuen; aufplatzen und aufpuffen lassen. Die Zwiebel hinzugeben und 5 Minuten anbraten, damit sie weich wird; dann Knoblauch und Chili hinzugeben und noch ein paar Minuten braten.

Gemahlene Gewürze einrühren und warten, bis es richtig duftet. Kokosmilch, Salz und 100 ml Wasser hinzugeben. Kürbis und Süßkartoffeln hineinrühren und sprudelnd aufkochen. Deckel auflegen, die Hitze herunterstellen und ca. 25–35 Minuten köcheln lassen, bis sie weich sind; dabei hin und wieder umrühren. Mit aufgelegtem Deckel 15 Minuten ruhen lassen, damit sich die Aromen entwickeln. Zum Abschmecken kosten und mit 1 Spritzer Limettensaft abrunden.

Für das Kokos-Sambal alle Zutaten zusammenmischen und zum Abschmecken kosten. Reis oder Fladenbrot zum Curry reichen, wenn Sie mögen.

Falls Sie Ihre eigene Sri-Lanka-Gewürzmischung machen wollen, kommt hier eine für vegetarische Gerichte (es gibt andere speziell für Fleisch und Fisch sowie eine stark geröstete Mischung, die typischerweise als Finish verwendet wird): In einer trockenen Bratpfanne und auf niedriger Stufe 3 EL Koriandersamen, 1 EL Kreuzkümmelsamen, knapp 1 EL Fenchelsamen, ¾ EL Bockshornkleesamen und 8 Curryblätter rösten, bis sie stark duften. Zu einem feinen Pulver mahlen und 1 Prise gemahlene Kurkuma hinzugeben.

MALAI-BROKKOLI AUS DEM OFEN MIT CASHEWKERNEN UND KARDAMOM

Malai Broccoli ~ Indien

Für 4 Portionen als Beilage

Dies ist eine Gemüsebeilage mit echtem Charakter. Brokkoli – zart, aber noch mit etwas Biss –, wird in eine dicke, nussige Creme mit einem Hauch grünem Kardamom gehüllt. Im heißen Ofen, der die Hitze eines Tandoors imitiert, fängt alles an zu karamellisieren und wird ein wenig schwarz.

2 Köpfe Brokkoli
150g rohe Cashewkerne
100ml Konditorsahne
100g Joghurt griechische Art, durchgeseiht
2 Knoblauchzehen
8 grüne Kardamomkapseln, nur die Samen
1TL Garam Masala
1TL feines Meersalz
½TL schwarzer Pfeffer aus der Mühle

Den Ofen auf 220°C Ober-/Unterhitze (Umluft: 200°C) vorheizen und 2 große Backbleche mit Backpapier auslegen.

Brokkoli in kleine Röschen schneiden und in eine große Schüssel geben.

In einem Mixer die restlichen Zutaten zu einer cremigen Paste verarbeiten – es ist in Ordnung, wenn sie nicht ganz und gar glatt ist. Mit einem Spatel in die Schüssel umfüllen und alles gründlich vermengen, sodass die gewürzte Creme in alle Brokkoliritzen gelangt.

Brokkoli auf den Backblechen ausbreiten und 20 Minuten backen, nach der Hälfte der Zeit die Stücke wenden. Der Brokkoli sollte weich sein und an den Rändern schön geschwärzt.

DAZU PASST

Der Brokkoli eignet sich perfekt als Begleiter zu scharfem Grillhähnchen oder zu einer Schüssel Reis und Dal. Oder genießen Sie ihn einfach pur in einem stillen, heiteren Moment.

CURRY MIT AUBERGINE UND GERÖSTETEM KOKOS

Pajeri Terung — Malaysia

Für 2 Portionen oder 4 Portionen als Beilage

Dieses malaysische Festessen ist bemerkenswert wegen der Menge duftender Gewürze, die es enthält: Kreuzkümmel, Koriander, Kurkuma und Ingwer liefern die stützenden Basisnoten und darüber singen lieblich die Soprane: Zimt, Kardamom, Gewürznelken, Fenchel und Sternanis. Das Rezept beginnt mit der Herstellung einer Kokospaste namens Kerisik, gelbbraun geröstet, damit sie nussig-karamellige Substanz mitbringt. Ich mag den samtigen Wohlgeschmack der Aubergine, ein dezenter Hintergrund für die schrille Würze, man könnte stattdessen aber auch Ananasschnitze nehmen.

4 EL frische oder eingeweichte getrocknete Kokosraspel
1 TL Palmzucker oder brauner Zucker
1 TL feines Meersalz
2 TL Tamarindenpaste
2 EL neutrales Öl
1 Zimt- oder Kassiastange
5 grüne Kardamomkapseln, angedrückt
3 Gewürznelken
2 Sternanis
1 große Aubergine, in dünne Spalten geschnitten

FÜR DIE GEWÜRZPASTE
4 kleine Schalotten, grob gehackt
5 Knoblauchzehen, grob gehackt
3 cm Ingwer, geschält, gehackt
1½ EL gemahlener Koriander
½ EL gemahlener Kreuzkümmel
½ EL gemahlene Fenchelsamen
½ EL gemahlene Kurkuma
1 TL gemahlener Chili (oder nach Geschmack)

Die Kokosraspel in einer trockenen Bratpfanne auf niedriger Stufe rösten, dabei häufig umrühren, bis sie gleichmäßig nussig-dunkelbraun sind. Die noch warmen Raspel mit Stößel und Mörser mit Zucker, Salz und Tamarinde zu einer Paste zerreiben (ein kleiner Hochleistungsmixer funktioniert auch, falls vorhanden, doch bei diesen kleinen Mengen kann es knifflig werden; es hilft, etwas Wasser hinzuzugeben und die Innenwände des Mixgefäßes mit einem Spatel abzuziehen). Beiseitestellen.

Alle Zutaten für die Gewürzpaste in einen Mixer geben; wurde dieser für die Kokosraspel verwendet, muss man ihn nicht ausspülen. Etwas Wasser hinzugeben, damit die Klingen besser arbeiten können.

Öl in einer Bratpfanne auf mittlerer Stufe erhitzen und Gewürzpaste hineingeben (Spatel). Braten, bis sie sehr stark duftet und nicht mehr roh ist. Ganze Gewürze und Aubergine hinzugeben und wenden, damit sie gut überzogen wird. So viel Wasser zugießen, dass alles bedeckt ist. Paste aus Kokosraspeln einrühren.

Zum Kochen bringen, dann die Hitze etwas herunterstellen. Ohne Deckel 20–30 Minuten kochen lassen; die Aubergine hin und wieder wenden und in ihr breiiges Bad eintauchen. Die Aubergine ist fertig, wenn sie sehr weich ist, sodass man sie mit einem Holzlöffel zerteilen kann, und die Soße üppig und cremig. Zum Abschmecken kosten; eventuell braucht sie noch etwas extra Salz und/oder belebende Tamarindenpaste.

DAZU PASST

Gewürzter Butterreis:
1 Zimtstange, 1 Sternanis,
3 Gewürznelken und 3 grüne
Kardamomkapseln in großzügig
bemessener Butter anbraten und
über gekochten Reis gießen.

DER SCHEICH DER GEMÜSEFÜLLUNGEN

Sheikh al-Mahshi ～～～ Libanon

Für 4 Portionen

Gemüse zu füllen, ist eine persische Tradition. Die Osmanen übernahmen sie und trugen sie in ihr weitläufiges Reich. Heute findet man in zahlreichen Ländern und zahllosen herrlichen Versionen alle Arten von gefülltem Gemüse, von Weinblättern bis Zucchini, von Tomaten bis Quitten. Im Libanon hat man mit Fleisch gefüllte und mit Pinienkernen bestreute Auberginen als Scheich von alledem bezeichnet. Traditionell werden die Auberginen zuerst gebraten, doch ich überspringe einen Schritt und backe sie. Man muss nur aufpassen, dass das Gericht genug Feuchtigkeit enthält, sodass die Auberginen weich werden können; sie sollten samtig-fleischig und mit süßen Gewürzen aromatisiert sein.

2 große Auberginen
60 g Tomatenmark
2 EL Zucker
2 EL Olivenöl
Saft von 1 Zitrone
Salz
Pfeffer

FÜR DIE FÜLLUNG
2 EL Olivenöl
1 Zwiebel, fein gehackt
250 g Hackfleisch vom Rind, Lamm oder gemischt
1 TL libanesische Sieben-Gewürze-Mischung/ Baharat (optional)
1 TL gemahlenes Piment
1 TL gemahlener Zimt
4 EL Pinienkerne
4 Tomaten, gehackt
3 EL Bulgur

Für die Füllung das Olivenöl in einer Bratpfanne erhitzen und die Zwiebel weich braten. Hackfleisch hinzugeben und mit einem Löffel zerteilen, sodass es bräunt. Gewürze und Pinienkerne darüberstreuen und noch einige Minuten braten, dann die Tomaten hinzugeben. 15 Minuten kochen. Zum Abschmecken kosten und dann den Bulgur einrühren.

Den Ofen auf 190 °C Ober-/Unterhitze (Umluft: 170 °C) vorheizen.

Die Auberginen längs aufschneiden und aus der Mitte der Hälften eine Vertiefung herauslöffeln (Fruchtfleisch für eine andere Verwendung aufbewahren). In eine Ofenform legen und alle Aushöhlungen füllen; sie werden ordentlich überquellen.

Tomatenmark, Zucker, Olivenöl und Zitronensaft vermischen. Mit Salz und Pfeffer würzen und mit 200 ml Wasser verdünnen. Über die gefüllten Auberginen gießen und das Ganze mit Alufolie abdecken, 1 Stunde backen. Die Folie entfernen, die Auberginen mit dem tomatigen Saft bestreichen und noch einmal 15 Minuten in den Ofen schieben.

DAZU PASST

Ein Salat mit einem Dressing aus Olivenöl, Zitrone, 1 Prise Sumach und vielen weichen Kräutern

TÜRKISCHES WINTERGEMÜSE

Türlü ~ Türkei

Für 4 Portionen als gehaltvolle Beilage

Türlü geht auf das alttürkische Wort für »Sortiment« zurück und spiegelt wider, dass dieses Gericht aus einem Sammelsurium verschiedener Gemüse zubereitet wird, manchmal kommt noch Fleisch hinzu. Traditionell wird das gesamte Gemüse zusammen in einem Tontopf gebacken, ich breite es lieber auf einem Blech aus, sodass die Aromen sich in der Hitze des Ofens konzentrieren und süß werden können. Hier wird wunderschön die Kunst des Würzens vorgeführt, zart tanzende blumige Koriandersamen, rauchiges Pul Biber und die süße Wärme von Zimt und Piment.

1 Aubergine
300 g Kürbis, ohne Kerne
1 Zwiebel, geschält
2 Kartoffeln, geschrubbt
3 Karotten, geschrubbt
2 Stangen Staudensellerie
6 Knoblauchzehen, geschält
3 EL Olivenöl
2 TL Koriandersamen
2 TL Pul Biber
½ TL gemahlener Zimt
½ TL gemahlenes Piment
Salz
Pfeffer
250 ml passierte Tomaten
175 g gekochte Kichererbsen, aus dem Glas/der Dose
Petersilie, Minze und Dill zum Servieren

Den Ofen auf 230 °C Ober-/Unterhitze (Umluft: 210 °C) vorheizen.

Aubergine, Kürbis und Zwiebel in ähnlich große Spalten und die Kartoffeln in 2 cm große Würfel schneiden. Karotten, Sellerie und Knoblauch in dünne Scheiben schneiden. Das gesamte Gemüse in eine große Schüssel geben und mit Olivenöl, Gewürzen, Salz und Pfeffer vermengen. In zwei große Ofenformen befördern – die Stücke sollten schön auseinander und in einer einzigen Schicht liegen, sodass sie eher gebacken als gedämpft werden.

Ca. 45 Minuten backen. Das Gemüse nach der Hälfte der Zeit behutsam wenden und mischen sowie die Positionen der Ofenformen im Ofen tauschen. Wenn das Gemüse weich, an den Rändern knusprig und leicht geschwärzt ist, alles in eine der Formen kippen. Passierte Tomaten würzen und mit den Kichererbsen vorsichtig unter das Gemüse rühren. Nochmals 10 Minuten in den Ofen geben.

Alles auf eine Servierplatte geben und, falls nötig, nochmals salzen und pfeffern; großzügig mit den frischen Kräutern bestreuen.

DAZU PASST

Lammbraten mit Kreuzkümmel

Oder genießen Sie das Gemüse als vegetarisches Hauptgericht mit gewürztem Joghurt.

MISIR WAT

Misir Wat ~~~ Äthiopien

Für 4 Portionen

Hier sind zwei bezaubernde Gewürzmischungen im Spiel. Bei der ersten handelt es sich um eine Gewürzbutter, die sowohl als Grundlage als auch als Finish für die Linsen verwendet wird. Sie macht das Gericht vollmundig, und die Korekima-Kapseln, bekannt als äthiopischer Kardamom, spenden eine blumig-eukalyptusartige Note. Die zweite Mischung heißt Berbere, ein Chor aus gemahlenem Chili, Zwiebel, Bockshornklee und süßen Gewürzen. Die Zutaten variieren von Dorf zu Dorf, doch das Endergebnis ist immer feurig. Ich kaufe die fertige Mischung, denn die Herstellung von Berbere ist stark ritualisiert; die nassen Zutaten werden idealerweise über mehrere Tage fermentiert, dann in der Sonne getrocknet und zu einem Pulver vermahlen. Die gefeierte Musikerin und talentierte Köchin Zewditu Yohannes hat mir ihr köstlich scharfes Rezept verraten.

FÜR DIE NITER KIBBEH (GEWÜRZBUTTER)

125 g ungesalzene Butter
½ rote Zwiebel, gehackt
1 Knoblauchzehe, klein geschnitten
3 cm Ingwer, gehackt
½ TL Korekima oder 4 grüne Kardamomkapseln, angedrückt
½ TL schwarze Pfefferkörner
¼ TL gemahlene Kurkuma

FÜR DAS MISIR WAT

2 EL neutrales Öl
2 rote Zwiebeln, fein gehackt
4 EL Berbere
1 TL feines Meersalz
6 EL fein zerkleinerte Dosentomaten
300 g rote Spaltlinsen, gründlich gewaschen
7 Knoblauchzehen, sehr fein gehackt
5 cm Ingwer, geschält, sehr fein gehackt (1½ EL)

FÜR DEN ÄTHIOPISCHEN SALAT

2 reife Tomaten, grob gehackt
½ rote Zwiebel, fein gehackt
2 Knoblauchzehen, fein gehackt
2 grüne Fingerchilischoten, fein gehackt
1 EL Olivenöl nativ extra
Saft von ½ Zitrone
Äthiopisches Injera-Brot zum Servieren (optional)

Alle Niter-Kibbeh-Zutaten in einen kleinen Topf geben und auf niedriger Stufe schmelzen. Ca. 20 Minuten sanft köcheln lassen. Die Feststoffe der Butter sollten sich abscheiden, aber aufpassen, dass sie nicht anbrennen. Abkühlen und aromatisieren lassen, aber die Butter darf nicht fest werden. Durch ein feines Sieb oder ein Mulltuch abseihen, um Schaum und Aromazutaten zu entfernen.

Für das Misir Wat das Öl und 2 EL Niter Kibbeh auf mittlerer bis hoher Stufe erhitzen. Zwiebeln hineingeben und weich braten. Berbere und Salz hinzugeben und unter Umrühren braten, bis es duftet. Tomaten hinzugeben und ein paar Minuten kochen, bis sie sämig und dunkel sind; stetig weiterrühren. Die vom Waschen nassen Linsen einrühren und die Hitze verringern. Deckel auflegen und 3 Minuten kochen. Umrühren, dann 600 ml Wasser zugießen. Deckel auflegen, zum Kochen bringen und 10 Minuten lebhaft kochen lassen. Knoblauch und Ingwer hineinrühren sowie 1 Spritzer Wasser, falls es zu dick aussieht. Deckel auflegen und 5 Minuten kochen.

Alle Zutaten für den Salat vermischen; im letzten Moment den Zitronensaft hinzugeben. Salzen.

Entweder jede Portion mit Niter Kibbeh beträufeln oder 1 EL davon in den Topf rühren. Zum Essen das Injera-Brot wie einen Löffel benutzen. Den Salsa-ähnlichen Salat dazu servieren.

FISCH IN GEWÜRZKRUSTE AUS DEM SINDH

Palla Machli — Pakistan

Für 4 Portionen

Die pakistanische Provinz Sindh war für das Land im 17. Jahrhundert das Tor zum Gewürzhandel. Dieses Erbe hat ein buntes Ensemble aus kulinarischen Einflüssen mit Elementen aus den Küchen Zentralasiens und der Moguln hinterlassen sowie Ideen und Zutaten, die mit dem Seehandel ins Land gebracht wurden. Man schätzt das Herbe und das Duftende und so findet man dort Speisen, die mit getrockneten Granatapfelkernen, Pflaumen und Mangos bestreut und mit Rosenblütenblättern parfümiert sind.

Dieses Gericht wird normalerweise mit dem Flussfisch Palla zubereitet, doch Wolfsbarsch ist ein guter Ersatz. Am Ende etwas Chaat Masala darüberstreuen und es bekommt eine saure Prickelnote, welche die feinere, erdige und pfefferartige Gewürzkruste des Fisches schön abrundet.

1 EL gemahlener Koriander
2 TL Fenchelsamen, zerstoßen
2 TL gemahlene Kurkuma
1 TL Kashmiri-Chilipulver
1 TL feines Meersalz
2 EL feines Reismehl oder normales Mehl
4 große Weißfischfilets, z.B. Palla oder Wolfsbarsch, ohne Haut
2 Knoblauchzehen, zerkleinert und zerdrückt oder gerieben
Öl zum Braten
1 TL Chaat Masala (optional)

In einer Schüssel die Gewürze, Salz und Mehl vermischen.

Die Fischfilets mit dem zerdrückten oder geriebenen Knoblauch einreiben, dann ausgiebig im gewürzten Mehl wenden, damit sie gut damit überzogen sind. Fest andrücken, damit das Mehl besser haftet, aber überschüssiges Mehl abschütteln.

Eine Bratpfanne mit schwerem Boden auf mittlerer Stufe erhitzen, bis ein Rauchfähnchen zu sehen ist. So viel Öl hineingeben, dass der Pfannenboden bedeckt ist, und die Fischfilets vorsichtig hineingleiten lassen. Die Pfanne leicht rütteln, um den Fisch zu bewegen, dann 3–4 Minuten braten lassen und behutsam andrücken. Die Kruste sollte eine goldene Farbe haben. Wenn sie zu schnell braun wird, kurz vom Herd nehmen. Die Filets wenden und von der anderen Seite 1 Minute braten.

Auf Küchenpapier abtropfen lassen und sofort servieren. Mit Chaat Masala bestäuben, wenn Sie eine extra salzig-säuerliche Note möchten.

DAZU PASST

Gebratene Kartoffeln, grünes Chutney, Radieschensalat

Ein schnelles grünes Chutney:
1 Bund Koriander mit 1 großen Tomate, 1 grünen Chilischote, 1 Knoblauchzehe und je 1 guten Prise Salz und Zucker im Mixer verarbeiten.

Pakistanischer Radieschensalat:
Daikonrettich oder Radieschen (vielleicht mit ein paar Blättern wegen der Farbe) in feine Scheiben schneiden. Rote Zwiebel längs in feine Scheiben schneiden und diese halbieren. Alles mit trocken gerösteten Kreuzkümmelsamen mischen; dazu ein Dressing aus Zitronensaft und 1 Prise Salz zubereiten.

KEBABS AUS HÄHNCHEN-HACKFLEISCH MIT SÜSSEN GEWÜRZEN

Kafta ~~~ Libanon

Für 4 Portionen

In diesen herrlichen Kebabs aus Hähnchenhackfleisch ist gerade so viel Gewürz, dass es bezaubert, aber nicht überwältigt. Es ist ein einfaches, beliebtes Rezept, besonders gut, wenn das Fleisch ein paar schwarze Streifen vom Rost bekommt, und perfekt für eine sommerliche Grillparty. Im ganzen Libanon und auf der arabischen Halbinsel finden Sie Versionen davon; die meisten werden üblicherweise mit Lammfleisch zubereitet, aber ich mag die Zartheit von Hähnchenfleisch.

Baharat bedeutet schlicht »Gewürze« und die Mischungen variieren im Nahen Osten regional. Manchmal sind sie mild und rauchig, manchmal süß und duftend. Sie können fertige Mischungen kaufen, wenn Sie aber nur für dieses Rezept Ihre eigene Baharat-Mischung herstellen wollen, mischen Sie je ½ TL gemahlene Paprika, Kreuzkümmel und Koriander, je ¼ TL Pfeffer aus der Mühle, Zimt, grünen Kardamom, Muskat und Piment sowie je ⅛ TL gemahlene Nelken und Chili.

500 g Hähnchenoberkeulen, ohne Haut, ohne Knochen
3 TL Baharat-Gewürzmischung (siehe Einleitung)
1 TL feines Meersalz
2 mittelgroße feste Tomaten, grob geraspelt, Flüssigkeit ausgepresst
1 kleine Zwiebel, grob geraspelt und trocken gepresst
2 Knoblauchzehen, sehr fein gehackt
2 EL neutrales Öl zum Bepinseln

Das Hähnchenfleisch in große Stücke schneiden; etwas Fett am Fleisch lassen, damit die Kebabs saftig werden. Mit allen anderen Zutaten in eine Küchenmaschine geben. Per Intervalltaste das Fleisch hacken und alles vereinen. Behutsam arbeiten, denn das Fleisch soll gut gehackt sein, aber noch Textur haben.

Mit geölten Händen das Gemisch in 12 Portionen aufteilen und zu flachen, ca. 2 cm dicken Würstchen rollen und pressen. ½ Stunde oder länger in den Kühlschrank legen, damit sie fest werden und die Form beibehalten.

Eine Grillpfanne auf mittlerer bis hoher Stufe erwärmen und mit Öl einpinseln. Die Kebabs 12–15 Minuten grillen – währenddessen einmal wenden – oder bis sie außen leicht geschwärzt sind und das Fleisch durchgegart, aber noch zart ist. Wird mit dem Fleischthermometer kontrolliert, so sollte es 74 °C anzeigen.

DAZU PASST

Pita oder Fladenbrot, Joghurt mit Minze, gegrillte Zwiebeln und Tomaten

Joghurt mit Minze: 1 kleine gehackte Knoblauchzehe und 1 gute Prise Salz in eine Schale mit Joghurt mischen. Minzeblätter fein hacken und mit 1 Spritzer Zitronensaft einrühren.

Ein neuer Entwurf der Welt

Es gibt eine Insel, die ist so klein und vergessen, dass sie heutzutage oft gar nicht mehr in Atlanten verzeichnet ist, doch einst wurde Run auf Seekarten großgeschrieben:

Diese duftende Muskatinsel war der begehrteste Ort der Erde.

Die Kontrolle über den Gewürzhandel zu besitzen, konnte einen solch spektakulären Reichtum mit sich bringen, dass es als fair betrachtet wurde, die vulkanische Insel – ein kleiner Punkt in der ostindonesischen Bandasee – gegen eine andere strategische Insel auf der gegenüberliegenden Seite des Globus einzutauschen, und zwar gegen Manhattan.

Karten der Alten Welt wiesen viele weiße Punkte auf, Meere liefen an unbekannten Horizonten ins Off und damit erzählten die Karten ebenso viel über die Perspektive des Kartografen wie über die Lage des Landes. Die muslimische Karte Tabula Rogeriana aus dem 12. Jahrhundert stellt recht akkurat ganz Eurasien und den Norden Afrikas in einem gestrichelten indigoblauen Meer dar. Die Araber beherrschten den frühen Handel meisterlich und besaßen das vollständigste Bild der bekannten Welt. Eine vollständige Kontur des afrikanischen Kontinents erscheint erstmalig 1489 in der italienischen Kartografie – das Wissen stammte frisch von portugiesischen Gewürzsuchern, die das Kap der Guten Hoffnung umrundet hatten – und bald danach kamen Süd- und Nordamerika hinzu, als Alte und Neue Welt einander entdeckten. Eine illustrierte thailändische Karte aus dem Traiphum 1776 zeigt den Süden oben, mit Thailands gezackten Küsten unterhalb von wolkenähnlichen Gewürzinseln. Diese sind das Ziel eines europäischen Schiffs und einer chinesischen Dschunke, die in einem Kampf in aufgewirbeltem Wasser dargestellt sind. Vieles im Bereich der Entdeckungen und der Neuanfertigung von Karten geschah also im Zeichen der Gewürze.

Als die Europäer im 15. Jahrhundert in das Rennen um die Gewürze einstiegen, hatten sie die wertvollste Beute im Visier: die Muskatnuss, die nur auf den zehn winzigen Bandainseln gedieh. Von ihr hieß es, sie heile Krankheiten, entfache das Begehren und rufe Halluzinationen hervor, und so gelangten ihretwegen die Spanier zu den amerikanischen Kontinenten, umrundeten die Portugiesen Afrika. Die Engländer entschieden sich – ziemlich exzentrisch – für eine schnurstracks nach Norden und über den Nordpol führende Route, und dort wurden ihre Schiffe im arktischen Winter prompt von Eisschollen zerquetscht. Es folgten Jahrzehnte voller kühner Abenteuer, die gelangen oder auch scheiterten, und schließlich entwickelte sich daraus die unaufhaltbare Kraft der europäischen Kolonisation. Diese Epoche war von Habsucht, Egoismus, Piraterie, Betrügerei, Respektlosigkeit, von Kämpfen, Blutvergießen und Barbarei geprägt.

Selbst als die Reisen schließlich erfolgreich waren und man die Inseln erreichte, gab es versteckte Korallenriffe, an denen die Schiffe in stürmischer See zerschellten, und über die Einheimischen wurde gemunkelt, es seien Kannibalen. Tatsächlich waren die Bandanesen tüchtige und geschickte Händler, die jahrhundertelang die Hauptakteure auf den Gewürzrouten gewesen waren, und viele Jahre lang wehrten sie die europäischen Eindringlinge erfolgreich ab. Die Portugiesen trafen als Erste in der Region ein und wurden auch als Erste ausgebremst. Die Niederländer landeten 1599, und nachdem sie durch die nach Hause gesandten Muskatnuss-Flottillen auf den Geschmack der Reichtümer gekommen waren, änderten sie bald ihr Ziel und wollten erobern, nicht mehr handeln. Es folgten Jahre, in denen die ausländischen Nationen untereinander kämpften. Die Insel Run kam schließlich unter englische Herrschaft und wurde Englands erste Kolonie. Die Niederländer rangen ihnen die Kontrolle ab und strebten an, den Muskatnusshandel durch erbarmungslose Brutalität zu monopolisieren. Von der Bedrohung durch die Engländer und dem Widerstand der Einheimischen frustriert, gingen sie 1621 dazu über, die Menschen zu unterwerfen, und die Bevölkerung wurde durch Massaker und eine anschließende Hungersnot dezimiert. Die Niederländer befahlen, alle Muskatnussbäume auf Run zu fällen. 1667 wurde ein Friedensvertrag unterzeichnet: Die Engländer verzichteten auf Run, die Niederländer hingegen auf New Amsterdam, dessen Namen die Engländer in New York änderten. Die Muskatnuss war gegen den Big Apple eingetauscht worden und es begann eine gewaltige Verschiebung der globalen Macht.

Während all dieser Ereignisse hielten die Einheimischen durch. Sie durchlitten zwar die Zerstörung ihrer kostbaren Gewürzpflanzen und die Massaker an ihrem Volk, doch sie warteten auf den richtigen Augenblick, bis sie wieder die Kontrolle über ihre Muskatnüsse übernehmen konnten. Ihre Herrschaft in der Region überlebte den Muskatnusswahn der Kolonialzeit und auf den dschungelbewachsenen Inseln steht heute kein Denkmal für diese Geschichte. Nun herrscht dort wieder Ruhe und es duftet feucht und schwer nach Gewürzen.

EIN WORT ZU MUSKATFRUCHTMARMELADE

Auf den Bandainseln wird die Frucht der Muskatnussbäume in Süßspeisen und Marmelade verarbeitet oder sauer eingelegt. Ich habe es mit den frischen Muskatfrüchten ausprobiert, die für dieses Buch fotografiert wurden. Während die Frucht roh wenig duftet und kaum auf das Wunder hinweist, das in ihrem Inneren schlummert, wird der Geruch beim Kochen scharf und unverkennbar. Für eine rötliche, sirupartige Marmelade das feste Fleisch fein sichelförmig klein schneiden. Mit Wasser bedecken, Deckel auflegen und 30 Minuten köcheln lassen, damit es weich wird. Die gleiche Menge Zucker hinzugeben und ohne Deckel auf mittlerer bis niedriger Stufe unter gelegentlichem Umrühren weitere 30 Minuten oder bis zur gewünschten Konsistenz kochen lassen. In sterilisierte Gefäße abfüllen.

MIT JASMINTEE GERÄUCHERTES HÄHNCHEN

Xun Ji ~~~~~ China

Für 2 Portionen

Geflügel, Fisch oder Tofu können Sie mit lediglich einem Wok einfach zu Hause räuchern. Kochen Sie die Hauptzutat zunächst. Dann schaffen Sie im Wok eine Räucherkammer, und darin wird sie von Tee und Gewürzen erstaunlich intensiv mit Aroma getränkt. Ich habe der Mischung hier Sternanis hinzugefügt. Sie könnten auch jedes andere Element aus der chinesischen Fünf-Gewürze-Mischung nehmen: eine zerkrümelte Kassiastange, ganze Fenchelsamen, Gewürznelken oder Szechuanpfefferkörner. Dieses Gericht passt wunderbar zu gedämpften chinesischen Pfannkuchen oder Lotusbrötchen, Frühlingszwiebeln, Salatgurke und Pflaumensoße.

FÜR DAS SZECHUANPFEFFER-SALZ

½ TL Szechuanpfefferkörner
1 TL feines Meersalz

FÜR DAS GERÄUCHERTE HÄHNCHEN

2 Hähnchenbrustfilets, ohne Haut, ohne Knochen
3 EL loser Jasmintee
½ TL Sesamöl
2 EL Jasminreis
2 EL brauner Zucker
1 Sternanis, in Stücke gebrochen

Von den Szechuanpfefferkörnern nur die rauen Schalen verwenden und die glänzenden schwarzen Beeren entsorgen. Zusammen mit dem Salz in einem Wok auf mittlerer bis niedriger Stufe rösten. Umrühren, bis die Pfefferschalen anfangen zu rauchen und das Salz etwas Farbe verloren hat. Zu einem Pulver mahlen.

Die Hähnchenbrustfilets mit der Hälfte des Szechuanpfeffersalzes einreiben. Wer Zeit hat, erledigt dies am Vortag und lässt das Fleisch über Nacht im Kühlschrank, dann wird es außergewöhnlich zart. Ansonsten mit dem Dampfgaren fortfahren.

Einen Dampfgarer auf einen Topf mit kochendem Wasser aufsetzen. 1 EL Tee ins Wasser geben. Das Fleisch auf einem Teller in den Dämpfeinsatz stellen, Deckel auflegen, die Hitze auf mittlere Stufe verringern und je nach Größe der Filets 12–15 Minuten dämpfen. Herausnehmen und mit Sesamöl komplett einpinseln.

Einen Wok oder eine Pfanne mit Alufolie auslegen. Das restliche Teepulver, rohen Reis, Zucker und Sternanis gleichmäßig aufstreuen. Einen Rost oder ein Gittergestell über diese Mischung stellen und das Fleisch darauflegen. Mit Deckel gut verschließen und auf hoher Stufe aufsetzen. Sobald eine Rauchfahne entweicht, die Hitze auf niedrige Stufe herunterstellen und 5 Minuten räuchern. Vom Herd nehmen, ohne den Deckel anzuheben, und weitere 20 Minuten ziehen lassen. Die Hähnchenbrustfilets sollten durchgegart und saftig und von außen appetitlich tabakbraun sein.

Ruhen lassen, dann dünn aufgeschnitten mit dem restlichen Szechuanpfeffersalz heiß oder kalt servieren (nach Geschmack). Ich wickle die Scheiben gern in gedämpfte Pfannkuchen mit Frühlingszwiebelstreifen, Salatgurke und etwas Pflaumensoße.

TANDOORI-BRATHÄHNCHEN

Tandoori Murgh ~~~ Indien

Für 4 Portionen

Tandoori-Hähnchen ist ein Juwel in der Krone der nordindischen Küche. Das Gericht, das wir heute kennen, ist eine Kreation aus dem 20. Jahrhundert, die auf einer uralten Vergangenheit basiert. Es gibt Beweise, dass schon 3000 v. Chr. Hähnchen in Lehmofen gebacken wurden, und wegen der Marinade aus gewürztem Joghurt bringt man dieses Gericht sofort mit dem Tandoor-Ofen in Verbindung (auch wenn dieses Brathähnchen notwendigerweise ohne einen Tandoor zubereitet wird). Ich muss mich bei Roopa Gulati dafür bedanken, dass sie meine Version inspiriert hat; sie ist eine Würzmeisterin und das Rezept für die Marinade ist von ihr. Dieses Gericht mag ich mit am liebsten sowohl kochen als auch essen.

1 Hähnchen à 1,4 kg

FÜR MARINADE 1
2 TL schwarze Pfefferkörner, zerstoßen
2 TL feines Meersalz
1 TL Kashmiri-Chilipulver
¾ TL gemahlene Kurkuma
60 ml weißer Essig
1 EL neutrales Öl

FÜR MARINADE 2
150 g Joghurt griechische Art, durchgeseiht
3 cm Ingwer, geschält, sehr fein gehackt (1 EL)
6 Knoblauchzehen, fein gehackt
2 grüne Chilischoten, mit Kernen, fein gehackt
½ TL Garam Masala
½ TL gemahlener Kreuzkümmel

Beide Brustfilets, Oberkeulen und Keule je zweimal tief einschneiden. Hähnchen in eine Ofenform legen.

Alle Zutaten für die erste Marinade miteinander vermischen und das Hähnchen gleichmäßig damit übergießen. Beiseitestellen, während die zweite Marinade vorbereitet wird.

Alle Zutaten für die zweite Marinade verquirlen, dann mit dem Löffel auf dem Hähnchen verteilen und darauf achten, dass es gut überzogen ist. Abdecken und über Nacht im Kühlschrank marinieren. Vor dem Backen wieder auf Zimmertemperatur bringen.

Den Ofen auf 220 °C Ober-/Unterhitze (Umluft: 200 °C) vorheizen.

Das Hähnchen 1–1¼ Stunde backen; ab und zu mit dem Löffel mit Marinade und aufgefangenem Bratensaft übergießen. Sollte es zu schnell braun werden, mit Alufolie abdecken. Es ist fertig, wenn der austretende Bratensaft klar ist oder ein Fleischthermometer 74 °C anzeigt.

Vor dem Servieren ruhen lassen.

DAZU PASST

Naan-Brot und vielleicht etwas Aphrodisierendes Grün (Seite 60)

Auch Aloo Jeera kann man dazu reichen: Eine große Bratpfanne mit Öl benetzen und 1 gehäuften TL Kreuzkümmelsamen anbraten. 550 g neue Kartoffeln in 1 cm große Würfel schneiden und ein paar Minuten unter Umrühren braten. ½ TL gemahlene Kurkuma und ½ TL gemahlene Chili hinzugeben. Die Hitze herunterstellen, Deckel auflegen und ca. 10 Minuten braten oder bis sie weich sind; dabei ein- oder zweimal umrühren. Mit Salz würzen.

GEGRILLTE PITA-FLADENBROTE MIT SUMACH-FLEISCH

Arayes ~~~ Naher Osten und östliche Mittelmeerregion

Für 4 Portionen

Eine wunderbare Ergänzung im kulinarischen Kebab-Kanon und eine Umkehrung der normalen Reihenfolge, denn Fleisch wird erst in Pita-Brote gestopft und kommt dann in die Grillpfanne. Im Arabischen bedeutet das Wort *arayes* »Bräute« und hier ist sie, die köstlich gewürzte Füllung, von den Armen ihres Bräutigams – dem Brot – umschlungen. Diese Ehe hat unleugbar etwas Burgerhaftes, ist aber noch schneller zubereitet als ein Burger und hat von Sumach und Paprika verführerische sauer-rauchige Noten.

Diese Kebabs lassen sich gut im Voraus vorbereiten und auf einem Lagerfeuer grillen, wenn Sie mögen.

450 g Hackfleisch vom Rind oder Lamm
1 gehäufter EL Tomatenmark
1 gehäufter EL Pinienkerne, geröstet
1 gehäufter TL gemahlener Sumach
1 gehäufter TL Rauchpaprikapulver
¾ TL gemahlene Pimentkörner
¾ TL feines Meersalz
3 EL fein gehackte Petersilie
4 große Pitabrote
Olivenöl zum Einpinseln
Granatapfelsirup

Hackfleisch, Tomatenmark, Pinienkerne, Gewürze, Salz und Petersilie miteinander vermischen.

Die Pitabrote von einer Seite aufschneiden und in jedes eine dünne, gleichmäßige Schicht Füllung streichen. Die Außenseiten mit Olivenöl einpinseln.

Eine Grillpfanne auf mittlere bis hohe Stufe erhitzen. Die Pitas grillen und dabei mit einem Spatel andrücken; ab und zu wenden. Durch eine Vierteldrehung in der Pfanne bekommen sie kreuzweise verlaufende Grillstreifen. Sie werden wahrscheinlich ca. 8–10 Minuten insgesamt brauchen, je nachdem, was für Brote man nimmt und wie roh man das Fleisch möchte. Das Pitabrot sollte gut geröstet und das Fleisch saftig-rosa oder durch sein.

Mit Granatapfelsirup beträufelt servieren.

DAZU PASST

Knackiger Salat mit Tomaten, Kräutern und vielleicht ein Tahini-Dressing. Das können Sie wie folgt herstellen: Griechischen Joghurt durchseihen. 1 Knoblauchzehe fein hacken und mit dem Joghurt sowie einigen Löffeln Tahini vermischen. Mit Salz würzen.

REIS UND GEWÜRZ

Alle Rezepte für 4–6 Portionen

Weißer Reis pur ist wie eine Leinwand, auf der man eine Mahlzeit malt, vielleicht mit einem kurkumagelben Curry, smaragdgrünem Gemüse und einem scharlachroten Spritzer Chilisoße. Manchmal hingegen darf's auch etwas mehr Glamour sein. Hier kommt also eine Palette an Möglichkeiten, wie der Reis einen Schritt vortreten kann und seinerseits ein gleichrangiger Star neben den Gerichten aus diesem Buch wird. Gewürze haben die wunderbare Fähigkeit zusammenzuarbeiten, suchen Sie also nach ein oder zwei geschmacklichen Überschneidungen und seien Sie dann beherzt bei Ihren Konstellationen.

REIS MIT KARAMELLISIERTEN ZWIEBELN

Vagharela Chawal — Indien

Aus der Parsengemeinschaft in Gujarat stammt die betörende Verbindung aus braunen Zwiebeln, Zimt, schwarzem Kardamom, schwarzem Pfeffer und Kreuzkümmel.

400 g Basmatireis waschen und danach einweichen, währenddessen die Zwiebeln karamellisieren. 2 EL Ghee oder Öl erhitzen und 1 Zimtstange, 2 schwarze Kardamomkapseln (angedrückt), 10 schwarze Pfefferkörner und 1 TL Kreuzkümmelsamen hinzugeben. Anbraten, dann 2 Zwiebeln und ¾ TL feines Meersalz hinzugeben. Langsam und geduldig braten; die Zwiebel wird weich und fängt an zu bräunen. 1 EL Zucker hinzugeben und unter häufigem Umrühren weiterbraten, bis ein tiefbraunes Gewirr daraus geworden ist. Reis abtropfen lassen und mit 625 ml Wasser zu den Zwiebeln geben. Sprudelnd aufkochen, die Hitze auf leises Köcheln herunterstellen und Deckel auflegen. 12 Minuten dämpfen, vom Herd nehmen und weitere 10 Minuten ruhen lassen.

GELBER KOKOSREIS

Nasi Kuning — Indonesien

Mit cremiger Kokosmilch vollgesogener und sanft gelb gefärbter Reis sieht toll aus, wenn man ihn zu einem »Tumpeng« geformt serviert, also als vulkanartigen Kegel.

350 g Jasminreis gründlich waschen, dann 10 Minuten zum Vorgaren dämpfen. In der Zwischenzeit 4 cm Galgant, 3 cm frische Kurkuma (oder ¾ TL gemahlene Kurkuma), 2 cm Ingwer, 3 kleine Schalotten und 3 Knoblauchzehen im Mixer mit 300 ml Wasser pürieren. Abseihen und die leuchtend orangefarbene Flüssigkeit auffangen. Diese mit 200 ml Kokosmilch, 1 Stängel Zitronengras (angedrückt), 1 EL Öl und ½ TL feinem Meersalz in einen Topf geben. Zum Kochen bringen, den Reis einrühren, Deckel auflegen und vom Herd nehmen. Nach etwa 10 Minuten hat der Reis die Kokosbrühe aufgesogen und kann serviert werden.

TOMATENREIS MIT GERÖSTETEN CASHEWKERNEN

Nasi Tomato ~~~ Malaysia

Reis mit Persönlichkeit – lauter berauschende Gewürze, herbe tomatige Tiefe und knackig-nussiger Biss. Wird oft zu malaysischem Hähnchencurry serviert.

400 g Basmatireis waschen und einweichen, während die Gewürzbasis zubereitet wird. 2 EL Ghee oder Butter auf niedriger Stufe erhitzen und 1 Zimtstange, 1 Sternanis, 3 ganze Nelken und 4 grüne Kardamomkapseln (angedrückt) hineingeben. Wenn sie brutzeln und duften, 1 Zwiebel (gehackt), 2 Knoblauchzehen (sehr fein gehackt), 2 TL frischen Ingwer (sehr fein gehackt) und 1 Pandanblatt (in mehrere Stücke geschnitten) hinzufügen. Braten, damit die Zwiebel weich wird, dann 2 EL passierte Tomaten und ½ TL feines Meersalz einrühren. Reis abgießen und mit 625 ml Wasser in den Topf geben. Behutsam umrühren und sprudelnd aufkochen. Deckel auflegen, die Hitze auf niedrigste Stufe stellen und 12 Minuten dämpfen. Vom Herd nehmen, Deckel nicht abnehmen und weitere 10 Minuten stehen lassen. Mit einer Gabel auflockern. Mit gerösteten Cashewkernen bestreuen und servieren.

LIMETTEN-GEWÜRZREIS

Naranga Choru ~~~ Indien

Erdige Gewürze als Ausgleich zu säuerlichen Limetten. Die köstliche Mischung stammt von den Malabari-Juden aus Kerala. Gewürze und Monsunwinde brachten seit den frühen Jahrhunderten n. Chr. jüdische und chinesische Gemeinschaften in diese kosmopolitische Region Indiens.

400 g Basmatireis gründlich waschen und 30 Minuten einweichen lassen, sofern genug Zeit ist. Abtropfen lassen und mit 625 ml Wasser sowie ½ TL gemahlener Kurkuma in einen Topf geben. Sprudelnd aufkochen, Deckel auflegen und die Hitze sofort auf niedrige Stufe stellen. 12 Minuten kochen, dann vom Herd nehmen und weitere 10 Minuten ungestört ruhen lassen. In der Zwischenzeit 2 EL Öl erhitzen und 1 TL schwarze Senfsaat hinzugeben. Sobald sie aufplatzen, 1 TL Koriandersamen, ¼ TL Kreuzkümmelsamen und ¼ TL schwarzen Pfeffer (zerstoßen), 2 Knoblauchzehen (sehr fein gehackt), 1 TL frischen Ingwer (sehr fein gehackt), 1 grüne Fingerchilischote (fein gehackt) und 1 Handvoll Erdnüsse hinzugeben. Sanft anbraten, bis es duftet. Die Gewürzmischung und den Saft einer Limette mit einer Gabel unter den fertigen Reis ziehen.

Süßer Reis für herzhafte Speisen

Muhammar ~~~ Bahrain

Viele Reisgerichte aus arabischen und aus arabisch beeinflussten Küchen sind süß. Muhammar – ursprünglich von Perlentauchern zubereitet – ist mit süßlichem Dattelsirup, Kardamom und Rosenwasser aromatisiert. Für den Kontrast wird er typischerweise zu Fisch serviert, den man mit Ingwer, Kurkuma, Zitrone, Knoblauch und Chili einreibt und grillt. Durch die berauschende Süße wird der Reis gestreckt, sodass dieses Rezept gut für 6 Portionen reicht.

400 g Basmatireis waschen und 30 Minuten einweichen. 1 Prise Safranfäden (zerkrümelt) und 2 TL Kardamom (vorgemahlenen oder frisch gemahlene Samen von 6 grünen Kapseln) in 1–3 EL Rosenwasser (Menge abhängig von der Intensität) ziehen lassen. Reis abgießen und in einen Topf mit 575 ml Wasser, 100 ml Dattelsirup und ½ TL feinem Meersalz rühren. Zum Kochen bringen, dann Deckel auflegen, Hitze herunterstellen und den Reis 12 Minuten dämpfen. Vom Herd nehmen, das gewürzte Rosenwasser darauf verteilen und schnell, aber behutsam mit einer Gabel einarbeiten. Wiederum den Deckel auflegen und abschließend 15 Minuten die Hitze abdampfen lassen. Vor dem Servieren mit Ghee oder Butter (geschmolzen) beträufeln, falls gewünscht.

Linsen-Reis

Khichdi ~~~ Indien

Diese indische Reis-Linsen-Mischung hat sowohl das angloindische Kedgeree (Kitchari) als auch das ägyptische Koshari inspiriert. Es ist verträglich und wohltuend und passt sehr gut zu Gerichten mit intensiven oder säuerlich-herben Soßen.

250 g Basmatireis und 150 g rote Spaltlinsen waschen und in kaltem Wasser einweichen. 4 EL Öl erhitzen, 1 gehäuften TL Kreuzkümmelsamen hineingeben und brutzeln lassen. 2 Zwiebeln (geschnitten), 2 Knoblauchzehen (sehr fein gehackt) und 2 TL frischen Ingwer (sehr fein gehackt) einrühren. Anbraten, bis dieser weich ist. Reis und Linsen abgießen und mit 625 ml Wasser in den Topf geben. Sprudelnd aufkochen, Deckel auflegen und die Hitze auf niedrigste Stufe stellen. 12 Minuten dämpfen, dann vom Herd nehmen, den Deckel nicht anheben und weitere 10 Minuten ruhen lassen.

Mit Pandan aromatisierter Jasminreis

Der duftende, wohlriechende Jasminreis passt zu südostasiatischen Gerichten.

400 g Jasminreis gründlich waschen. Mit 625 ml Wasser und 2 Pandanblättern (geknotet) in einen Topf geben. Sprudelnd aufkochen, dann die Hitze auf niedrigste Stufe stellen und Deckel auflegen. 15 Minuten dämpfen, vom Herd nehmen und bei geschlossenem Deckel weitere 10 Minuten ziehen lassen. Vor dem Servieren mit einer Gabel auflockern.

REIS MIT EDELSTEINEN

Javaher Polow ~~~~~~~~~~~~~~~~~~~~ Iran

Ein wirklich spektakuläres, mit Safran streifig gefärbtes Pilaw, überhäuft mit smaragdfarbenen Pistaziensplittern, granatfarbenen kandierten Orangenzesten, Perlen aus Mandeln und Rubinen aus Granatapfelkernen, Berberitzen und Sauerkirschen.

400 g Basmatireis waschen und in einer Schüssel mit 75 g Berberitzen einweichen. In einem anderen Schälchen 1 Prise Safranfäden (zerkrümelt) in 2 EL Orangenblütenwasser einweichen. Die Zesten von ½ Orange reißen, in dünne Streifen schneiden und 1 Minute kochen, damit sie weniger bitter werden. 2 EL Zucker mit einem guten Schluck Wasser in einen Topf geben. Erhitzen und den Zucker auflösen, dann Orangenzesten hinzugeben und die Flüssigkeit zu einem Sirup einkochen. Das mit Safran aromatisierte Orangenblütenwasser zugießen und den Topf vom Herd nehmen. Reis und Berberitzen abgießen, einrühren und je 75 g Mandelsplitter, Pistaziensplitter und getrocknete Sauerkirschen hinzugeben. Mit 625 ml Wasser aufgießen und sprudelnd aufkochen. Die Hitze auf niedrigste Stufe stellen und Deckel auflegen. 12 Minuten dämpfen, dann vom Herd nehmen und weitere 10 Minuten ungestört stehen lassen. Vor dem Servieren mit einer Gabel behutsam auflockern und mit Granatapfelkernen bestreuen.

KAROTTEN-PILAW

Pilaw ~~~~~~~~~~~~~~~~~~~~ Naher Osten

Versionen von diesem Reis werden im Jemen, in Saudi-Arabien und im Irak zubereitet. Da er so fein ist, passt er sehr gut zu Rezepten aus dem Kapitel »Duftend und blumig«.

400 g Basmatireis waschen und einweichen. 2 EL Öl erhitzen und 1 Zwiebel (dünn geschnitten) weich braten. 3–4 Karotten (geraspelt) hinzugeben und 5–10 Minuten braten, damit sie weich werden. Reis abgießen, 3 grüne Kardamomkapseln (angedrückt), 2 Gewürznelken, 1 Zimtstange und 1 grüne Chilischote (ganz, an einer Seite aufgeschlitzt) hinzugeben. Miteinander verrühren, dann mit 625 ml Wasser aufgießen. Sprudelnd aufkochen, die Hitze auf ein leises Köcheln reduzieren, Deckel auflegen und 12 Minuten kochen. Vom Herd nehmen und 10 Minuten dämpfen lassen.

BASMATI MIT KARDAMOM

Vom Feinen zum Schlichten – hier bekommt der Basmatireis eine Spur Kardamom und ist damit eine elegante Beilage für Speisen aus Nah- und Fernost.

400 g Basmatireis gründlich waschen und 30 Minuten einweichen. Abgießen und mit 625 ml Wasser und 6 grünen oder 3 schwarzen Kardamomkapseln (angedrückt) sowie optional etwas gemahlenen Kurkuma in einen Topf geben. Sprudelnd aufkochen, dann die Hitze auf niedrigste Stufe stellen und Deckel auflegen. 12 Minuten dämpfen, dann vom Herd nehmen, Deckel nicht abnehmen und weitere 10 Minuten stehen lassen.

Basmati mit Kardamom,
Reis mit karamellisierten Zwiebeln,
mit Pandan aromatisierter Jasminreis,
Reis mit Edelsteinen, gelber Kokosreis,
Tomatenreis mit gerösteten Cashewkernen

BUNT GEMISCHTE FAKTEN

- »Muskatnuss« kommt vom lateinischen Wort für »nach Moschus duftende Nuss« und der Name des Baumes, an dem sie wächst – *Myristica fragrans* – bedeutet »mystischer Duft«.
- **Ihr arabischer Name lässt sich mit »Nuss der Güte oder der Köstlichkeit« übersetzen. Im frühen Sanskrit nannte man sie poetisch einen »nach Jasmin duftenden Samen« und die Gewürznelke war die »göttliche Blume der Lakshmi«, der Göttin der Schönheit und des Luxus.**
- In großen Teilen Europas und Asiens sind Gewürznelken nach Nägeln benannt, denn die getrocknete Knospe ähnelt in ihrer Form einem Nagel. Umgekehrt hat man in einigen Sprachen ihres Heimatlandes Indonesien die Nägel aus Eisen nach den Gewürznelken benannt.
- **Ein archaischer Name für Senfsaat lautet »Molchsauge«, sie wurde allgemein mit Hexerei assoziiert, da im Gebräu der Hexen in Shakespeares *Macbeth* Molchsauge verwendet wird.**
- Koriander kommt vom griechischen Wort für »Stinkwanze«, weil der Geruch von Bettwanzen und der von Koriander sich ähneln.
- **Der Phönix baut sein Nest aus Zimt und Kassia.**
- Ein arabischer Text aus dem 6. Jahrhundert berichtet von einem mythischen Land »östlich von China«, das die duftenden Schätze Moschus, Aloeholz und Zimt exportierte. Gold war hier in einer solchen Fülle vorhanden, dass man es in Kleidung und Hundeleinen webte.
- **Bei der Beisetzung seiner Frau verbrannte Kaiser Nero einen Jahresvorrat an Zimt, um für seine Rolle bei ihrem Tod zu büßen.**
- Marcus Antonius wurde vom berauschenden Aroma brennender Kardamomkapseln zu Kleopatras Palast gelockt. Dort badete sie in Safran.
- **Alexander der Große benutzte Safran als Shampoo.**
- Trimalchio, eine Figur aus *Satyricon* (1. Jahrhundert), soll der extremste Tycoon Roms gewesen sein. Er verwendete Safran und Kreuzkümmel nicht nur im Essen, sondern verstreute sie auf dem Fußboden statt hellem Sägemehl.
- **Kurkuma wurde während der Panathenäen, dem wichtigsten religiösen Fest im alten Athen, zum Gelbfärben für die Faltengewänder (Peplen) verwendet, die zu diesem Anlass getragen wurden.**
- Im 8. Jahrhundert tranken Prinzessinnen an den Höfen Javas im Streben nach ewiger Jugend das mit Kurkuma und anderen Gewürzen zubereitete Jamu.
- **Das Kurkumin in der Kurkuma und das Piperin in schwarzem Pfeffer wirken in Kombination nachweislich als Antioxidantien und Entzündungshemmer.**
- In tropischen Wäldern wächst die Pfefferpflanze häufig im Schatten von Tee und Kaffee. Und tatsächlich gibt es Teesorten mit einem charakteristischen Pfefferaroma.
- **Zum großen römischen Fest der Saturnalien in der Mitte des Winters war es üblich, sich Pfefferkörner zu schenken.**
- Schwarzer Pfeffer ist vom heutigen westlichen Esstisch nicht wegzudenken, doch im 19. Jahrhundert war eher Ingwer als Partner für das Salz üblich. Im 17. Jahrhundert trugen modebewusste Europäer ihre eigenen persönlichen Muskatnussreiben bei sich und die alten Griechen mahlten Kreuzkümmel über ihre Teller.
- **Kreuzkümmel wird sowohl im Alten Testament (Jesaja 28,27) als auch im Neuen Testament (Matthäus 23,23) erwähnt.**
- Kreuzkümmel ist laut dem griechischen Arzt Dioskurides (1. Jahrhundert) gut gegen Blähungen.

- ★ **Die alten Ägypter kauten auf Kardamomsamen für frischen Atem. In der Han-Dynastie im Kaiserreich China wurde von den Höflingen verlangt, auf Gewürznelken zu kauen, bevor sie mit ihrem Kaiser sprachen.**
- ★ Sternanis ist in Chinas Sojasoßen- und Rotkoch-Methoden sehr präsent. Es ist allerdings ein recht modernes Gewürz und taucht in der frühen chinesischen Literatur nicht auf.
- ★ **Dem kindlichen Kaiser Jing Zong (regierte 824–827 n. Chr.) wurde ein gekühltes Erfrischungsgetränk aus Milch, Reis und Kampfer serviert, dessen Name ungefähr »Reis reiner Wind« bedeutete, um ihm in der Hitze des chinesischen Sommers Kühlung zu verschaffen.**
- ★ Japanische Samurai aßen in rituellen Mahlzeiten vor den Schlachten Chilischoten, damit sie sich unbesiegbar fühlten.
- ★ **Safran wurde in uralte Tränke gegeben, zwischen Laken gestreut und im Tee mit aufgegossen, damit ein Mann sich verliebt.**
- ★ Im Indien des Mittelalters konnte man eine heimliche Verliebtheit signalisieren, indem man ein Bündel aus Kardamom, Muskatnüssen und Gewürznelken in rotes Garn eingewickelt und mit Wachs versiegelt verschenkte.
- ★ **Der Sanskrittext Kamasutra empfiehlt den Einsatz wärmender Gewürze, um die sexuelle Leistungsfähigkeit bei Männern zu steigern: Pfefferkörner, Langpfeffer, Ingwer.**
- ★ In Sansibar gilt Muskatnuss als Aphrodisiakum für Frauen. Am Morgen ihres Hochzeitstags reiben Bräute sich Muskatnuss in den Haferbrei.
- ★ **In Saudi-Arabien ist Muskatnuss illegal.**
- ★ Muskatnuss ist in großen Mengen genossen ein Halluzinogen.
- ★ **Zur Zeit der Pest trug man Halsketten aus Muskatnüssen.**
- ★ Skrupellosen Gewürzhändlern in Connecticut wird nachgesagt, sie hätten »Muskatnüsse« aus Holz geschnitzt, und bis heute ist der Staat bekannt als »Muskatnussstaat«. Die »Holz-Muskatnuss« wurde im frühen Amerika zur Metapher für Betrug.
- ★ **Als Ferdinand Magellan zum ersten Mal den Erdball umrundete, verlor er fünf Schiffe und 250 Männer, doch seine Reise wurde für erfolgreich befunden, denn er kehrte mit 20 000 Kilogramm Muskatnüssen nach Spanien zurück.**
- ★ Muskatnusshändler konnten sich im 16. Jahrhundert über eine Handelsspanne von 60 000 Prozent freuen und die Dockarbeiter in London erhielten ihre Boni in Gewürznelken.
- ★ **Dante spricht in seinem Werk *Göttliche Komödie* von Gewürznelken als einem Luxus, den frivole Verschwender aus Siena für ihr unsäglich teures gebratenes Fleisch verwenden.**
- ★ Im Italien des Mittelalters bedeutete Konfetti »kandierte Gewürze, Nüsse oder Früchte« wie die bunten Zuckermandeln, die venezianische Händler aus dem Osten mitbrachten. Während des Karnevals vor der Fastenzeit streuten reiche Familien diese Mandeln von ihren Balkons in die Menge hinab, die sich begierig darum balgte.
- ★ **Als die Westgoten Rom einnahmen, verlangten sie 3000 Pfund Pfefferkörner als Ablöse.**
- ★ Im Gegensatz zur üblichen Meinung wurden Gewürze niemals verwendet, um zu kaschieren, dass Fleisch verdorben war. Sie waren früher vielmehr die teuersten Zutaten in der Küche und für Opulenz da – damals wie heute.
- ★ **Safran ist heute das wertvollste Gewürz der Welt, denn die Narben müssen manuell aus violettblauen Krokussen geerntet werden. 100 Blumen braucht man für nur 1 Gramm Safran, und sie müssen im Morgengrauen geerntet werden, damit das Aroma erhalten bleibt.**

ZEITLEISTE: GESCHICHTE DER GEWÜRZE

Ca. 50 000 v. Chr.

Der primitive Mensch entdeckt, dass die Wurzeln, Samen und Borken aromatischer Pflanzen den Geschmack des Essens verbessern können.

Ca. 5000 v. Chr.

Die aus Asien stammende Pflanze Ingwer wächst in Persien. Offenbar hat sie sich nach und nach auf dem Kontinent ausgebreitet, und zwar eher durch die Verwendung als durch den Handel.

Ca. 3000 v. Chr.

Schwarzer Pfeffer, Kardamom, Kurkuma und Senf werden in Indien angebaut. Die seefahrenden Austronesier durchziehen Südostasien und nehmen in winzigen Auslegerbooten Ingwer mit von Insel zu Insel.

Ca. 2000. v. Chr.

Beginn des Gewürzhandels. Zimt aus Sri Lanka und Kassia aus China reisen mit arabischen Kaufleuten nach Westen. Mit fantastischen Erzählungen verschleiern sie die Herkunft ihrer Handelsgüter auf geheimnisvolle Weise. Gewürze werden eine exotische und bedeutsame Ware. Über 2000 Jahre lang halten Phönizier und Araber das Monopol im Gewürzhandel. Auch der Sklavenhandel am Indischen Ozean findet in dieser Zeit statt. Im Laufe der Geschichte haben Imperien und Mittelsleute dieses in viele Richtungen gehende und viele Ausführende und Menschen umfassende Geschäft an sich gerissen, ausgebaut und weiter Ausbeutung betrieben.

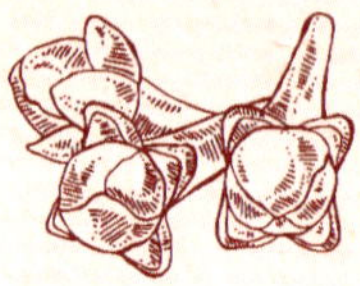

Ca. 1700 v. Chr.

Jahrhunderte bevor es Karten und Kompasse gibt, finden Gewürznelken den Weg von fünf winzigen vulkanischen Inseln im indonesischen Archipel in die syrischen Wüsten.

Ca. 1500 v. Chr.

In Ägypten wird Fleisch langsam gegart und mit einheimischen und asiatischen Gewürzen aromatisiert. In Papyrusrollen steht, dass Koriander, Kreuzkümmel und Fenchelsamen gesundheitsfördernd sind. 1213 v. Chr. steckt man Ramses II. vor der Mumifizierung Pfefferkörner in die Nase.

Ca. 1000 v. Chr.

Die Königin von Saba bringt König Salomon Gold, Edelsteine und Gewürze zum Geschenk.

Ca. 800 v. Chr.

Die in Indien heimischen Gewürze Kardamom und Kurkuma werden in den babylonischen Gärten angebaut.

Ca. 500 v. Chr.

Das expansive persische Reich erreicht seinen Höhepunkt; es verbreitet Kultur und die duftende, süßsaure Küche. Perser gewinnen ätherisches Öl aus Rosen, Koriandersamen, Lilien und Safran. Gewürze werden in der griechischen Antike in der Medizin eingesetzt, zum Kochen aber bevorzugt man, mit Ausnahme von Zimt, einheimische Kräuter. Im China vor Beginn der Dynastien werden einheimische Vanillesorten, Kassia und Pfeffersorten als Weihrauch verbrannt.

Ca. 300 v. Chr.

Während der griechisch-ägyptischen Dynastie der Ptolemäer fahren Seeleute regelmäßig nach Osten, um Pfeffer, Ingwer und Zimt zu holen. Die Muskatnuss gelangt von den Bandainseln nach Nordindien.

Ca. 200 v. Chr.

Mit der Öffnung der maritimen Gewürzrouten werden Gewürze aus Asien und Europa in China eingeführt. Gewürznelken aus Indonesien sowie vor Ort angebaute Kassia sind besonders favorisiert. China fällt in Vietnam ein. Vietnam übernimmt chinesische Kochprinzipien; China sorgt für eine Handelspassage für Kardamom nach China. Eine Expedition unter dem kaiserlichen Gesandten Zhang Qian etabliert die Handelspassage zu Land, später als Seidenstraße bekannt.

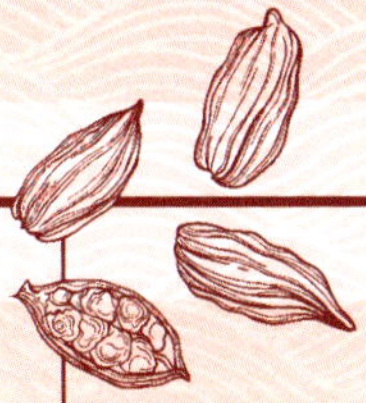

Ca. 100 v. Chr.

Frühe indische Texte des Ayurveda befürworten Muskatnuss, Muskatblüte, Gewürznelke und Kardamom wegen ihres gesundheitlichen Nutzens. König Dutthagamani aus Sri Lanka entlohnt seine Arbeiter mit »fünf Düften für den Mund«. Einer davon war Muskatnuss.

1. Jahrhundert

Im antiken Rom werden Gewürze sehr aufwendig eingesetzt und tragen dazu bei, die »erste Weltküche« zu erschaffen. Apicius schreibt das erste Kochbuch *De Re Culinaria* mit einem charakteristischen Gericht: Birnensoufflé mit gemahlenem Pfeffer und Fischsoße. Das Römische Reich kontrolliert Landrouten von Ost nach West; der Seehandel mit Indien ist entwickelt und man kann auf den arabischen Zwischenhändler verzichten. Das Reich wächst und im Zuge dessen werden asiatische Gewürze in neuen Regionen eingeführt.

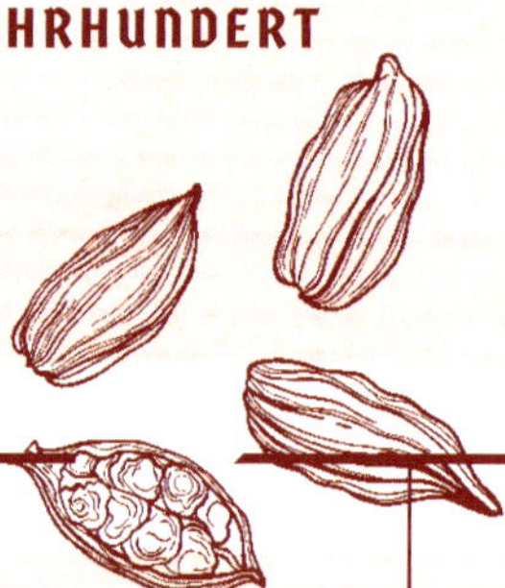

4. Jahrhundert

Indische Herrscherdynastien richten Handelsposten in Malaysia ein und hinterlassen einen bleibenden Einfluss auf die lokale Kultur und die Speisen. In dieser Zeit tauchen ferner »indisierte« Königreiche im Raum Südostasien auf und chinesische Pilger reisen auf dem Seeweg in Buddhas Geburtsland Indien. Jahrhundertelang dringt Indiens kultureller und religiöser Einfluss entlang der Handelsrouten durch; es entsteht, was als Großindien anerkannt ist.

5. Jahrhundert

Europa sinkt ins dunkle Mittelalter und der Handel zwischen Europa und dem Orient kommt zum Erliegen. Gewürze werden in europäischen Speisen allmählich nicht mehr verwendet.

7. Jahrhundert

Mohammed arbeitet als Kaufmann, bevor er die Grundlagen des Islams im Koran verankert, und ist Mitinhaber eines Geschäfts für Weihrauch, Myrrhe und orientalische Gewürze. Das arabische Reich wächst, seine erste offizielle Mission erreicht China und seine Armeen nehmen die Gewürzhauptstadt im östlichen Mittelmeer ein, Alexandria. Austronesische Seeleute lassen sich auf der Insel Madagaskar nieder.

8. Jahrhundert

Im indonesischen Königreich Mataram werden frische Gewürze zerstampft und in medizinische Kräutertrunks zur Stärkung (Jamu) gegeben. Die Muskatnuss kommt erstmalig auf westliche Märkte.

9. Jahrhundert

Mit dem Rückgang des römischen Handels erkämpfen sich die Araber die Kontrolle über den lukrativen Gewürzhandel zurück. Mit dem Aufstieg des Islams werden die seit Langem auf dem Indischen Ozean genutzten arabischen Daus baulich verändert, sodass sie sich für Kampf und Eroberung sowie für die Beförderung von Menschen und Waren gleichermaßen eignen. Arabische Kaufleute errichten von Indien bis Malaysia und China Handelsaußenposten.

11. Jahrhundert

In China wird die Gewürzmedizin bedeutsam und neue Häfen entstehen, um der Nachfrage gerecht zu werden. Der Handel zwischen China und den Philippinen beeinflusst die Küche der Tagalog. Die Kreuzzüge wecken das Interesse der Europäer an Gewürzen erneut; sie werden zu Luxusgütern und werden für Aphrodisiaka gehalten. Der Hafen, über den arabische Händler Gewürze nach Europa bringen, ist Venedig.

12. Jahrhundert

Chinesische Dschunken erreichen den Persischen Golf. Nordindien fällt unter muslimische Herrschaft, und dies bleibt bis zum 19. Jahrhundert so.

13. Jahrhundert

Muslimische indische Gewürzhändler nehmen ihre Religion mit in den südostasiatischen Raum; der Islam verbreitet sich von den Hafenstädten aus und ersetzt vieles der hinduistischen Kultur, was sich auch in den Speisen niederschlägt. Als das Mongolenreich errichtet ist, gehen Gewürze aus ganz Asien in die aus viel Fleisch und Milchprodukten bestehende Ernährung ein und es entstehen Gerichte wie Suppe aus gebratenem Wolf mit Safran, Kurkuma und Pfeffer.

14. Jahrhundert

Marco Polos Buch regt das Interesse an orientalischen Gewürzen in Italien an und die Preise steigen zunehmend ins Unermessliche. Pfefferkörner werden als Zahlungsmittel akzeptiert. Als der Schwarze Tod Europa erreicht, werden Gewürze als Medizin und zum Ausräuchern genutzt. Venedig behält die Kontrolle als Tor der Gewürze. Das Osmanische Reich steigt auf und die feine Küche weist persische und griechisch-römische Einflüsse auf.

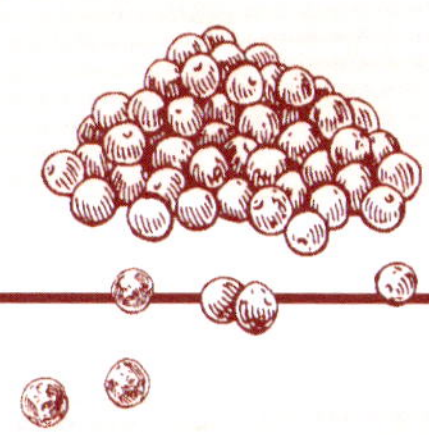

15. Jahrhundert

Die chinesischen Entdeckungsreisen zur See erreichen ihren Höhepunkt; Kaufleute lassen sich in ausländischen Häfen nieder, um friedlich Handel zu treiben, und begründen weltweit eine Tradition aus Chinatowns und chinesischem Essen in den Städten. In der Zwischenzeit wandelt sich der Handel infolge der eskalierenden Nachfrage nach Gewürzen in Europa durch das europäische Zeitalter der Entdeckungen. Portugal ist Vorreiter für den direkten Gewürzhandel zwischen Asien und Europa; der portugiesische Seefahrer Vasco da Gama umrundet auf dem Weg nach Indien die Südspitze Afrikas und seine Männer attackieren die Küsten unter lauten »Für Christus und Gewürze«-Rufen. Obwohl auch arabische Kaufleute direkte Seerouten nach Indien entwickeln und dadurch den Pfefferpreis senken, gelingt es den Portugiesen, das venezianisch-mamlukische Monopol zu brechen, und die Europäer wenden sich im Gewürzhandel an Lissabon. Das Königreich Portugal entsteht. Der spanische Hof finanziert die Seereise Kolumbus' über den Atlantik auf der Suche nach Indien; stattdessen findet er die amerikanischen Kontinente, Piment und Chilischoten. Letztere bezeichnet er als Pfeffer. Ab 1493 verbreiten sich Chilischoten in der Welt.

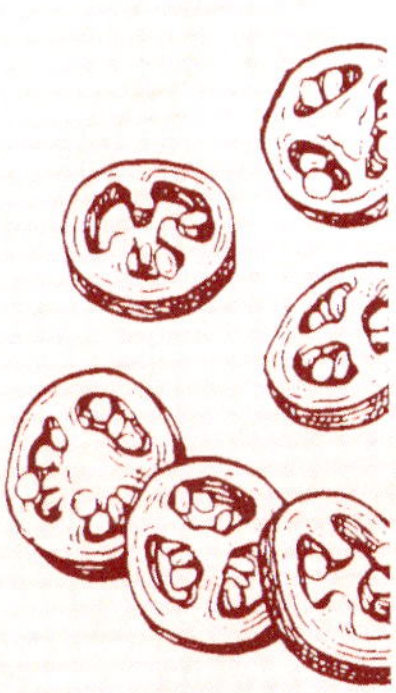

16. Jahrhundert

Ein Jahrhundert der Erforschungen und des Aufbaus von Imperien. Mit großer Härte kontrolliert Portugal den Gewürzhandel und kapert wichtige Häfen einschließlich Goa und Malakka sowie die als Gewürzinseln bekannten indonesischen Bandainseln. Unterwegs werden Einheimische aus Westafrika, den ostindischen Inseln und aus ganz Ostasien versklavt. Chinesische Händler lassen sich um Jakarta herum nieder. Babur fällt aus Zentralasien in Indien ein und gründet das Reich der Moguln; der englische Expeditionsleiter Hugh Willoughby und seine Mannschaft erfrieren, als sie auf der Suche nach einer Abkürzung zu den »Spezereien« Asiens den Nordpol überqueren. Die Expedition des portugiesischen Seefahrers Ferdinand Magellan umrundet den Erdball und beansprucht die Philippinen für Spanien. Der transatlantische Sklavenhandel erweitert sich für die spanischen und portugiesischen Zuckerplantagen nach Nord- und Südamerika. Der englische Freibeuter und Entdecker Francis Drake umrundet ebenfalls den Globus und importiert Gewürze nach England. Unterdessen trägt Venedigs Gewürzreichtum in Europa dazu bei, die Renaissance zu finanzieren.

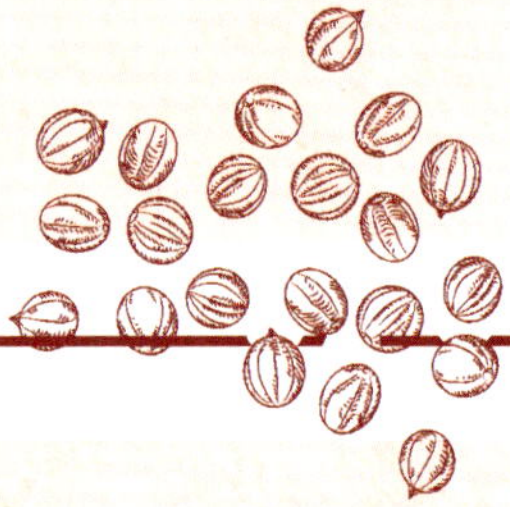

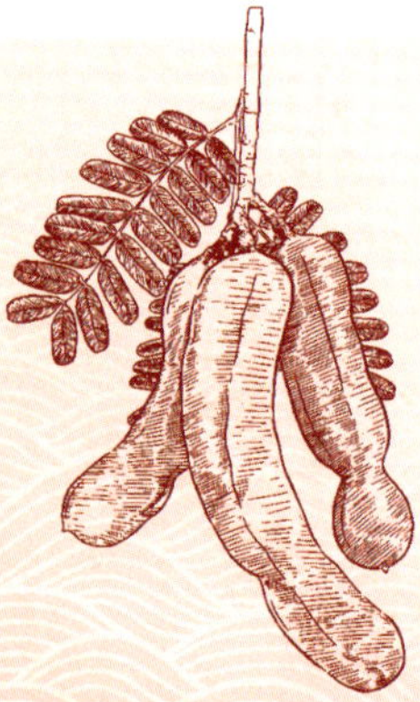

17. Jahrhundert

Die Niederländer und Engländer betreten den Markt im Entschluss, ihre Gewürzversorgung selbst zu kontrollieren. Dies wird mit Handelskompanien und Krieg erreicht. Die Britische Ostindien-Kompanie steigt zu einer aggressiven Kolonialmacht auf. Die Briten gewinnen Madras in Indien, wo ihre Liebe zu indischem Essen beginnt. Als der Pfeffer erobert und die zuverlässige Versorgung gesichert ist, wendet sich die Aufmerksamkeit der Muskatnuss zu. Die Niederländer übernehmen die Kontrolle in Indonesien und Malakka und beginnen den Handel mit China. Der Sklavenhandel steigt in der Region massiv an. Die Muskatnuss verteuert sich um 32 000 Prozent und 1667 tauschen die Briten und die Niederländer Inseln auf entgegengesetzten Seiten der Erde. Die Niederländer erhalten die Kontrolle über die indonesische Heimatinsel der Muskatnuss namens Run und treten den Briten Manhattan ab. Anders als die Portugiesen, die sich nie in den Handel der Einheimischen an den asiatischen Küsten einmischten, betreibt die Niederländische Ostindien-Kompanie eine raffgierige Politik, um die Gewürzpreise in die Höhe zu treiben, was sich katastrophal auf die Einheimischen und ihre Wirtschaft auswirkt. Chili wird neuer Stern am Gewürzhimmel, gilt aber nie als rentabel, weil er einfach anzubauen ist. Der spanische Handelsverkehr zwischen Mexiko und Manila mit Galeonen erleichtert den Austausch von geernteten Lebensmitteln und bringt Chilischoten, Mais und Tomaten nach Asien.

18. Jahrhundert

Der Gewürzhandel ist auf dem Gipfel und der Wert der Gewürze beginnt zu sinken. Mit dem Markteinstieg neuer Player – darunter amerikanische Gewürzkompanien, die in Salem/Massachusetts Leute zu Millionären machen – stürzen europäische Monopole ein. Der Franzose Pierre Poivre schmuggelt Muskatnuss- und Gewürznelkenbäume aus, die lange Indonesien vorbehalten waren, und verpflanzt sie nach Mauritius und La Réunion. Das Angebot wird dadurch ganz erheblich vergrößert. Die Briten beginnen mit dem Muskatnussanbau in Penang, Singapur und Grenada und unterminieren den Handel noch mehr. Die westliche Welt verliert nach und nach das Interesse und wendet sich anderen Möglichkeiten zu, mit Kolonisierung und Sklavenhandel reich zu werden. Modebewusste Menschen in Europa bevorzugen neue exotische Waren: Kaffee, Tabak und Schokolade.

19. Jahrhundert

Ohne geheimnisvolle Aura und mit nun verlässlichem Angebot lässt sich mit Gewürzen keine Extravaganz mehr ausdrücken. Lediglich diejenigen, die schwieriger oder nicht zuverlässig zu ernten sind – wie Vanilleschote und Safran –, behalten einen hohen Wert. Die Zutat Zucker wird ein Must-have. Infolge der Abschaffung der Sklaverei nimmt die freiwillige vertragliche Knechtschaft auf Zeit zu und sorgt für noch mehr Wanderbewegung in den Kolonien, vor allem aus Indien, und so entstehen neue Hotspots für indisch beeinflusste Küchen im Ausland.

20. Jahrhundert

Der Zweite Weltkrieg ist für viele Staaten ein Katalysator für die Erklärung ihrer Unabhängigkeit von der unterdrückerischen Kolonialherrschaft. Asiatische Friedensverträge, multinationale Institutionen und lokale Handelsorganisationen werden gebildet. Nach der Unabhängigkeit fördert die indische Regierung Wachstum in der Gewürzindustrie und ermöglicht kleinen Bauernhöfen eine florierende Existenz. Der Flugverkehr verändert die Handelsrouten der Welt, da alles überall erhältlich ist. Das Interesse an Speisen mit internationalen Zutaten steigt und die Menschen fangen an, neue Küchen kennenzulernen, ihr Repertoire zu erweitern und mehr Gewürze zu verwenden.

21. Jahrhundert

Was einst die seltenste Ware der Welt war, zählt nun zu den normalsten Dingen. Nachfrage und Angebot wachsen wie eh und je und Indien ist mit Abstand der größte Gewürzerzeuger mit über 2,3 Millionen Tonnen pro Jahr. Selbst die abgeschiedensten Waldbauern können die Preise bei E-Auktionen mit dem Mobiltelefon verfolgen. Vietnam ist heute führend beim Anbau von Pfeffer – noch immer das weltweit am meisten gehandelte Gewürz –, obgleich ein großer Teil seiner Verarbeitung und der anderer südostasiatischer Gewürze in Indien geschieht. Internationale Lebensmittelinstitute geben für alle Erzeugnisse strenge Gesundheits- und Sicherheitsregeln vor. Und so, wie sich das Mysterium auflöst, so beweisen wissenschaftliche Entdeckungen einige der gesundheitlichen Benefits, die unsere Vorfahren den Gewürzen zuschrieben.

Mit Blick auf die Zukunft besteht die zentrale Herausforderung darin, sich an den Klimawandel anzupassen und ihm standhalten zu können, sofern der Handel, der Jahrtausende überspannt hat, auch in Zukunft bestehen soll.

QUELLEN UND WEITERFÜHRENDE LEKTÜRE

Abraham, Tanya. *Eating with History: Ancient Trade-Influenced Cuisines of Kerala* (Niyogi Books, 2020)

Andrews, Jean. *Peppers: The Domesticated Capsicums* (University of Texas Press, 1995)

Andrews, Jean. *The Pepper Trail: History and Recipes from Around the World* (University of North Texas Press, 1999)

Aye, MiMi. *Mandalay: Recipes and Tales from a Burmese Kitchen* (Bloomsbury, 2019)

Batmanglij, Najmieh. *Silk Road Cooking: A Vegetarian Journey* (Mage, 2002)

Brissenden, Rosemary. *South East Asian Food* (Penguin, 1970)

Collingham, Lizzie. *Curry: A Tale of Cooks and Conquerors* (Vintage Books, 2006)

Dalby, Andrew. *Dangerous Tastes: The Story of Spices* (The British Museum Press, 2000)

Dunlop, Fuchsia. *Every Grain of Rice: Simple Chinese Home Cooking* (Bloomsbury, 2012)

Farrimond, Dr. Stuart. *Gewürze. Aromen kombinieren, Kochen perfektionieren* (Dorling Kindersley, 2019)

Ford, Eleanor. *Fire Islands: Recipes from Indonesia* (Murdoch Books, 2019)

Helou, Anissa. *Feast: Food of the Islamic World* (HarperCollins, 2018)

Hildebrand, Caz. *The Grammar of Spice* (Thames and Hudson, 2017)

Islamic Arts Museum Malaysia. *Spice Journeys: Taste and Trade in the Islamic World* (IAMM Publications, 2006)

Jaffrey, Madhur. *Madhur Jaffrey's Ultimate Curry Bible* (Random House, 2003)

Keay, John. *The Spice Route: A History* (John Murray, 2005)

King, Niloufer Ichaporia. *My Bombay Kitchen: Traditional and Modern Parsi Home Cooking* (University of California Press, 2007)

Kuruvita, Peter. *Serendip: My Sri Lankan Kitchen* (Murdoch Books, 2009)

Libro di Cucina (Venice, 1300)

Mahmood Ahmed, Saliha. *Khazana: A Treasure Trove of Modern Mughal Dishes* (Hodder & Stoughton, 2018)

McFadden, Christine. *Pepper: The Spice that Changed the World* (Absolute Press, 2008)

Milton, Giles. *Nathaniel's Nutmeg: How One Man's Courage Changed the Course of History* (Hodder & Stoughton, 1999)

Nabhan, Gary Paul. *Cumin, Camels and Caravans: A Spice Odyssey* (University of California Press, 2014)

Norman, Jill. *The Complete Book of Spices* (Dorling Kindersley, 1990)

Salloum, Habeeb, Salloum, Muna, & Salloum Elias, Leila. *Scheherazade's Feasts: Foods of the Medieval Arab World* (University of Pennsylvania Press, 2013)

Solomon, Charmaine. *Encyclopedia of Asian Food* (Periplus Editions, 1998)

Turner, Jack. *Spice: The History of a Temptation* (Harper Perennial, 2004)

Usmani, Sumayya. *Summers Under the Tamarind Tree: Recipes and Memories from Pakistan* (Frances Lincoln, 2016)

Van Esterik, Penny. *Food Culture in Southeast Asia* (Greenwood, 2008)

Viestad, Andreas. *Where Flavor was Born* (Chronicle Books, 2007)

Wright, Clifford A. *The Medieval Spice Trade and the Diffusion of the Chile* (*Gastronomica: The Journal of Food and Culture*, 2007)

Zumbroich, Thomas J. *From mouth fresheners to erotic perfumes: The evolving socio-cultural significance of nutmeg, mace and cloves in South Asia* (*Journal of Indian Medicine*, 2012)

DANKSAGUNG

Die Arbeit an *Muskat, Zimt und Kardamom* fiel mit der Pandemie zusammen. Während ich in die Geschichte der Gewürzrouten eintauchte, erlebten die Handelsrouten der Welt ein Jahr ohnegleichen. 2020 führte sie fast in einen Stillstand, gerade, als die Nachfrage für Gewürze stieg, da die Verbraucherinnen und Verbraucher ihre Vorräte für eine lange Zeit aufrüsteten, die sie zu Hause kochen würden.

Die Welt von heute bewegt sich schnell. Waren können an einem Tag von der anderen Seite der Welt hergebracht werden, alle Menschen können Rezepte mit sofortiger weltweiter Reichweite im Internet teilen, ein Virus kann binnen Wochen alle Länder befallen. Mir ist bewusst geworden, dass unser kompliziertes Netz aus Reisen und Kommunikation eine Erweiterung der Wege ist, welche die frühen Gewürzsucher anlegten. Sie wurden als Kanäle für Waren geschaffen, doch auf ihnen reisten immer Menschen mit ihren Ideen und ihren Krankheiten. Das Netzwerk legte die Fundamente für die Globalisierung, mit allem Wohl und Wehe.

Nie stärker verbunden und doch von anderen abgeschottet, konnte ich aus der Ferne mit vielen umsichtigen, hilfreichen Menschen zusammenarbeiten, deren Beiträge dieses Buch möglich machten. Ihnen allen gilt mein aufrichtiger Dank.

Die Mitglieder des Teams von Murdoch Books sind für ihre Herzlichkeit und ihre positive Einstellung bekannt. Geschickt verbinden sie unbändige Begeisterung mit Talent und verwandeln eine Idee in ein Buch. Es war ein Vergnügen, zum zweiten Mal mit Corinne Roberts zu arbeiten; sie steuert das Schiff kenntnisreich und einfühlsam. Die Korrespondenz von Justin Wolfers ist stets voller Elan; er leitete die redaktionelle Bearbeitung mit viel Wissen und Verständnis neben Kay Halseys umsichtigem Lektorat. Kristy Allen und Madeleine Kane schufen gemeinsam das lebendige, markante Design, das uns – neben den Illustrationen von Marcela Restrepo – in die Gewürzwälder versetzt.

Weitere Cheerleader dieses Buchs sind das immer gut gelaunte Vertriebsteam: Clive Kintoff, Britta Martin-Simon und Jemma Crocker. Ebenso meine Agentin Heather Holden-Brown, die mich mit ihrem unerschütterlichen Glauben aufgebaut hat.

Großzügigerweise haben mir Fachleute bei meinen Recherchen geholfen: Amanda Nicolas, Zewditu Yohannes, Niloufer Ichaporia King, William Jaggard, Roopa Gulati, Saliha Mahmood-Ahmed, William Wongso, Nawang Doma Sherpa, Yolanda Miller, Andrew Chapman, Dayu Putu und Chef Nurry. Und natürlich habe ich den zahlreichen Autor*innen, Historiker*innen, Akademiker*innen, Köch*innen sowie Blogger*innen zu danken, die ich wegen ihrer Lektüre, Erkenntnisse und zur Inspiration hinzugezogen habe.

Unentbehrliche Rezept-Tester*innen standen mir immer und immer wieder zur Seite. Ein riesengroßer Dank an Nicola Wood, Debbie Stevenson, Kathy George, Viki Paterson, Kathryn Meacher, Fiona Rough, Tony Watson, Jang Kwon, Anne Wander, Marta Biris, Liz Rennie, Stella-Maria Thomas, Chris Kemp, Joanne Dobie, Tanya Cordrey, Merle Ann Cochrane, Susannah Day, Julie Singer, Anne Strachan, Leila Ferguson, Lesley Pringle, Deborah Kendall, Louise Dilworth, T.J. Chew, Tracy Carey, Sarah Kelly, Nina Swarbrick, Charly Senior, Jerolina Rankin, Phillipa Coe, Julie Norton, Maria Fisher, Beckie Wingrove, Gill Hogg, Lorraine Mosley, Kim Ferris, Mike Mortimer, Carol Irving, Hayley Evans und Andrea Lee.

Die Arbeit an den Fotografien ist beim Entwickeln eines Buchs wohl mein Lieblingspart. Das Team aus Ola O. Smil, Kitty Coles und Wei Tang war voller Elan, Freude und Kunstfertigkeit. Dies scheint auf allen Aufnahmen durch.

Als verzagte, zu Hause gefangene Reisende begab ich mich anhand von Speisen, Design und Ideen wieder in Länder, die ich liebe, und in Kulturen, die ich bewundere. Bei jedem Schritt dabei war mein Mann Sebastian, ohne dessen Liebe, standhafte Geduld und Unterstützung ich auf dem Meer verloren gewesen wäre. Auch unsere Kinder Otto und Sylvia spielen unermüdlich die Reisegefährten und bringen sehr viel Glück in unseren Alltag. Otto, dieses Buch ist für dich.

REGISTER

L

M

N

Bibliografische Information der Deutschen Nationalbibliothek
Die Deutsche Nationalbibliothek verzeichnet diese Publikation in der Deutschen Nationalbibliografie. Detaillierte bibliografische Daten sind im Internet über http://d-nb.de abrufbar.

Für Fragen und Anregungen
info@rivaverlag.de

Wichtiger Hinweis
Ausschließlich zum Zweck der besseren Lesbarkeit wurde auf eine genderspezifische Schreibweise sowie eine Mehrfachbezeichnung verzichtet. Alle personenbezogenen Bezeichnungen sind somit geschlechtsneutral zu verstehen.

1. Auflage 2022

Türkenstraße 89
80799 München
Tel.: 089 651285-0
Fax: 089 652096

Übersetzung: Martina Fischer
Redaktion: Ulrike Reinen
Design: Madeleine Kane, Fotografie: Ola O. Smit, Styling: Wei Tang, Illustration (Karte Gewürzroute): Marcela Restrepo
Umschlaggestaltung: Isabella Dorsch
Umschlagabbildungen Vorderseite: Shutterstock.com: mart, Linseed Studio; rawpixel.com;
Rückseite: Shutterstock.com: Angelina Bambina, good mood; Creativemarket.com: TSTUDIO; rawpixel.com
Illustrationen: Shutterstock.com: mart, Astro Ann, PONOMARCHUK OLGA, Elena Medvedeva, Olga_Serova, Anna L. e Marina Durante, Epine, aniok, Ford Design, DOLININAN, chelovector, Lidok_L, Natalya Levish, DianaFinch, kirpmun; iStock.com: Val_Iva, ilbusca, rraya, Andrii-Oliinyk, Alhontess; Creativemarket.com: MarinaVorontsova, Linseed Studio; Dreamstime.com: Roman Chernyshev
Satz: inpunkt[w]o, Haiger (www.inpunktwo.de)
Druck: Firmengruppe APPL, aprinta Druck, Wemding
Printed in Germany

ISBN Print 978-3-7423-2156-5
ISBN E-Book (PDF) 978-3-7453-1929-3
ISBN E-Book (EPUB, Mobi) 978-3-7453-1930-9